从零开始学透 可转债投资

丁彦良 / 编著

电子工业出版社
Publishing House of Electronics Industry
北京·BEIJING

内 容 简 介

本书从市场的发展讲起，介绍可转债的概念和发展，对可转债的相关指标进行了详细的说明和介绍，重点介绍了可转债投资的核心指标及几种低风险的可转债投资方法，让读者可以详细且深入地学习可转债的相关知识。

本书共分为 10 章，主要内容包括对市场的了解、认识可转债、可转债的相关指标、可转债打新、组建低风险投资组合、可转债的精选投资策略、可转债的博下修策略、可转债的加强性防守策略、修炼心态、不断修行。

本书内容通俗易懂，对可转债晦涩的相关条款进行了直白的解释，对可转债的各种指标进行了全方位的讲解，非常适合普通投资者阅读，也适合对可转债感兴趣的人阅读。另外，本书还适合作为可转债相关指标的查询工具。

未经许可，不得以任何方式复制或抄袭本书之部分或全部内容。
版权所有，侵权必究。

图书在版编目（CIP）数据

从零开始学透可转债投资 / 丁彦良编著. —北京：电子工业出版社，2023.1
ISBN 978-7-121-44636-8

Ⅰ.①从… Ⅱ.①丁… Ⅲ.①可转换债券－债券投资－基本知识 Ⅳ.①F830.91

中国版本图书馆 CIP 数据核字（2022）第 231638 号

责任编辑：高洪霞　　　　特约编辑：田学清
印　　刷：三河市良远印务有限公司
装　　订：三河市良远印务有限公司
出版发行：电子工业出版社
　　　　　北京市海淀区万寿路 173 信箱　　　邮编：100036
开　　本：720×1000　1/16　印张：18.25　字数：328 千字
版　　次：2023 年 1 月第 1 版
印　　次：2023 年 1 月第 1 次印刷
定　　价：79.00 元

凡所购买电子工业出版社图书有缺损问题，请向购买书店调换。若书店售缺，请与本社发行部联系，联系及邮购电话：(010) 88254888，88258888。

质量投诉请发邮件至 zlts@phei.com.cn，盗版侵权举报请发邮件至 dbqq@phei.com.cn。
本书咨询联系方式：(010) 51260888-819，faq@phei.com.cn。

前　言

学习可转债投资的意义

基金和股票是人们非常熟悉的两种投资品。股票的收益相对比较高，但是投资风险比较大，对新手投资者和风险承受能力弱的投资者不是很友好，一两次的投资失败就很容易让人对市场失去兴趣和信心。基金的种类比较多，投资者面对令人眼花缭乱的基金不知道哪类基金适合自己。投资货币基金和债券基金虽然风险比较低，但是收益并不高，而投资混合型基金和股票型基金，收益虽然提高了，但是投资风险也高了，进行可转债投资却可以做到"下有保底，上不封顶"。

可转债是近几年比较火热的一种投资品，它结合了股票和债券的特性，可以让投资者在投资可转债的时候有"保底"，而且能获取比较高的收益。简单来说，投资可转债有着"在有保底的前提下博取不封顶收益"的可能。

另外，学习了可转债投资后，投资者还可以为自己以后的投资组合增加一个新的投资品类，在投资时给自己增加一个新的选择。

笔者的投资体会

国内可转债的相关条款比较完善，制度比较严格，有一个对投资者比较友好的投资环境。可转债相对股票和基金来说也比较简单且容易理解。

刚接触可转债的时候，投资者会觉得可转债的相关条款和内容比较多，但仔细梳理一下就会发现，可转债的重点（也是其核心内容）主要有四个方面：转股价、强赎条款、转股价下修条款、回售条款。如果投资者能够将这四个方面的内容弄清楚并且熟练掌握，那么进行可转债投资也就相当容易了。

在可转债投资中，明白可转债的债底在哪里，也就明白了可转债的价格跌到什么程度就很难再下跌，是加仓的好机会；明白可转债的保本平衡点在哪里，则买入可转债并且持有到期不会造成本金亏损；清楚可转债该在什么时候卖出，就能够获得自己想要的收益。

本书的特色

- **从零开始**：从可转债的概念和特性开始，对可转债进行介绍，内容通俗易懂。
- **内容充实**：对可转债的相关指标进行全方位的讲解。
- **内容实用**：本书介绍的可转债的相关内容均是在可转债投资中经常用到的知识。
- **投资技巧**：介绍了几种可转债投资中常用的投资技巧。
- **心态总结**：对投资过程中正确的心态进行介绍，帮助投资者建立良好的投资心态。

本书包括哪些内容

本书的内容可以分为三部分，第一部分是了解市场和可转债，第二部分是深入探索可转债，第三部分是建立良好的投资心态。

第一部分主要介绍市场的发展和概念，以及可转债的概念，并且对可转债的指标进行了详细的介绍，如可转债的转股价、强赎条款、转股价下修条款和回售条款及其他重要指标等，有助于投资者对可转债有一个更为全面和详细的了解。

第二部分主要介绍可转债的几种风险比较低的投资方法与策略，如可转债的打新操作、可转债的低风险投资组合、可转债的精选投资策略、可转债的博下修策略和可转债的加强性防守策略，能够帮助投资者轻松上手可转债的投资操作。

第三部分内容主要帮助投资者建立良好的投资心态。良好且正确的投资心态在整个投资过程中起着至关重要的作用，心态决定成败，这部分内容也是非常重要的，不仅在可转债的投资过程中可以用到，在做其他投资的时候同样适用。

读者如果在阅读本书的过程中遇到问题，可以通过邮件与笔者联系。笔者常用的电子邮箱为 yehehuadyl@163.com。

本书的读者对象

- 对可转债感兴趣的人员。
- 对投资感兴趣的人员。
- 低风险投资爱好者。
- 新手投资者。

目 录

第一部分 可转债的概念与指标介绍

第1章 了解市场 1
1.1 市场的本质 2
1.1.1 价值投资理论 2
1.1.2 技术分析理论 4
1.1.3 低价格投资理论 7
1.1.4 反身性投资理论 8
1.2 分清楚实力和运气 9
1.3 如何进行投资 11
1.3.1 赌徒心理 12
1.3.2 投机心理 12
1.3.3 投资心理 15
1.4 小结 18

第2章 认识可转债 19
2.1 可转债是什么 20
2.1.1 可转债的历史 20
2.1.2 可转债的特性 22
2.1.3 可转债的分类 25
2.2 可转债的债性 27
2.2.1 天然低风险 27
2.2.2 投资可转债的债性 28

2.3 可转债的股性 29
2.3.1 高回报的诱惑 30
2.3.2 投资可转债的股性 31
2.4 投资可转债的风险 32
2.4.1 理性地看待可转债 32
2.4.2 怎样做到低买高卖 34
2.4.3 没有完美的投资品 36
2.4.4 小心疯狂背后的悬崖 37
2.5 小结 39

第 3 章 可转债的相关指标 40
3.1 可转债的核心指标 41
3.1.1 转股价 41
3.1.2 赎回条款 46
3.1.3 回售条款 53
3.1.4 转股价格下修条款 59
3.2 可转债的重要指标 65
3.2.1 转股期 65
3.2.2 转债价格 66
3.2.3 面值 67
3.2.4 转股价值 67
3.2.5 正股价 67
3.2.6 回售价 68
3.2.7 到期赎回价 71
3.2.8 到期价值 71
3.2.9 到期收益率 72
3.2.10 对应正股 73
3.2.11 所属行业 73

3.2.12 成交额 74
　　3.2.13 涨幅 74
　　3.2.14 转股溢价率 74
　　3.2.15 换手率 78
　　3.2.16 剩余年限 80
　　3.2.17 评级 81
　　3.2.18 担保 83
　　3.2.19 转股价调整历史 85
　　3.2.20 利率 86
3.3 可转债的其他指标 87
　　3.3.1 转股起始日 87
　　3.3.2 回售起始日 87
　　3.3.3 到期日 87
　　3.3.4 发行规模 87
　　3.3.5 剩余规模 88
　　3.3.6 股东配售率 89
　　3.3.7 转股代码 90
　　3.3.8 转债占比 90
　　3.3.9 网上中签率 91
　　3.3.10 已转股比例 93
　　3.3.11 正股波动率 93
3.4 小结 94

第二部分　低风险的可转债投资方法与策略

第4章 可转债打新 96
4.1 什么是打新债 97
　　4.1.1 打新债和打新股的区别 97
　　4.1.2 可转债的抢权配售 102

4.2 打新债的优势 112
4.2.1 资金门槛低 112
4.2.2 资金周转率高 113
4.2.3 收益可观 114

4.3 打新债的注意事项 114
4.3.1 开通权限 114
4.3.2 准备资金 115
4.3.3 账号有效申购限制 115
4.3.4 估算可转债上市首日的价格 115
4.3.5 决定是否申购 117
4.3.6 申购数量 117
4.3.7 查看结果 118
4.3.8 是否缴款 119
4.3.9 卖出方法 119

4.4 如何打新债 120
4.4.1 筛选可转债 120
4.4.2 开始申购 121
4.4.3 等待中签 121
4.4.4 准备缴款 121
4.4.5 上市买卖操作 122

4.5 小结 123

第 5 章 组建低风险投资组合 124

5.1 认识低风险投资组合 125
5.1.1 低风险投资组合的概念 125
5.1.2 低风险投资组合的优势 127
5.1.3 低风险投资组合的不足 130

5.2 低风险投资组合的主要内容 133
5.2.1 确定安全底线 133
5.2.2 估算安全区间 136
5.2.3 借鉴优秀的投资策略 138
5.2.4 寻找合适位置的可转债 143
5.2.5 资金的合理分配 147
5.2.6 注意市场机构动向 149
5.2.7 留意公告动向 151
5.2.8 把握卖出时机 154
5.2.9 如何卖出收益最高 155

5.3 组建低风险投资组合的步骤 156
5.3.1 筛选并买入可转债 157
5.3.2 观察所持可转债的状态 158
5.3.3 卖出可转债后继续投资或落袋为安 159

5.4 实操演示 160
5.4.1 确定投资金额和买入数量 160
5.4.2 确定安全底线 160
5.4.3 进一步筛选可转债 161
5.4.4 买入可转债 164
5.4.5 关注所持可转债的相关信息 165
5.4.6 卖出可转债 168
5.4.7 注意事项 169

5.5 小结 170

第 6 章 可转债的精选投资策略 172
6.1 认识精选投资策略 173
6.1.1 精选投资策略的概念 173
6.1.2 精选投资策略的优势 175

  6.1.3 精选投资策略的不足....................177
 6.2 组建精选投资策略组合的步骤....................178
  6.2.1 确定买入数量....................179
  6.2.2 筛选可转债....................179
  6.2.3 分档建仓....................179
  6.2.4 跟踪观察可转债....................181
  6.2.5 达到卖出条件时卖出....................183
 6.3 精选投资策略的实操演示....................184
  6.3.1 确定筛选条件....................184
  6.3.2 筛选并确定可转债....................184
  6.3.3 分档建仓买入....................187
  6.3.4 跟踪观察所持可转债的动态....................188
  6.3.5 满足条件卖出....................191
 6.4 小结....................192

第 7 章 可转债的博下修策略....................194

 7.1 认识博下修策略....................195
  7.1.1 博下修策略的概念....................195
  7.1.2 博下修策略的优势....................197
  7.1.3 博下修策略的不足....................199
 7.2 实施博下修策略的步骤....................201
  7.2.1 看透转股价下修条款....................201
  7.2.2 降低博下修操作风险....................205
  7.2.3 筛选目标可转债....................208
  7.2.4 达到卖出条件时卖出....................209
 7.3 博下修策略的实操演示....................209
  7.3.1 确定筛选条件....................210
  7.3.2 筛选并确定可转债....................210

   7.3.3 关注转股价下修公告 220
 7.4 小结 220

第8章 可转债的加强性防守策略 222
 8.1 认识加强性防守策略 223
   8.1.1 回售条款的概念 223
   8.1.2 有条件回售条款 224
   8.1.3 附加回售条款 225
 8.2 回售条款指标查看 227
   8.2.1 回售期 227
   8.2.2 回售触发价 228
   8.2.3 回售价 229
   8.2.4 回售申报期 231
   8.2.5 注意事项 231
 8.3 加强性防守策略的使用 232
   8.3.1 持有可转债的情况 233
   8.3.2 没有持有可转债的情况 233
   8.3.3 注意事项 235
 8.4 小结 236

第三部分 建立良好的投资心态

第9章 修炼心态 237
 9.1 放平心态 238
 9.2 笑看涨跌 243
 9.3 稳扎稳打 247
 9.4 果断卖出 252
 9.5 小结 258

第10章　不断修行 259
10.1　对市场保持敬畏 260
10.2　对未来要有信心 266
10.3　投资是一门艺术 271
10.4　投资是一场修行 276
10.5　小结 280

第一部分　可转债的概念与指标介绍

第 1 章
了解市场

本章首先介绍该如何了解市场、市场是什么，并介绍怎样才能在市场中进行正确的投资。市场是能够将人性放大无数倍的地方，如果我们能够深入了解人性，那么在市场中获利将会是很简单的事情。

本章主要涉及的知识点如下。

- 认清市场的本质。
- 分清楚自己的实力和运气。
- 学会如何进行投资。

通过本章的知识，读者能够对我们所处的投资环境有一个大致的了解。

注意：对于本章讲述的历史背景方面的知识稍做了解即可，重点放在分析市场的本质上。

1.1 市场的本质

股市的本质是什么？关于这个问题笔者查阅了很多资料，也和很多人讨论过，大致总结了一些投资流派的观点。

1.1.1 价值投资理论

价值投资理论的创始人格雷厄姆（也就是巴菲特的老师）所创造的价值投资理论给投资者带来了非常大的影响，格雷厄姆因此有了追随者，并且教出了巴菲特、彼得林奇等很多在股市中影响力巨大的学生，目前全世界掌管着几千亿美元资产的基金经理，绝大多数也是价值投资理论的信奉者，这也从侧面反映出价值投资理论是经得起历史的考验且具有可行性的。

价值投资理论的信奉者认为，公司的经营状况及其未来的价值增长才是驱动股价上涨非常稳定的因素，即股市是实体经济的晴雨表。我们在进行股票投资时不能仅研究股价的波动，关注股价的变化是技术分析人员经常做的事情，我们应该关注股价变动的根源，也就是实体经济。这也是现在越来越多的专家、学者开始分析市场的宏观经济、政策调控、公司发展的基本面、经营状况的重要原因，分析问题就要从问题的本质下手。

要了解一家公司的经营状况，比较便捷的途径是对公司发布的一些财务报表进行分析，还可以参考一些机构的研究报告。充分了解公司真实的经营状况对投资者来说是一项比较困难的事情，我们能做的，就是尽可能地收集公司的相关信息，经过一段时间细心且专注的"研究"，待我们慢慢地了解了公司以后，再考虑要不要对这家公司进行投资，要不要做这家公司的股东。

对于是否投资一家公司，笔者的一位朋友有着非常独到的看法，那就是要看一个公司的基本面怎么样，然后分析市场中投资者的情绪是高涨的还是低落的。基本面分析是什么呢？基本面分析其实就是研究股票价格变动的影响因素，如行业状况，了解公司在行业中所处的位置、一些相关政策等，进行公司的基本面分析可以帮助我们了解公司的一些基本情况，为我们的投资决策提供参考。在价值投资理论信奉者的眼中，一个公司值不值得投资的重要决定因素就是这个公司是否具有投资价值。也就是说，价值投资理论的信奉者重点关注公司的经营情况，他们相信价格始终是围绕价值上下波动的，最终还是会向价值的均值靠拢。

在价值投资理论的应用中，有一种比较普遍且有一定风险的操作，那就是将公司未来一段时间的利润增长和一些潜在的优势都反映到当前的股价中，这就会造成当前的股价过高，需要经过一段时间，股价才能回归正常。这种情况在牛市的时候极为明显，此时也是投资者非常容易失去理智的时候。把一个企业未来10年、20年甚至50年的利润增长都反映到当前的股价中，这显然是具有很大风险的操作，如果公司的利润按照我们预估的情况稳步增长，那也只能说我们的投资没有亏损，公司照我们预计的情况在发展。

如果公司在经营过程中出现了一些问题，导致公司利润的增长不及预期，那么公司的估值会下降，股价也会下跌，别过于惊讶股市的反应为什么这么迅速，因为总会有人比我们得到消息早得多。股价下来了，盲目追高的投资者已经变成了被套牢的"韭菜"，这时投资者们就需要再次对公司和市场情况进行分析，如果公司的投资逻辑没有变，只是暂时经营情况不好，或者暂时受到了外界环境的影响，是暂时的影响，并不会改变和影响到公司未来的经营方向和计划，我们就可以加仓以摊薄成本，也就是"跌出了黄金坑""利润是涨出来的，机会是跌出来的"。

例如，2012年白酒行业的某负面事件，造成当时白酒行业的股票一度暴跌。负面事件发生了，除涉事品牌的白酒之外，其他品牌的白酒也有类似的情况吗？大概率是不会的，该负面事件只是暂时影响到了其他未涉事的白酒企业，投资者这时完全可以大胆地加仓，因为这是受外部环境的影响，企业的股价暂时受到了波及，如果当时实在不敢下手买白酒行业的股票，买入当时的白酒类基金也是可以的，等负面事件的影响过去了，那些未涉事企业的股价还是会回归正常的。

价值投资分析的重点在于分析企业的经营情况，发现能给企业带来收益的隐形优势，发掘企业的"护城河"，逐步建立自己的投资认知，赚到了说明自己的认知是正确的，亏了说明自己的投资认知还存在缺陷，还需要不断地完善。笔者也是比较喜欢价值投资分析的，自身的投资认知也在不断地完善，多学习、多研究，期待成长。

1.1.2 技术分析理论

技术分析理论也是如今备受推崇的一种理论，一般适用于中短线操作。有很多人对技术分析理论很不屑，认为这种理论是虚无缥缈的空中楼阁，看看图标，分析几条线就决定买入或卖出，涨跌就是概率问题，有的时候这个指标好用，有的时候那个指标好用，有的时候所有指标都会失灵。说它有用，有的时候确实会出现失灵的情况，说它没用，有的时候大盘走势确实是符合相关指标分析的。笔者虽然不是技术分析理论的支持者和践行者，但是笔者也相信存在即合理，并不否认技术分析理论的可行性。

技术分析理论的信奉者认为股市是有迹可循的，投资者可以通过研究和分析股价的走势和股票历史成交量推测未来股价的变动趋势。技术分析理论的信奉者认为市场的表现有两个组成部分，其中从金融逻辑的角度进行思考的部分占比约为20%；从交易者的心理和行为模式方面进行分析的部分占比为80%。通过分析交易者的心理活动，预测对手的行为，这种金融逻辑和心理学思维相交叉的学科，被定义为定位金融学。技术分析者将投资作为一种心理博弈，玩的是零和游戏，如果算上手续费等相关的一些零散费用，就是负和游戏。也就是说，我们赚的钱就是其他投资者所亏损的钱，投资者基于技术分析理论尽可能地从历史交易记录中分析其他投资者未来的行动，并为此做好准备。

技术分析有两个原则。第一，与一家公司盈利、股利和未来业绩有关的所有信息都已经自动反映在公司以往的股票价格中了。在标示了股票以往价格和成交量的图表中已经包含了分析师可能希望知道的所有或好或坏的基本面信息。第二，股价的走势有一定的惯性，价格正在上涨的股票，其价格往往会继续上涨；价格横盘整理的股票往往会继续横盘整理；价格正在下降的股票，其价格往往会继续下降。

技术分析师不会特别关注和在意所投资的公司的基本面情况，不会去了解公司经营什么业务，处于什么行业，技术分析师会通过K线、成交量、其他指标等一些能看得到的信息，找到隐藏的本质的东西。技术分析师认为股市是有迹可循的，一些公司的基本面信息对股价的影响即使已经体现在了股价中，如某公司月底出年中报，股价可能在当月中旬就已经把公司年中报的信息体现出来了，因为总是有人能够得到第一手的消息，公司发展得好与坏会提前反映到股价中。

如果股价最近呈现上涨或者下跌的趋势，那么这个趋势在一段时间内会持续，直到出现了一些情况改变了股票背后供需关系的平衡，这种上涨或者下跌的趋势就会出现变化。股价上涨可能变为横盘整理或者下跌，股价下跌可能变为上涨或者横盘整理。听起来很容易理解，但是要想做到在某一阶段的最低点买入、在某一阶段的最高点卖出这种近乎完美的低吸高抛操作，属实难如登天。股市是瞬息万变的，没有人能保证自己一定能买在最低点、卖在最高点。还有一种比较有趣的现象是交易双方都认为自己比对方聪明，都有一种把对方当作傻瓜的感觉，总是认为自己的操作比对方的操作高明。

为什么说技术分析有效呢？

关于这一点，笔者认为以下四点算是有些道理的。

第一，人们的从众心理作祟。当市场中的投资者看到某只热门股票的价格走势越来越好的时候，投资者的情绪就会变得高涨，都想买入，买的人多了，股价继续上升，进而会吸引更多的投资者继续买入，股价会越来越高，股价越高，人们的投资热情就越高……相应地，当某只股票的价格下跌的时候，有些投资者为了及时止损，抓紧抛售手里的股票，这样就造成了股价进一步下跌，从而使更多的投资者进行股票的抛售。股价继续下跌，投资者的投资情绪低迷，认为股价还会继续下跌，因此不再进行买入操作，这是股价下跌趋势持续的重要原因。

第二，信息差的存在。总会有人掌握第一手消息，然后将消息进行扩散，最终传到散户的耳朵里。例如，当一家公司有利好消息出现时，内部人员会先收到相关消息，他们会及时买入公司的股票，推动股价上涨；他们也会把消息散播给周围的亲戚朋友，这些亲戚朋友也会买入该公司的股票，股价继续上涨；相关的专业机构会打探消息，专业机构会在合适的时机大量买入股票，继续推动股价的上涨，最终消息传到散户耳朵里，散户迫不及待地抓住机会，加上从众心理作祟，使得散户的投资热情不断高涨，股价不断攀升。相反，如果公司有不好的消息（利空）出现时，每个人都抓紧套现离场，这也会导致该公司的股价不断下跌。

第三，投资者对新信息的反应不够充分。例如，当一家公司公布的财报超出相关机构的预期的时候，该公司股票的价格会上涨。不过刚开始普通投资者仍持观望态度，之后普通投资者陆续买入该公司的股票，因此股价上涨的趋势会持续一段时间；相反，如果一家公司公布的财报没有达到相关机构的预期，该公司股票的股价会震荡下跌，这时股价的下跌也不是很充分，一般这种下跌的趋势也会持续一段时间。还有就是当一些针对行业的政策、措施出台的时候，相关行业的股价的波动也是不充分的，如针对校外培训的"双减"措施的出台，消息刚传出来的时候，相关公司的股价出现了下跌的趋势，但是并不充分，一段时间过后，相关公司的股价纷纷出现暴跌的情况，这也是投资者对新信息的出现反应不够充分的一种体现。

第四，人们的"保本"心理总是存在的。当人们买入某只股票的时候，这只股票的价格是100元/股，那么他们会一直记得自己每股的成本是100元，当股票的价格一直下跌，假设到了80元/股并且一直在80元/股左右横盘整理，直到一段时间过后，股价又重新回到100元/股的时候，人们会迫不及待地卖掉手中的股票，如果忽略手续费和货币的通胀贬值，他们的这波操作不赚不亏，这就已经让他们很满意了，至少没有亏钱，当投资者在100元/股的时候进行大量卖出，股价又开始下跌……这时，100元/股就形成了这只股票的"阻力位"，每当这只股票的价格达到100元/股就下跌的时候，阻力就会变得越来越强，因为投资者凭借经验判断，这只股票的价格想要超过100元/股已经很难了。

与之对应的还有一种情况。当投资者买入某只股票的时候，其股价是100元/股，之后，这只股票的价格不断上涨，假设上涨到120元/股，有一些投资者会纷纷后悔自己当时没有及时买入这只股票；当这只股票的股价再次跌到100元/股时，那些后悔当时没有买入这只股票的投资者就会纷纷抓住机会进行买入，这时这只股票的股价又开始上涨；当股价再次跌到100元/股的时候，还会有投资者进行买入操作。这时100元/股的股价就是抵挡股价下调的"支撑位"，当投资者在"支撑位"纷纷进行买入操作，股价能够突破"阻力位"继续上涨的时候，股价呈上升态势的信号就再次出现了。从技术分析理论的角度来看，以前的"阻力位"就变成了新的"支撑位"，股价就有很大可能呈现上升态势。

那么技术分析理论有失效的时候吗？当然有，技术分析是等到股价呈现一定的趋势以后才能做的事情，如果当时市场环境不好，投资者在买入股票后，股价趋势立即发生了变化，技术分析理论就失效了；而且使用技术指标的人越来越多，等到人人都知道当每个趋势或情况出现，该采取什么样的行动的时候，技术分析指标也就失效了。

有的时候技术分析师也不一定能够及时获取最新的消息，假设某家上市医药公司研发出了一种创新药且试验成功了，研究人员知道如果把这个消息散播出去，公司股票的价格会大涨，这些人就会抢先买入公司的股票。假设这家公司股票的价格是 30 元/股，消息散播出去后股票的价格为 50 元/股，那么不用等消息散播，知情的研究员或者公司内部人员都开始疯狂买入公司的股票，直到股价涨到 50 元/股。也就是说，如果有人知道某只股票的价格明天会涨到 50 元/股，那么今天这只股票的价格就会涨到 50 元/股，股市的反应是极其迅速的，这时技术分析师得到的消息就会显得有些迟滞了。

1.1.3 低价格投资理论

低价格投资理论就是指用比较低的价格买入股票。霍华德·马克斯说过，价格是杰出投资最主要的因素，优秀的投资者的目标不只在于"买好的"，也在于"买得好"。格雷厄姆的价值投资理论中也提及：价格始终围绕着价值上下波动，但从长期来看，价格会向价值的均值靠拢。而投资者要做的事只有一件，那就是当股票的价格大幅低于其价值的时候，买入股票。

也就是说，低价格投资理论的践行者赚的是股价回升的钱，投资者在投资的时候要找那种股价低于其价值的股票。因此，并不是所有低价格的股票都可以买，价格低，没准其价值更低。假如 A 公司的股票是 5 元/股，B 公司的股票是 6 元/股，A 公司股票的合理估值是 3 元/股，B 公司股票的合理估值是 10 元/股，这样我们就能清晰地看出 A 公司股票的价格虽然低，但是其股价是高于其估值的，B 公司股票的价格虽然高一些，但是其股价是低于其估值的。如果投资者进行股票投资，首选 B 公司的股票，一般相关人员会综合市盈率、市净率和股息率筛选出一些股票，再从中筛选出一些适合自己的股票组建投资组合，这样多只股票组成的投资组合能够使投资者拥有良好的抗风险能力。

投资者持有筛选过的股票，等到其价格与价值差不多的时候就可以考虑将其卖出了，这样我们就赚到了股价回升的钱。如果投资者买进中低价格的股票，一般情况下是极少能买到白马股的，那些热门的白马股在正常情况下早就被炒得火热了，除非是在熊市的时候，在投资者的情绪比较低迷的情况下，大部分的股票都被低估，这时用低价买到白马股的概率就会高很多，其实按照这种低价策略来看，投资白马股和非白马股的区别不是很大，投资者都是为了赚股价的差额而已。巴菲特的"捡烟蒂"投资法也是以低价格投资理论为支撑的。

1.1.4　反身性投资理论

反身性投资理论最早是由金融巨鳄索罗斯在《金融炼金术》一书中提到的，反身性投资理论有两个前提，一是人们对事物的认识天生就不完整；二是人们本身就是市场的参与者，也就是说，参与者和结果不具备完全独立性，二者不但相互作用，而且相互决定，不存在任何对称或对应。就像公司股价的波动和投资者的情绪是相互决定的，进而又会影响到公司的经营情况。假设 A 公司和 B 公司都是同一行业中的龙头公司，经营范围和经营规模都差不多，股价也差不多，可过了没几天，市场中突然流传着 A 公司有自己的核心技术，而且其核心技术还在不断升级，未来 A 公司一定会比 B 公司发展得好的消息，那么投资者便会纷纷购买 A 公司的股票，持有 B 公司的股票的投资者也开始纷纷卖出 B 公司的股票，这样一来，A 公司的股价不断上涨，B 公司的股价却不断下跌，进而 A 公司的市值不断地增加，B 公司的市值不断地缩水。这样 A 公司就可以去银行贷更多的款以扩展自己的业务，让自己的资金流更加健壮和充足，公司扩张会更加迅速；而 B 公司由于市值缩水，贷款也就相应地减少了，B 公司发展和扩张的速度就不及 A 公司的发展和扩张的速度了，最终就出现了 A 公司发展得比 B 公司好。其实当时 A 公司和 B 公司的基本面是没什么差别的，只是因为投资者纷纷购买 A 公司的股票而卖出 B 公司的股票，就造成了如此悬殊的结果，这就是市场反身性的一种体现。

索罗斯说过一句话，"市场永远是错的"，笔者觉得与其说市场永远是错的，不如说我们永远都不能完全地了解市场。

第 1 章　了解市场

1.2　分清楚实力和运气

在市场中什么是实力，什么又是运气？这是很值得深思的问题。为什么要把这些内容放在第 1 章中进行说明，就是想让读者在进入市场之前有所准备，炒股操作很简单，炒股赚钱却非常难。这时有人会说："我什么都没有学，炒股就赚到了钱，这不是挺简单的吗，哪有你说得那么难。"笔者不否认确实有运气好到不得了的人，不管买什么都能赚到钱，不过在笔者身边没有这样的人。炒股非常简单，开个户，然后转入资金，直接购买就可以了，只要是符合相关条件的投资者，都可以进入市场进行投资。不管什么股票，买入以后涨跌的概率都是 50%。

如果张三买入了 A 公司的股票，在买入之前，张三并没有对 A 公司的经营状况、行业环境、财报、研报等进行分析，只是凭借得来的消息和自己的直觉进行买入操作，买完以后，股价上涨了，使得张三的账户上出现了盈利；而用心考察公司，认真分析财报、研报的投资者李四买入的某只白马股的价格却下跌了，李四亏损了。不过这只是暂时的，如果这时张三和李四都把手中的股票卖出且以后不再进入市场，那么可以说张三是真的盈利了，李四是真的亏了，否则，只要他们还在市场中一天，最终的结果不一定是张三盈利、李四亏损。

张三买入的股票的价格上涨了，这时询问张三股票价格上涨的原因，他可能不知道，因为他就是凭着得来的消息和自己的直觉买入股票，张三就属于糊涂地赚。李四虽然亏损了，经过李四的复盘和分析，他知道最近行业环境有些波动，影响到了自己投资的这家公司，自己投资的这家公司只是暂时受到了一些影响，这时李四的亏损就是明白地亏。

与糊涂地赚相比，其实笔者更倾向于明白地亏。虽然亏损是每个投资者都不愿意看到的情况，但是如果一直糊涂地赚，总有一天投资者的心理膨胀会达到一个阈值，感觉自己无往不利，自己就是真正的"股神"。此时如果有人和他说在投资前要进行分析，要稳妥一些，他已经听不进去了，他已经被自己的运气蒙蔽了双眼，这往往就是噩梦的开始。

如果将时间线拉长，糊涂地赚的那些人很有可能糊涂地亏，然后慢慢地明白自己为什么会亏钱，直到有了自己的投资逻辑，做到明明白白地赚。

只有不糊涂的时候，才有可能做到明白地赚和明白地亏，从糊涂到明白本身就是一个进步，从亏到赚也是一个进步，毕竟我们做投资，就是想让我们的资产保值、增值，千万不要把自己的运气看作自己的实力，可能确实偶尔有几次凭运气会赚到钱，但如果我们想走得更远、更稳，最好还是提升自己的投资能力。

有的时候我们确实不知道自己是清醒的还是糊涂的。在日常生活中开车的时候，我们都知道遇到红灯，停车等待。如果闯了红灯，就违章了，过不了多久，违章信息就会发到我们的手机上，这时我们就知道在遇到红灯时停车等待是正确的，闯红灯是错误的；但是在股市中可就不是这样的了，股市中的反馈并没有那么及时，甚至会有一个相当长的延迟。

牛市的时候基本上"无脑"买股票都能赚钱，翻倍股更是数不胜数，投资者情绪高涨，进入股市就犹如过来捡钱一般，然后吸引一批又一批没有接触过股市的人跑步进场。这时新的资金的进入使股价进一步上涨，直到泡沫越来越大，如果在投资者情绪高涨的时候有人站出来说要理智，要对股票进行全面详细的分析，那么他一定会被当作脑子有问题的人。

有些理智的人暂时能忍住，等看到周围的人不断进场而且都在赚钱的时候，这些理智的人会怀疑自己，然后其立场开始动摇，也想抓住牛市的机会大赚一笔，转身投入到泡沫中。当牛市来临、市场火热的时候，只有极少数一部分人能够保持清醒的头脑，控制自己的内心，坚持自己的投资理念，不会被外界的声音所干扰，即使被大众看作另类也不在乎，只有当潮水退去，泡沫破裂的时候才能知道到底是谁在"裸泳"。

A股市场的牛市的持续时间差不多只有几个月，在牛市的时候，我们容易分不清谁明白、谁糊涂，只有当牛市过去，熊市来临的时候，那些能够盈利的投资者才能真正地明白。即使A股的牛市持续的时间比较短暂，也有几个月的时间让我们清楚自己究竟是糊涂的还是明白的。再如，纳斯达克市场上的疯狂有时能持续三四年之久，当这种状态持续的时候，我们同样无法分清谁才是明白人，甚至当巴菲特提醒人们要当心泡沫的时候，人们认为他的理念已经过时了。

运气和实力的区别在于是否具有可持续性。把时间线拉长到我们的整个投资生涯，我们就能发现靠运气赚钱的情况少之又少，而自己凭实力投资的操作却贯穿了我们整个投资生涯。运气好的时候，我们稀里糊涂地就能赚钱；运气不好的时候，我们凭实力投资也会亏得怀疑人生。在凭运气赚钱或者亏钱的时候，我们几乎不会分析和思考为什么会这样，我们是怎样赚的，又或者是怎样亏的？如果能够从某次投资的结果开始思考为什么会赚或者亏，那么我们也就开始意识到自己的能力其实是有限的，我们开始有意识地想要凭借自身实力进行投资。

只有经历了从糊涂到明白的过程，我们才能实现从依靠运气投资到凭借实力投资的转变，把不可持续的状态变成可持续的能力。我们赚不到自己认知范围以外的钱，即使凭借运气赚到了，最终可能会亏回去，想要赚更多的钱，就需要提升自己的认知和实力，只有不断地提升自己，才有可能在瞬息万变的市场中做到"众人皆醉我独醒"。将投资的时间线拉得越长，运气的偶然性就越明显，只有靠自己的实力进行投资才能够经得住时间的考验。

1.3 如何进行投资

巴菲特说过"投资的第一原则是永远不要亏钱，第二原则是记住第一原则"，这句话听起来很简单，做起来可真的没那么容易，可以说是相当困难的，谁能保证在每一项投资中都能赚钱呢，如果有，笔者宁愿相信那是神仙或者穿越者做的事情。我们不能保证在每一项投资中都赚钱，但是我们可以尽力做到使投资组合总体来看是盈利的，在投资游戏中，我们不退出，游戏永远都不会结束；笔者觉得做投资有三个阶段：认清自己，了解市场，提升能力。

笔者认为投资是一场修行，也是一门艺术，上面提到的三个阶段，每一个阶段都是一次突破。认清自己，认清的是自己的思想和欲望；了解市场，了解的是市场的机制和规律；提高能力，提高的是自己的专业知识水平和对欲望的控制能力。

做投资最基本的要求就是认清自己，明白自己想要的是什么，首先把自己的心态摆正，分清楚什么是投资心理，什么是投机心理，什么是赌徒心理，要想在投资的路上长远地走下去，就要用投资思维考虑问题，辨别投机操作和赌徒心理驱使下的操作，并且尽可能地远离它们。

1.3.1　赌徒心理

我们来看看赌徒心理的表现是什么。拥有赌徒心理的投资者不会考虑本金的安全和潜在的风险，他们考虑的只有自己想象出来的利益。如果亏钱了，就继续投入，争取回本，继续亏就继续投，有着迷一样的自信，相信自己一定会回本；如果赚钱了，就会想以后投资品的价格会不会继续涨；有时候，他们又非常担心和害怕，机会到来的时候不敢动，机会过去的时候开始后悔。

好的股票（10元/股）被低估的时候不敢买，等到股价涨到100元/股，被严重高估的时候，自己又怕失去买入的机会，从而选择高位进场，结果被严重套牢；股价下跌的时候又害怕会不会继续跌，从而导致自己的损失越来越多。投资者整天盯着盘面的波动，就像在赌场里面一张一张看自己的牌的时候那种忐忑，每天都是提心吊胆的，赚了舍不得落袋为安，亏了也没有设置止损点，一直亏到自己承受不了狠心"割肉"，收益清零不说，还亏损一大笔钱，之后继续加注，默默地和自己说，等到回本就退出市场，结果越陷越深，无法自拔，严重的倾家荡产甚至背负一身债务。拥有赌徒心理的投资者控制不了自己内心的恐惧和贪婪，想着从市场中赚一辆车，一套房，以为自己就是天选之子，股神附体，市场是捡钱的地方，结果就一直处在恶性循环中直到离场，最后说市场就是骗人的地方。

有着赌徒心理的投资者通常会频繁进行交易，情绪波动很大，有急于求成的表现，他们经常幻想着一夜暴富，而不允许自己慢慢变富。

1.3.2　投机心理

与拥有赌徒心理的投资者相比，拥有投机心理的投资者对市场有一定的分析，投机和投资很容易被混淆，也有人以为自己的投机就是投资。拥有投机心理的投资者不会把本金的安全放在第一位，投机者看中的机会一般都是利润比较大，值得去冒险的，投机者是追求短期高利润的，同时也会对一些现象进行思考和分析，但一般不会特别深入和严谨。投机，要抓的就是机会，而机会又是稍纵即逝的，投机者的操作一般是快、准、狠的，他们一般不会对某一只股票或者某一种现象进行特别深入的分析。

如果投机者面对的是短期的机会，他们也不会特意地探究其长远的价值，颇有一种打一枪换一个阵地的感觉。笔者认为投机和投资的区别就在于"机"

和"资","机"可以理解为机会,也就是说,投机者要寻找机会,如果发现了机会,经过自己的分析,再进行决策。机会可以和价值没有丝毫的联系,如我们经常接触到的利率的调整,对于投资者来说是没有很大的意义的,一般是不会影响到投资者的投资逻辑的;但是对于投机者来说,利率的波动就会存在机会,投机者就可以抓住这种机会进行一番操作从而获得利润。

著名的投资大师利弗莫尔在《股票大作手操盘术》中提及:"投机,是天下彻头彻尾最富魔力的行当。但是,这行当愚蠢的人不能干,懒得动脑子的人不能干,心理不健全的人不能干,企图一夜暴富的冒险家不能干。"从这句话中我们可以了解到关于投机的一些内容。

投机者追求的是在短时间内获取尽可能多的利润,如果操作成功,获得了自己预期的利润,确实有一夜暴富的可能,但是投机者不要抱有一夜暴富的心理,诱人的收益往往伴随着巨大的风险,投机是很有可能损失本金的,甚至损失全部本金。投机者需要拥有相当敏锐的眼光和超强的预判能力,而且也不能保证每次都能获利。

历史上比较著名的郁金香球茎热事件就是教训,也是历史上最壮观的致富狂欢之一,在 1593 年,一位植物学教授把一些郁金香的种子带到了荷兰,荷兰人对花园里的新品种很是着迷,当时郁金香属于稀有花卉,受到了权贵阶层的青睐。后来郁金香感染了一种病毒,郁金香的花瓣上有了彩色的条纹,没想到这种受到感染的郁金香更受荷兰人的喜欢,他们称这种郁金香为"奇异球"。

这时,眼光锐利的投机者们出现了,他们在看到达官显贵开始追捧郁金香的时候,针对郁金香开展了一场投机,他们开始高价收购郁金香球茎,然后以更高的价格将其卖出,以此赚取高额的利润,直到后来贵族、市民、农夫、渔民等各种社会阶层的人都开始加入买卖郁金香球茎的热潮,有的人甚至倾家荡产换一支郁金香球茎,因为他们相信会有人以更高的价格买走自己手中的郁金香球茎,自己可以趁机大赚一笔,以获得不菲的财富,这种热情持续了很长一段时间,郁金香球茎的价格也被炒到了一个天文数字。

后来在阿姆斯特丹和世界各地的交易所都有郁金香球茎的交易,直到有一天有人开始把自己手中的郁金香球茎合同全部抛出,这也是郁金香球茎热泡沫破裂的导火索。人们开始纷纷抛售自己手中的郁金香球茎合同,他们也明白,抛售的越多,郁金香球茎的价格下跌得越厉害,因此他们争先恐后地卖出自己手中的郁金香球茎合同，谁也不想成为最终的"接盘侠"。结果，郁金香球茎的价格一跌再跌，一支郁金香从可以换一套房子到最后只值一个洋葱的价钱，这场疯狂的郁金香球茎的狂欢至此也就差不多接近了尾声。

这场狂欢可以说是一种巨大的投机行为。有的人一夜之间倾家荡产，从衣冠楚楚的富翁沦落到沿街乞讨的乞丐；有的人负债累累，血本无归；但还有一部分人赚得盆满钵满，这就是投机带来的刺激感。有的人可能会说经历了这么多年的炒作，刚开始的那一批投机者一定都赚到了钱，笔者认为并不一定是这样的，如果有人在开始炒作后及时退出，那么就落袋为安了，这样的人是赚到了钱的。可是在当时人人追捧郁金香球茎的情况下，又有多少人能够理智地选择及时退出呢，欲望是可以吞噬理智的，他们会继续把赚到的钱连同本金一起继续投入，想要获得更多的收益，结果就是有的人原本是可以赚钱的，因为自己的贪婪，最终血本无归。

投机也是需要思考的。例如，某医药公司创新药研制成功会带来什么机会，会对市场有什么样的影响，可以从哪里赚到钱，或者利率的调整对我国进出口贸易有什么影响，是不是有机会进行投机操作，投机者也要考虑和分析投资的内部环境和外部环境，只是一般不需要进行特别深入的分析，因为他们本来也没有长期持有股票的打算，不过投机者要目光敏锐、思维敏捷，这就是为什么懒得动脑子的人不适合进行投机。

投资者的心理承受能力弱，股价刚开始上涨的时候不敢买，想等它跌一跌再买入，结果后面的股价连创新高。直到股票的价值被高估、泡沫严重的时候，投资者在高位果断进场，生怕自己再错失机会，结果就被严重套牢，待股价下跌后继续补仓，想摊薄成本，结果越补越多，自己大部分的资金都被套牢，错过了其他很多股价上涨的股票，直到自己的资金解套就迫不及待地将其卖出，结果发现将股票卖出以后，股价止跌回升，投机者再次成为"高位接盘侠"……典型的追涨杀跌，这就是心态不好。投机对投资者的心态要求也是很高的，如果投资者没有良好的投资心态，想要赚到自己的预期收益可以说是相当困难的。

企图一夜暴富的人和赌徒没什么两样，总是幻想着通过一次投机实现财务自由，抱着不切实际的目标和幻想，终究会害了自己。

总的来说，想要做好投机操作也是需要一定的专业知识做基础的，需要投资者有一定的逻辑思考能力和对情绪的把控能力，可以说一个完美的投机操作需要天时、地利、人和，缺一不可。而且相对来说，笔者觉得好的投机操作需要投机者具备良好的眼光和心理素质，有的时候这比投资操作本身的要求还要重要。

1.3.3 投资心理

格雷厄姆在《聪明的投资者》一书中指出："投资者和投机者之间最现实的区别，在于他们对待股市变化的态度。投机者的主要兴趣在于预测市场波动，并从中获利；投资者的主要兴趣在于按合适的价格购买并持有合适的证券。实际上，市场波动对投资者之所以重要，是因为在市场出现低价时，投资者会理智地做出购买的决策；在市场出现高价时，投资者必然会停止购买，而且还有可能做出抛售的决策。"

从上述文字中我们可以了解到投资者和投机者的区别主要在于其对待市场的态度，如果投机投的是机会，那么投资的重点就是"资"，也就是投资某种资产的估值，简单来理解就是投资某种资产的性价比。投资者善于在当下预测某种资产未来的发展，力图追求一种模糊的正确，投资者们一般不会在意短期的市场波动，除非这种波动影响到了他们的投资逻辑，否则他们对短期的市场波动几乎是毫不关心的，短期的小波动对真正的投资者来说也确实是无关痛痒的，真正的投资者最擅长做的事情就是做时间的朋友，用时间去验证投资逻辑的正确性，进而收获财富。

投资者力求稳定，他们会尽可能地在保证自己本金安全的前提下分散投资，以便分散风险。投资是需要厚积薄发的，投资者要耐得住寂寞，能够控制住自己的情绪，也要有扎实的专业知识，真正的投资者都在脚踏实地地做投资，允许自己慢慢变富。

我们知道巴菲特是价值投资理论的拥护者和践行者，巴菲特曾经说过："如果你不准备持有一只股票十年，那你也不要持有它十分钟，要投资伟大的公司，伟大的期限至少在三十年以上。"巴菲特坚持在优秀的公司的股票被低估的时候买入，在其价值被严重高估的时候才考虑将其卖出。对于何时才算是被低估和被高估，就需要投资者拥有相当丰富的知识储备，加以判断。估值具有一定的主观性，对于每个人来说，同一事物的估值是不太一样的，一般都会有相应的波动区间。同时，一位合格的投资者要持续关注投资品所属公司的相关动向，把自己当作投资品所属公司的股东和经营者来看待。

关注我们所投资的公司是否按照自己当初的预期来发展，如果我们所投资的公司没有按照自己的预期发展，需要投资者进行思考，是自己的投资逻辑出现了问题，还是我们所投资的公司的经营状况出现了问题，不断地在市场中校正自己的认知，更新并完善自己的底层逻辑，实现自身认知的更新迭代，这样不断地提高、思考、成长，最终慢慢地成为一个优秀的投资者。

投资和投机有很多相似之处。投资和投机都是为了获取收益；两者都有存在损失本金的风险，投资者需要具备一定的专业知识，并且能够控制自己的情绪。投资和投机的区别有以下几个。

时间长短的区别。一般投资所用的时间是比较长的，投机所用的时间比较短。

目标收益的区别。投资者一般追求的是长远的、稳定的收益，短期的波动对投资者一般没什么影响；而投机者往往追求短期的高收益，短期的波动对投机者来说影响非常大。而且投资一般是正和游戏，投机属于零和游戏或负和游戏，投机者赚的钱一般都是市场中其他人亏的钱，而投资者赚的钱一般来自公司发展带来的价值。

风险大小的区别。投资者会尽可能地在保证自己本金安全的前提下进行分散性投资，以分散和降低投资风险；投机者想要追求高收益就注定了他们的投资过于集中且风险比较大，有着较高的亏损风险。

我们要认清自己究竟要在市场中充当什么样的角色，如果想要做一个"赌徒"，那么读到这里就可以把书放下了，因为你已经不需要用到后面的内容了，与其再往下看，不如拿一枚硬币抛正反，猜涨跌来得更快一些。

如果你不是一个天赋异禀、上天眷恋的幸运儿，笔者建议还是选择做一个投资者，虽然可能投资的收益与投机的收益相比来得慢了一些、少了一些，但是走得稳、走得远。

认清自己是把自己彻底分析明白，把自己以前可能存在的错误理念彻底摒弃，让自己有一个正确的投资价值观。投资者拥有正确的投资心态和思想是投资成功的基础，接下来才能够进行市场的探索。

格雷厄姆曾经把市场拟人化，创造出了一个叫作"市场先生"的角色，巴菲特在致股东的信中也提到过这一角色。作为投资者，从巴菲特的解释中我们可以了解到市场先生是非常容易被投资者的情绪所带动的，我们做投资获利的基本原则就是低买高卖，如果我们能准确地了解市场先生的情绪状态，

第1章 了解市场

在他情绪低落的时候，我们趁机买入，在他心情愉快的时候把手中的投资品卖出，那我们就做到了成功操作。那么问题来了，怎样判断当前市场先生的报价是在他处于怎样的情绪状态时给出的呢？要想明白市场先生的报价是在他处于怎样的情绪状态时给出的，就要对自己所投资的公司有一个很清晰的了解，才能稳住自己的心，不被市场先生的情绪左右，才能有机会赚到市场先生的钱。

要了解市场先生每次给出的报价的定价机制、投资者们的情绪变化，还有自己所投资的公司的估值区间，就需要投资者具备一定的专业知识了。

如果我们已经认清了自己，也摸清了市场先生的脾气，那么我们离成功就不远了。另外，要提升我们自己的综合实力，以更好地应对市场的变化，不仅要学习相关的专业知识，还要修炼自己的心态，做好情绪的管理。现在互联网很发达，相关的专业知识我们可以轻松地从网上获取，而且经过一段时间的刻苦学习，我们就可以掌握并把它们放到我们的脑子里，如果肯认真学习，我们可以在短时间内拥有和大部分人差不多的知识储备，那么为什么市场上那些具备专业知识的人还会摔跟头呢？其中一个很重要的原因就是他们的情绪管理还不到位。

市场是一个可以将人性放大无数倍的地方，人们在市场中并非是理性的，经常会出现过度自信，损失厌恶，羊群效应等一系列由人性引发的问题。

过度自信是指投资者很容易在不确定的情况下做出判断，这些判断会在某些方面与理性的行为产生偏差。投资者往往过于高估自己的能力，对未来情况的预期过于乐观；经常认为自己的投资决策是正确的，而且往往在自己投资以后有一个比较乐观的预期，不过往往这种对未来美好的希望会落空。

损失厌恶是当人们面对的收益和损失等同的时候，等值的损失被认为令人厌恶得多；当我们股票账户里面浮亏一万元和浮盈一万元的时候，那么一定是浮亏给我们造成的心理压力比较大，这会让我们觉得我们的本金已经亏损了，要抓紧采取补救措施，而浮盈带给我们的心理压力就会小很多，反正是赚的钱，亏了也不怕。在市场中很容易出现的一种现象就是一只股票如果亏损了，投资者就立刻将其卖出，想要立刻止损或者投资另一只股票以弥补投资这只票带来的亏损，或者不管对错赶紧继续加仓，以摊薄成本，结果往往会造成更大的亏损，最终被套牢。往往赚到钱的人越来越胆小，因为担心将收益清零，亏钱的人的胆子反而越来越大，一心想着回本。

羊群效应指的是市场中往往会出现疯狂的群体性行为，没有自己立场的投资者很容易被疯狂的群体性行为带动。例如，前面提到过的郁金香球茎热事件，2000年年初的互联网泡沫，2020年的白马股抱团。羊群效应反映的是人们的从众心理，我们可能无法完全排除它的影响，但是我们可以尽可能地坚定自己的立场，走自己的投资之路。

要成为一个合格的投资者，我们要学会从别人的错误中吸取教训，而不是自己再把错误的道路走一遍才肯回头，这样既浪费时间，又浪费了自己的本金，吸取他人的教训，学习他人的经验，大胆假设，小心求证，才能让自己在投资之路上走得更远、更稳。

1.4 小结

本章主要是和读者朋友们一起了解一下市场的发展及其特性，市场究竟是一个可以让我们的财富保值、增值的地方，还是一个惊险刺激的"赌场"，值得我们认真思考。要想做好投资，重要的是先把自己分析明白，将自己的思想摆正，如果我们连自己都分析不明白，连自己都控制不了，又怎样分析市场，在市场中和更多聪明的人进行博弈呢？笔者觉得当我们明白自己想要什么，并且已经做好心理准备的时候，我们才可以进行下一步，去了解性格古怪的市场先生，"风生于地，起于青萍之末，止于草莽之间"。

市场先生非常敏感，很容易受投资者的影响而产生情绪波动。"风险是涨出来的，机会是跌出来的"，我们应该及时分析市场情况，等到有机会的时候，毫不犹豫地抓住它，千万不能让市场先生左右我们的情绪；当我们能够做到在了解自己的同时也了解市场的时候，我们就可以开始向更高的维度、更全面的方向完善和提高我们自己了。虽然历史有的时候会重演，但市场永远是向前发展的，这就需要我们不断地更新自己的知识体系，不断地学习，不断地整理我们的知识框架以应对市场的变化。市场最大的确定性就是市场是不确定的，我们要允许自己慢慢变富。

第 2 章

认识可转债

　　本章主要讲述可转债的概念和可转债的特性，并简单提及顺应可转债特性的投资方法，以及关于可转债投资中的一些风险提示，让我们从这里开启探索可转债的新篇章吧！

本章主要涉及的知识点如下。

- 可转债是什么。
- 可转债的债性。
- 可转债的股性。
- 投资可转债可能存在的风险。

通过本章的知识，读者可以对可转债有一个初步的了解。

注意：需重点了解本章讲述的可转债的特性和风险。

2.1 可转债是什么

可转债的全称叫作"可转换公司债券"，是由符合发行可转债条件的上市公司发行的、在特定的条件下可以转换为发行可转债的公司的股票的一种债券。可转债的本质是一种债券，有着"上不封顶，下有保底"的特点，是一种比较有意思的投资品。要了解可转债，首先要从可转债的源头认识它，也就是要了解可转债的发展历史，从而更好地把握现在，更好地判断其未来的发展。

2.1.1 可转债的历史

国内的可转债市场发展的历史并不是很长，只有30年左右的时间，发展的过程算是比较曲折的，可转债市场的火热也是最近几年才出现的。

1. 可转债市场萌芽阶段

可转债市场萌芽阶段的标志性事件是1991年8月，海南新能源股份有限公司发行了第一只可转债，它是我国最早发行可转债的公司。

1992年11月，深圳市宝安企业（集团）股份有限公司（现更名为中国宝安集团股份有限公司）首次在A股市场发行第一只叫作宝安转债的可转债，发行规模为5亿元，并且于1993年在深交所挂牌上市，当时可以采取"先发债、后上市"的操作。

这时可转债市场还没完善，处于萌芽时期，市场并不成熟，相关的法律法规也并不完善，投资者对这种投资品的认知程度和接受程度都不是很高，最终宝安转债没有转股成功。

虽然这次可转债的发行最终以失败告终，但是暴露出的问题可以作为后面可转债发行的前车之鉴，为后面可转债市场的发展和完善提供了宝贵的经验。

2. 可转债市场发展阶段

自1992年宝安转债发行后，直到1998年都没有新的可转债发行，当时人们逐渐将可转债这种投资品淡忘了。1997年，《可转换公司债券管理暂行办法》颁布，这是我国第一个关于可转债市场的规范性文件，标志着我国的可转债市场进入了一个新的阶段。

1998年，第二批可转债正式发行，这一批发行的可转债共有三只，分别是南化转债、丝绸转债和茂炼转债，这次发行可转债的三家公司也都不是上市公司，还是采用"先发债、后上市"的操作，这批发行可转债的公司吸取了之前的教训，在可转债的面值等方面做出了一些调整，最终南化转债和丝绸转债成功完成了转股操作；茂炼转债的发行公司由于出现了一些状况，造成公司迟迟没有上市，还出现了投资者维权事件，最终茂炼转债的发行公司以115元/张的价格发起了可转债的回售。

自此以后，"先发债、后上市"的操作被禁止，之后可转债的发行都变成了"先上市、后发债"，这批发行的可转债中已经有转股成功的了，随后各大公司纷纷开始发行可转债，为可转债市场的发展提供了不小的助力。

3. 可转债市场成熟阶段

在2000年年初上海机场发行了机场转债，机场转债的相关条款中加入了回售条款，下修转股价条款和强赎条款，这为以后可转债相关条款的完善提供了非常宝贵的经验，其中有意思的是上海机场发行的机场转债上市当天的开盘价竟然是1.88元/张，而且成交量还不少，要知道当时机场转债的面值是100元，不过最后收盘的时候机场转债的价格到了101.58元/张，出现这一场景的原因就是当时人们对于可转债还不够了解，不过整体来看最终的影响还是比较有意义的。

2001年证监会从政策角度认可了可转债的市场地位，投资者对于可转债这种投资品也有了更深入的了解。

到了2002年，市场中可转债的发行规模已经到了41.5亿元。

2006年，为了解决股权分置改革的问题，为了给当时的企业提供一个更好的融资环境并给投资者提供一个更好的投资环境，可转债的发行门槛被进一步降低。2006年共发行了10只可转债，虽然可转债的相关制度在不断完善，可转债市场的规模也在不断扩大，但是可转债仍然是小众投资品。在2006年至2016年这十年间，可转债的数量也不过在100只到200只之间，从发行数量和参与人数等方面来看，人们的投资热情还不是很高。

4. 可转债市场的火热阶段

2017年2月证监会规范了上市公司的再融资规则，上市公司再融资难度提高，各上市公司纷纷把融资的目光转移到可转债上，可转债市场逐渐受到重视。2017年9月，证监会修改了可转债的申购规则，将以前的资金申购改为信用申购，可转债的申购不再冻结资金，可转债打新不设置任何资金门槛，也不用提前缴纳任何费用，中签以后再缴费即可，自此，可转债市场迎来了井喷式的发展。

从2017年到现在，可转债的发行数量已经远远超过之前二十几年发行数量的总和，截至2021年9月，可转债的数量已经达到379只，规模6,971.86亿元，存量6,241.04亿元，与2002年的41.5亿元的规模相比，差不多翻了168倍，这充分说明了可转债市场的火爆，现在大多数的投资者都会参与可转债打新。

目前可转债市场依然火热，相信未来可转债的相关制度会更加完善，可转债也能被越来越多的投资者所接受。

2.1.2 可转债的特性

可转债比较明显的特性就是"下有保底，上不封顶"，这是比较笼统的说法。可转债的投资技巧有很多，而且可转债的交易机制是 $T+0$ 交易机制，在一定情况下存在很大的风险，不过我们如果能够谨慎对待，投资可转债也确实可以做到"下有保底、上不封顶"。

1. 可转债的发行标准

在了解可转债的特性之前，先来了解一下上市公司发行可转债的门槛，

第 2 章　认识可转债

也就是上市公司发行可转债的条件，其中主要有以下三大条款。

（1）公司最近三年连续盈利，且最近三年的平均净资产收益率要大于10%，对能源、原材料、基础设施行业中的上市公司的要求可以稍微低一些，但也不能低于7%。

（2）可转债发行后，发行公司的资产负债率不高于70%。

（3）累计债券余额不超过发行公司净资产的40%，本次可转债发行以后，累计债券余额不超过公司资产的80%。

以上是关于上市公司发行可转债三个比较重要的条件。第一条是要求发行可转债的公司有相对稳定的盈利能力；第二条是要求发行可转债的公司的财务结构要安全，发行可转债的公司不能有过高的负债；第三条是对发行可转债的公司的净资产的相关要求，发行可转债的公司要保证确实有能力偿还投资者的本金。

关于上市公司发行可转债还有一些其他的条件，读者可以简单了解一下。

（1）募集资金的用途符合国家的产业政策。

（2）可转债的利率不超过银行同期存款的利率水平。

（3）可转债的发行额不少于一亿元。

（4）满足国务院规定的其他条件。

这些标准的发布相当于抬高了上市公司发行可转债的门槛，对上市公司有了一定的要求。在我国有数以百万计的公司，在A股市场上市的公司仅有数千家，而有资格发行可转债的上市公司只有上市公司中的十分之一左右，由此可见，我国对于发行可转债的上市公司的要求还是比较严格的，这样可以保护投资者的利益，尽可能地减少因为可转债违约使投资者损失本金。不过，这些标准的发布，也在一定程度上影响了可转债市场中可转债的数量，从而在一定程度上限制了可转债市场的发展。

不过从整体来看，相关部门对发行可转债的上市公司进行严格的限制还是利大于弊的，这样能够尽可能地保证发行可转债的企业有稳定的盈利能力、有充足的资产和安全的财务结构，而不至于出现滥竽充数的情况。到目前为止，还没有出现过可转债违约的情况，也从一定程度上反映出了可转债发行规则的严格和可转债市场的高质量发展。不过以前没有出现过可转债违约的情况并不代表以后不会出现，这一点还是需要注意的。

另外，在沪深交易所上市的可转债所对应的代码也是不同的，沪市可转债代码以 11 开头，深市可转债代码以 12 开头。

在沪市中，代码以 110 开头的可转债对应代码 600 开头的股票，代码以 113 开头的可转债对应代码以 601 或 603 开头的股票。

在深市中，代码以 123 开头的可转债对应代码以 300 开头的股票，代码以 127 开头的可转债对应代码以 000 开头的股票，代码以 128 开头的可转债对应代码以 002 开头的股票。

2．可转债的特点

可转债最大的特点之一就是"下有保底，上不封顶"了。

"下有保底"指的是可转债的债券属性。如果投资者看市场环境不好，或者担心可转债的价格有较大的波动，担心本金的安全，那么可以持有可转债直到可转债到期，这样就可以做到既保证了本金的安全，又能拿到相应的利息。无论市场再怎样波动，可转债的债券属性也能保证投资者的本金安全。

"上不封顶"指的是可转债的股性。如果投资者觉得市场很火热，可转债相对应的正股的价格也在不断地上涨，那么投资者可以将可转债转换为股票，以博取更高的收益。可转债转股以后就是股票，不再具有债券的性质；如果可转债没有转股，那么当可转债对应正股的价格上涨的时候，同样也可以带动可转债价格的上涨，这样既保留了可转债的债券属性，还能博取一定的高收益。

可转债的利率要比普通债券的利率低，这样就降低了企业的融资压力，企业可以募集更多的资金用于生产运作。虽然对投资者来说，债券的利息降低了，但是多了可以转股的权利，就相当于投资一只可转债给了投资者两种权利，一种是持有债券，直到债券到期收回本金和利息的权利；另一种是在一定情况下进行转股操作，将债券转换为其发行公司的股票，做公司的股东的权利。

3．A 股市场中可转债的优势

对投资者来说，A 股市场中的可转债与美股市场中的可转债相比要友好很多，A 股市场在保护投资者利益方面做得还是比较到位的，美股市场中的可转债虽然和 A 股市场中的可转债有相似的特点，但美股市场在管理方面比较宽松，投资者的利益不能得到很好的保护。美股市场中的可转债的主要优势在于其有相对比较高的收益。

从可转债的期限来看，目前 A 股市场中的可转债的期限一般是 5~6 年，而美股市场中的可转债没有具体的期限限制，时间比较灵活，短的有两年内的，长的也有 30 年以上甚至永久的，不过期限在 4~8 年的可转债占比还是比较大的。时间短，资金利用率就高，投资者可以更好地利用资金以获得更高的收益。

从债券评级和违约情况的对比来看，A 股市场中的可转债的债券评级绝大多数都是在 A 以上的。而在美股市场中，可转债没有债券评级是目前主流的情况，美股市场中大概有 60%的可转债没有相应的债券评级，因为进行信用评审的流程比较烦琐，还有一定的费用，再加上美股市场比较成熟，机构投资者占多数，所以对于可转债的发行机构来说，债券评级就变得可有可无了。同样地，没有债券评级，发行可转债的公司的质量参差不齐，可转债违约也不可避免。

到目前为止，A 股市场中的可转债还未出现违约的情况，而在美股市场中，可转债违约的情况屡见不鲜。从资金安全的角度来说，在 A 股市场中投资可转债，资金的安全性还是较高的。

还有就是在可转债的条款设置方面，A 股市场和美股市场也是有很多区别的。美股市场中可转债的条款比较多样化，在转债性质、转股期、转股价格、利率、回售条款等很多方面都有不同的地方，总体来说，A 股市场中可转债的相关条款的设置主要是为了保护投资者的本金和收益的安全，而美股市场中可转债的相关条款的设置主要是为机构的博弈提供依据。

2.1.3　可转债的分类

根据可转债的转股价值和纯债价值可以把可转债分为偏债型可转债、偏股型可转债、平衡型可转债。另外，还有根据转股溢价率和纯债溢价率对可转债进行分类的。这里采用简单、直观的方式，也就是根据转股价值和纯债价值对可转债进行类别的划分。

偏股型可转债是指转股价值大于 95 且转股价值大于转债价值的可转债，偏股型可转债的转股溢价率比较低，一般可转债的转股溢价率在 20%左右算是正常的，高于 20%的转股溢价率就比较高了。偏股型可转债的价格一般会高于其面值，也就是高于 100 元/张。可转债的转股价值越高，股性越强，其价格波动受正股价格的影响越大，债性越小，风险相对来说就越高。

如果可转债的转股价值下降,可转债的价格也随之下跌,那么这只可转债就在向平衡型可转债转变。偏股型可转债实例如图 2-1 所示。

代码	转债名称	现价	涨跌幅	正股名称	正股价(元)	正股涨跌	正股PB	转股价	转股价值	溢价率	纯债价值	债券评级
128095	恩捷转债!	546.500	4.89%	恩捷股份R	306.00	4.46%	22.55	64.92	471.35	15.94%	95.92	AA
128111	中矿转债!	460.600	3.62%	中矿资源	69.22	4.74%	6.32	15.42	448.90	2.61%	92.21	AA-
113016	小康转债!	447.130	-3.26%	小康股份R	75.70	-4.31%	13.19	16.96*	446.34	0.18%	97.31	AA-
123031	晶瑞转债!	498.892	-0.93%	晶瑞电材	44.64	-2.13%	10.85	10.13	440.67	13.21%	82.92	A+
123046	天铁转债!	376.000	-2.68%	天铁股份	21.84	-1.04%	7.50	5.90	370.17	1.57%	88.75	AA-
113025	明泰转债!	358.640	-2.45%	明泰铝业	37.35	-2.38%	2.66	11.00	339.55	5.62%	99.41	AA
123067	斯莱转债!	312.000	-0.19%	斯莱克	29.95	0.84%	15.28	9.36	319.98	-2.49%	88.02	AA-
128093	百川转债!	324.231	-5.20%	百川股份	18.00	-8.49%	6.41	5.77	311.96	3.93%	99.63	AA-
113534	鼎胜转债!	343.020	-2.19%	鼎胜新材	46.60	-1.44%	5.05	15.18*	306.98	11.74%	91.85	AA-
123027	蓝晓转债!	333.561	-0.27%	蓝晓科技	85.24	1.16%	9.94	29.02	293.73	13.56%	87.29	A+

图 2-1 偏股型可转债实例

平衡型可转债是指转股价值在 85~95,转股价值和转债价值相差不大的可转债,平衡型可转债的溢价率适中。当转股价值在 85~95 时,可转债是相对平衡一些的;转股价值越接近 95,可转债的股性越强;转股价值越接近 85,可转债的债性越强。当可转债的转股价值上升并突破 95 时,可转债的价格也随之上涨,可转债的转股溢价率降低,平衡型可转债就会变成偏股型转债。同理,当转股价值下降并突破 85 时,可转债的价格随之下降,可转债的转股溢价率升高,平衡型转债就会变成偏债型转债。平衡型转债实例如图 2-2 所示。

代码	转债名称	现价	涨跌幅	正股名称	正股价	正股涨跌	正股PB	转股价	转股价值	溢价率	纯债价值	债券评级
110034	九州转债	111.310	0.08%	九州通R	16.12	2.81%	1.31	17.83	90.41	23.12%	106.84	AA+
128039	三力转债	111.084	-1.33%	三力士	5.23	-0.95%	1.59	5.79*	90.33	22.98%	92.71	AA-
113033	利群转债	103.300	0.13%	利群股份	6.32	0.16%	1.20	7.01	90.16	14.57%	95.35	AA
113627	太平转债	123.890	-0.89%	太平鸟R	45.30	0.42%	5.49	50.32	90.02	37.62%	89.73	AA
110067	华安转债	113.300	0.43%	华安证券	5.59	-0.36%	1.41	6.22*	89.87	26.07%	95.23	AAA
128025	特一转债	112.700	0.71%	特一药业	12.58	3.37%	1.19	14.05*	89.54	25.87%	96.28	AA-
123049	维尔转债	113.288	0.37%	维尔利	6.60	1.23%	1.19	7.38	89.43	26.68%	93.35	AA-
127006	敖东转债	114.800	0.44%	吉林敖东	18.05	0.78%	0.88	20.22	89.27	28.60%	99.41	AA+
128120	联诚转债	109.801	-0.95%	联诚精密	16.46	1.67%	2.00	18.44	89.26	23.01%	71.29	A
123059	银信转债	113.426	-0.01%	银信科技	8.66	1.05%	2.70	9.72	89.09	27.32%	91.18	AA-

图 2-2 平衡型可转债实例

偏债型可转债是指转股价值小于 85 且转股价值小于转债价值的可转债,

偏债型可转债的转股溢价率比较高。可转债的价格一般小于其面值或者在其面值附近波动,可转债的转股价值越低,可转债的债性越强,风险相对越小。如果可转债的转股价值上升,可转债的价格随之上涨,那么偏债型可转债就会变成平衡型可转债;如果可转债的转股价值下降,由于可转债具有保底属性,可转债的价格不会一直下跌,可转债的价格一般跌到80元/张以下就很难再跌下去了,因为有债底的保护。在极特殊的情况下曾经出现过可转债的价格下跌至60多元/张的情况,这种情况一般很难遇到。偏债型可转债如图2-3所示。

代码	转债名称	现价	涨跌幅	正股名称	正股价（元）	正股涨跌	正股PB	转股价	转股价值	溢价率	纯债价值	债券评级
113584	家悦转债	100.500	-0.10%	家家悦	15.00	-2.85%	3.41	37.53	39.97	151.44%	94.55	AA
113576	起步转债	94.210	-0.52%	ST起步	4.52	-3.00%	1.39	10.55	42.84	119.91%	75.61	A
123065	宝莱转债	110.810	-0.14%	宝莱特	17.53	2.94%	2.81	40.14	43.67	153.74%	88.38	AA-
113574	华体转债	108.510	-0.36%	华体科技	15.35	-0.84%	2.75	33.91	45.27	139.70%	79.27	A+
113569	科达转债	100.110	-1.74%	苏州科达	6.76	-1.17%	1.85	14.80	45.68	119.15%	90.88	AA-
113595	花王转债	89.590	-0.67%	ST花王	3.22	-1.53%	0.96	6.92	46.53	92.54%	61.13	BBB+
113589	天创转债	95.880	-1.11%	天创时尚	5.78	-1.03%	1.47	12.29	47.03	103.87%	94.35	AA
110076	华海转债	107.150	-0.31%	华海药业	17.17	1.18%	3.79	33.85	50.72	111.26%	92.89	AA
128044	岭南转债	98.600	-1.15%	岭南股份	3.02	-0.98%	1.03	5.91*	51.10	92.95%	92.62	AA-
113573	纵横转债	104.550	-1.37%	纵横通信	9.99	-0.40%	2.81	18.78	53.19	96.56%	84.56	A+

图2-3 偏债型可转债实例

2.2 可转债的债性

可转债有着"上不封顶,下有保底"的特性,"下有保底"指的就是可转债的债性。可转债的债性是可转债相对股票来说波动较低、比较稳定的一个重要特性,利用可转债的债性进行投资可以在一定条件下做到在较低风险的情况下获取比较可观的投资收益。

2.2.1 天然低风险

可转债的本质是债券,同样拥有债券的面值、交易价格、利率、到期时间等相关属性,债券一般都是低风险的投资品,可转债的本质既然是债券,自然也拥有低风险这一吸引人的属性。

可转债的面值是 100 元，这是不变的。可转债的交易价格是指在市场中买卖可转债的成交价格，可转债的交易价格和可转债的面值是不一样的，它可能比可转债的面值高，也可能比可转债的面值低，还可能和可转债的面值等同。可转债的交易价格是由市场决定的，可转债的交易价格会随着供需关系的变化和正股价格的波动而不断变动。

与普通债券的利率相比，可转债的利率相对低了很多。以小康转债为例，小康转债第一年的利率为 0.30%、第二年的利率为 0.50%、第三年的利率为 1.00%、第四年的利率为 1.50%、第五年的利率为 1.80%、第六年的利率为 2.00%。

到期时间是指从现在开始距离可转债到期还有多长时间。投资者在进行可转债投资时，要对可转债的到期时间进行关注，否则很容易出现自己来不及转股或者进行卖出操作，可转债就到期的情况，发行可转债的公司按照到期价格进行还本付息，投资者如果是以高于到期赎回价买入可转债的，那便亏损了。

2.2.2 投资可转债的债性

投资可转债的债性是一种比较保守而且风险系数相对很低的投资方式，投资者在投资可转债的债性时主要根据可转债的到期收益率和可转债的价格对可转债进行筛选。一般来说投资可转债的债性就是为了求稳定，降低投资风险，同时如果可以博取一定的高收益那就再好不过了。

如果当前可转债的到期收益率大于 0，那么就说明现在可转债的价格是小于可转债的到期价值的。到期价值是指可转债作为债券到期赎回以后，投资者的最终收益。也就是说，在可转债不违约的情况下，买入到期收益率大于 0 的可转债可以保证投资者的本金安全，同时也能保证得到一定的利息收益。

在满足到期收益率大于 0 的前提下，可转债的价格也是可以作为参考的，如果可以买到价格在 130 元/张以下甚至是 100 元/张以下的可转债，那就更好了。一方面是因为以较低的价格买入可转债占用的资金是比较少的，这样可以减少投资者的资金压力；另一方面，当可转债触发强赎条款的时候，投资者可以获得与可转债到期收益相比更高的收益。投资者买入可转债的最佳时机是在可转债还没有进入转股期的时候，如果可转债进入了转股期，那么可转债的价格一般是不会低于其转股价值的。

为什么会这样呢？如果可转债进入了转股期，而可转债的价格又低于转股价值，那就说明投资者买入可转债后立刻转股就会有收益。假如 A 转债当前的价格是 100 元/张，转股价值是 120，那么投机者在买入 A 转债后进行转股套利，直到把 A 转债的价格拉高到与其转股价值持平甚至高于其转股价值的时候才会停止套利行为。一般来说，当可转债进入转股期的时候，转债的溢价率会逐渐趋近于 0，可转债的价格一般不会低于其转股价值。

投资这种偏债型可转债的好处就是风险小并且有一定的收益预期，而且投资者还可以等到在可转债满足强赎条件的时候将其卖出，赚到超过可转债到期赎回的收益。如果投资者是以 100 元/张的价格买入可转债的，等到满足强赎条件的时候，可转债的价格一般都会高于 130 元/张，也就是说，投资者可以赚到超过 30% 的收益。

2.3 可转债的股性

了解完可转债"下有保底"的债性，接下来就来看看可转债"上不封顶"的股性。如果债性代表的是稳定的低收益，那么股性代表的就是波动的高收益，股性可以理解为可转债的价格对于正股价格波动的敏感程度，一般用到的指标是转股溢价率。在这里简单地说明一下转股溢价率和转股价值。转股溢价率的计算公式为：转股溢价率=(可转债的价格−转股价值)/转股价值×100%。转股价值的计算公式为：转股价值=面值/转股价×正股价。转股溢价率可以从一定程度上反映出可转债的性质，也可以反映当前可转债的价格和正股价格的偏离程度。

前文在介绍可转债的分类时也提到了转股溢价率，一般来说，偏股型可转债的转股溢价率是比较低的，而平衡型可转债的转股溢价率是适中的，偏债型可转债的转股溢价率比较高。投资者也可以根据可转债的转股溢价率对可转债的类别做一个简单的区分。

从上面关于转股溢价率的计算公式中可以看出，主要变量就是可转债的价格和转股价值。而在转股价值的计算公式中，可转债的面值一般是不会变化的，转股价格在没有达到一定条件时也是不会发生变化的，而正股价格是经常波动的，可转债的价格也是经常波动的，因此，转股溢价率与可转债的价格、正股的价格是息息相关的。这就是为什么说转股溢价率可以在一定程度上反映出可转债的价格和正股价格的偏离程度。

2.3.1 高回报的诱惑

可转债的股性是指可转债的价格随着正股价格的波动而波动。相比一般的债券来说，可转债的价格波动是比较大的，尤其是偏股型的可转债的价格波动更为明显。可转债市场目前虽然比较小众，参与可转债投资的投资者和资金量与股票投资相比还是少了一些，但也正是因为如此，将许多机构投资者拦在了门外，参与可转债投资的大多是散户投资者，加之可转债没有涨停或跌停的限制、投资可转债较低的手续费和可转债 $T+0$ 的交易机制，因而可转债的价格受投资者情绪的影响是非常大的，少数可转债每天的价格波动曲线也是相当刺激人的神经的。

投资者有一种很有意思的心理。遇到暴跌，只要暴跌的不是自己所持有的投资品，那就当个笑话，看看热闹就过去了；而暴涨的时候，如果不是自己所持有的投资品暴涨，那就犹如错过了天大的财富一般，心心念念地想着自己当时要是能赶上这一轮暴涨该多好。

可转债没有涨停或跌停的限制，而其 $T+0$ 的交易机制正好符合偏股型可转债高波动的特性，偏股型可转债可以很好地将可转债的股性体现出来。可转债的价格会随着正股价格的波动而围其绕转股价值上下波动，也就是在一定的转股溢价率区间内波动，而转股溢价率是市场给予可转债的估值溢价，代表了市场对于可转债的价格上涨空间的预期。

转股价值和正股的价格是呈正相关的，当正股价格上涨时会带动可转债转股价值的上升，当正股价格下跌时同样也会带动可转债的转股价值下降，而可转债的价格又会随着其转股价值的波动而波动，也就是说，在影响可转债价格的因素中最不稳定的因素就是正股价格了。在这里要提一点，可转债的价格和正股的价格有关系，但并不意味着正股的价格上涨，可转债的价格一定会上涨，同理，正股的价格下跌，可转债的价格也不一定会下跌。

为什么这样说呢？以偏股型可转债为例，这中间存在一个转股溢价率，当转股溢价率过高，正股价格上涨时，可能出现的情况是可转债的价格随之上涨；还有可能出现可转债的价格几乎没什么变化，而转股溢价率降低的情况，也就是说，可转债的价格和正股价格的偏离程度会降低。当然，也可能出现转股溢价率降低、可转债的价格上涨的情况。同理，当转股溢价率为负数时，正股价格下跌，这时可能会出现转股溢价率升高，或者可转债的价格随正股的价格一起下跌的情况；同样也可能出现转股溢价率上升、可转债的价格下跌的情况。

对于以前没有接触过可转债的朋友来说，对上面的内容可能会感觉有点绕，主要是因为目前笔者还没有对转股溢价率和转股价值进行详细的说明，现在如果不理解可以先放一放。在这里可以简单地了解一下，可转债的股性就是指其价格和正股价格一样会有很大的波动、可以博取比较高的收益，详细的内容在后文中会进行介绍。

2.3.2 投资可转债的股性

针对可转债的股性进行投资一般会重点关注可转债的转股溢价率这个指标，并且偏股型可转债可以很好地将可转债的股性体现出来。在筛选的时候按照转股溢价率从低到高排序，选取转股溢价率比较低的前几只可转债；转股溢价率越低，正股价格的波动越大，转股溢价率跟随正股价格的变化越紧密，可转债的价格越容易上涨。

投资可转债的股性最好的代表就是投资偏股型可转债了。偏股型可转债不像偏债型可转债那样有优势，偏债型可转债的价格跌到一定程度时有债底保护，也就是说，偏债型可转债的价格不会跌得特别离谱。除非偏股型可转债变为平衡型可转债，再变为偏债型可转债，相信这样的跌幅不是谁都能接受得了的。而偏股型可转债高波动、高收益的优点让许多投资者自动地忽略了其高风险的缺点。

对于偏股型可转债的投资，一方面投资者需要通过转股溢价率对偏股型可转债进行简单的筛选，当然主要还得看正股的情况，正股的质量好，正股价格的上涨空间大，投资者对正股抱有极大的热情，正股价格就有很大的上涨概率，相应地，可转债的价格也会有很大的上涨概率。如果投资者有这种意识和对个股的分析能力，那么投资偏股型可转债就没什么压力和难度了。

然而对于进行个股分析所需要的知识和能力相对于进行可转债的分析所需要的知识和能力来说，可谓海量。投资者投资可转债最主要的目的应该是让自己的资产配置达到相对平衡，如果投资者拥有专业的个股分析能力，那么完全没有必要这样仔细地分析可转债了，完全可以分析其所对应的正股和其他的个股以进行投资，再配置一些保底的偏债型可转债，这样才能让自己的精力和时间创造出最大的收益。

对于没有那么多专业知识的普通投资者来说，是不建议单独投资这种偏股型可转债的，虽然有债底的保护和作为债券的到期收益，但是偏债型可转债的价格也有相当大的下跌空间，收益和风险是成正比的。偏股型可转债价格的高波动也会让风险承受能力弱的投资者早早离场，而且最后很有可能是"割肉"离场的。

想要投资偏股型可转债的投资者可以将价格因素纳入考虑范畴，也就是选择价格低、转股溢价率低的可转债，这种筛选策略一般被称为"双低策略"。投资者采用"双低策略"筛选出来的可转债在其价格上涨的时候所获收益比投资偏债型可转债的收益要高，在其价格下跌的时候比投资偏股型可转债的风险要小。一般采用双低策略筛选出来的可转债的价格和转股溢价率的权重各占50%，一般在专门的可转债网站中也会将这两个指标的权重显示出来，不用投资者再进行手动计算了，比较常用的两个可转债网站是集思录和宁稳网，两个网站对可转债信息的收录都是比较全面的。

当然，不同投资者可以根据自己的风险承受能力挑选价格和转股溢价率所占比重不同的可转债，倾向于稳定一些的就让价格因素的权重多一些，喜欢高收益、能承受较大风险的就让转股溢价率因素的权重多一些。如果按照投资者自己定义的权重筛选可转债，那么就需要自己手动计算然后进行筛选，这样耗费的时间成本也是不小的。笔者觉得还是直接使用相关网站中计算好的数据进行分析和筛选就好，时间成本低又有不错的收益。

2.4 投资可转债的风险

在前文中简单地介绍了可转债的概念、可转债的分类、可转债的股性和债性，并且分别提到了针对可转债的股性和债性的投资方法，对于可转债的优点，我们有了一个大概的印象，接下来了解一下可转债的另一面——投资可转债的风险。

2.4.1 理性地看待可转债

有句古话说得好"金无足赤，人无完人"，将这种理念引申到市场中就可以总结为"没有完美的投资品，也没有完美的投资方法"。可转债虽然有着"上

第 2 章 认识可转债

不封顶,下有保底"的特点,目前可转债市场也开始变得火热,但是现在的可转债市场相对来说还是小众市场,一方面是因为有些投资者确实不了解可转债这种投资品,以前没有接触过,心里难免有一些抵触;另一方面就源于可转债本身了。

首先发行可转债是上市公司募集资金的一种手段,而上市公司募集的资金是有一定量的,有固定的发行规模,这就有了资金量的限制;而市场对于发行可转债的上市公司的资质要求一般是比较严格的,这就又限制了发行可转债的公司的数量。一方面有资格发行可转债的公司不多,另一方面发行可转债的公司募集的资金又是固定的,这就造成了整个可转债市场中可转债的数量少,资金规模比较小,这是从市场的角度对投资可转债的风险进行的分析。

接下来再来分析一下可转债本身又有哪些值得注意的地方。不知道各位有没有听到过一类新闻,某某在十几年前买了一只股票,买完后渐渐忘记了,十几年后想起来自己曾经买过股票,找回密码后,打开账户一看,账户收益加上分红让自己的本金翻了好几倍,赚了几百万元,很让人羡慕。

但是如果投资者买入可转债在账户里放十几年再回头看,就没有像买股票那般高回报的事情发生了,因为可转债是有期限的,如果投资者买入可转债后一直忘记操作,直到可转债到期,就只能收获债券到期时的利息收益了,而可转债的利息收益比普通债券的利息收益低得多,这样就显得很划不来了。

如果是以高于可转债的面值很多的价格买入的可转债,买完就不管不问了,之后发行可转债的公司发起了强赎,而这时投资者却没有关注,直到可转债按照约定好的强赎价格被赎回。要知道一般发行可转债的公司给出的可转债的强赎价格可能也就比可转债的面值高一点,通常是以可转债的面值加上当期的利息作为可转债的强赎价格的,如果投资者是以高于可转债的面值很多的价格买入可转债的,在强赎期间既没有转股又没有将其卖出,最终可转债以强赎价格被发行可转债的公司赎回,这样算下来亏损就很多了。

例如,投资者以 150 元/张的价格买入某只可转债,后来发行可转债的公司宣布以 103 元/张的价格对可转债进行强赎,这时投资者如果没有及时将可转债卖出或者进行转股,发行可转债的公司以 103 元/张的价格将可转债强赎,投资者就亏损了,原本只要多关注一下就可以赚钱,现在却造成了严重的亏损,实在可惜。

还有一个问题值得注意。因为可转债属性的特殊性，注定了它作为债券的利息收益要比同等级普通债券的利息收益低。这很容易理解，如果可转债的利息收益和同等级普通债券的利息收益一样，再加上投资可转债还拥有转股的权利，市场行情好的时候就可以将其转股或者以高价卖出，这样能获得比债券到期高得多的收益；如果市场的行情不好，投资者一直持有可转债直至到期以获得到期收益，获得的到期收益和持有同等级普通债券所获得的收益是一样的，那么聪明的投资者一定会纷纷抛售普通债券并买入可转债了，这样一来估计普通债券这种投资品可能就被淘汰了。

2.4.2 怎样做到低买高卖

低买高卖策略对于可转债投资来说也是可以操作的，在采用低买高卖策略之前，投资者仍需针对处于不同阶段的可转债进行分析。如图 2-4 所示，笔者根据可转债的价格和转股溢价率总结了可转债的四种状态，下面对每一种状态的可转债分别进行分析。

```
                    转债价格
                       ↑
                       │
  高转债价格、低转股溢价率  │  高转债价格、高转股溢价率
      (偏股型，波动大)    │       (危险▲)
                       │
                       │
  ─────────────────────┼─────────────────────→
                       O                  转股溢价率
                       │
  低转债价格、低转股溢价率  │  低转债价格、高转股溢价率
      (比较理想)         │       (偏债型，波动小)
                       │
```

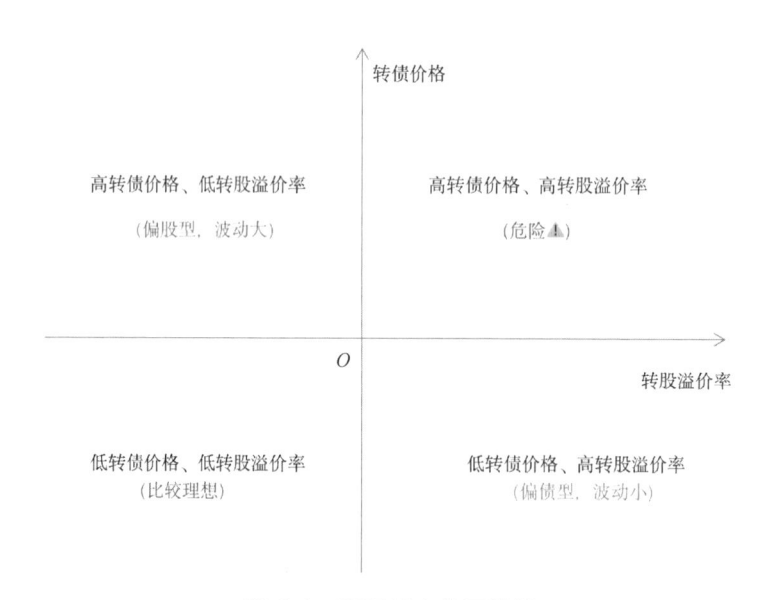

图 2-4 不同状态的可转债

第一象限，高转债价格，高转股溢价率。这种状态下的可转债存在严重的泡沫，其价格和正股价格产生了严重的偏离，比较危险。高价格的可转债同时有着高转股溢价率，这说明以当前的价格买入可转债以后进行转股是有

第 2 章 认识可转债

较大亏损的，此时获利的方式就是等待可转债的价格继续上涨。这种情况的产生往往就是受到了大部分投资者情绪的引导，投资者情绪高涨，纷纷买入可转债，将可转债的价格炒到了一个远超过其本身转股价值的位置，这种靠情绪带动的价格上涨，在价格下跌的时候往往都是比较快的。因此，处在高转债价格、高转股溢价率状态下的可转债是不建议投资的。

第二象限，高转债价格、低转股溢价率。这种状态下的可转债，其价格和正股价格的偏离程度基本不是很大，这种状态的可转债受正股影响比较大，波动比较大；正股价格不断上涨，带动可转债的价格也随之上涨。这种状态下的可转债大多属于偏股型可转债，波动大，风险高，收益高。如果投资这种状态下的可转债，适当买入即可，千万不要一时情绪上头大量买入。如果自己对正股的分析、理解不深入，盲目地跟随大众投资者的脚步买入，很有可能成为"接盘侠"；如果投资者买入可转债后，发行可转债的公司发起了强赎，可转债的价格再次随之下降，那么高位买入的投资者就只有亏损了。

第三象限，低转债价格、低转股溢价率。这种状态属于可转债比较理想的状态，平衡型可转债大多处于这种状态，此时说明可转债的价格和正股价格的偏离程度不大，而且正股处于正常的状态，没有受到市场的追捧和冷落。此时高质量的可转债的价格有很大的上涨空间，质量一般的可转债的价格下跌空间也是有限的，这时就可以采用前面提到过的"双低"策略对可转债进行筛选；筛选的时候最好也参考一下正股和发行公司的情况，投资者应选择正股估值偏低、实力较强的龙头企业发行的可转债，这样可以进一步降低投资风险。

第四象限，低转债价格、高转股溢价率。可转债的价格已经很低了，转股溢价率却居高不下，说明可转债所对应的正股的状态目前不是很好，正股的价格跌得比较严重，可转债的价格也随着正股价格的下跌而下跌，由于有债底的保护，可转债的价格不会一直下跌，这时就出现了可转债的价格已经接近债底，而转股溢价率还居高不下的情况。如果投资者要投资这种状态下的可转债，风险是很小的，不过要非常有耐心，因为这种被市场所冷落的正股想要重新获得市场的青睐，往往需要很长一段时间，甚至等到可转债到期以后，正股的价格也没有多大的波动也是有可能的，投资这种状态下的可转债还是要谨慎一些。

可转债投资中的低买高卖，本质上是可转债估值方面的低买高卖。在这里只是尽可能地避开了对正股进行分析这种专业性很强、知识量很大的操作，从而选择通过可转债的价格和转股溢价率两个指标进行综合分析和判断。

当可转债处于第一象限，转债价格高、转股溢价率高，这时可转债的价格有很大的泡沫，不建议投资。

当可转债处于第二象限，转债价格高、转股溢价率低，这时可转债的价格随着正股的价格波动而波动，风险比较大，不建议投资。

当可转债处于第三象限，转债价格低、转股溢价率低，这时可转债处于比较理想的状态，其价格下跌空间小、上涨空间大，可以考虑买入，最好买入龙头企业发行的可转债。

当可转债处于第四象限，转债价格低、转股溢价率高，这时可转债所对应的正股处于时常被忽略、冷落的状态，如果投资者此时买入可转债并持有到期或者等待所对应的正股被市场重新接受，都是可以获得一定收益的。一般这种状态下的可转债想要回暖，需要很长的周期，这就需要投资者有耐心了，如果在做好心理准备的前提下是可以考虑买入并持有这种可转债的。

2.4.3　没有完美的投资品

市场中投资品的种类有很多，但没有一种投资品能满足所有投资者的需求，股票和期权适合追求高收益并且可以承担高风险的投资者；债券适合追求稳定的投资者；基金适合时间少，追求资产保值、增值的投资者。而且投资者同时投资这些投资品并不冲突，正因为没有完美的投资品，所以需要投资者构建自己的资产配置组合。投资者构建的这套资产配置组合应与自身风险承受能力相符。可转债这种投资品还是很适合刚刚进入市场的新手投资者的，风险相对较低，又有一些波动，不会像投资债券那样无聊。

投资可转债的收益虽然在一定情况下比投资债券的收益要高，可转债价格的波动比股票价格的波动要小，但是在一般情况下投资可转债不如投资债券稳定，投资可转债的收益不如投资股票的收益高。可转债收益的"上不封顶"，只是理论上的，实际上，可转债的价格始终围绕其转股价值上下波动。

因为可转债具备上述特点，所以它比较适合刚刚进入市场的新手投资者。一方面，投资可转债可以让新手投资者感受市场的波动无常，体会价格上涨、本金升值带来的快感；另一方面，如果投资者买入可转债后，其价格下跌也会有债底作为保护，相当于给投资者吃了一颗定心丸。而且投资可转债所需要的本金并不是很多，1,000 元左右就可以进行投资，对于资金量不是很大的投资者来说也是很友好的，用少量的资金就可以做到分散投资，用一万元资金就可以建立一个不错的投资组合，而且投资者投资可转债可以比较轻松地获得市场参与感。

市场中没有完美的投资品，但投资者却可以找到一种适合自己的投资品，如可转债对于新手投资者和资金量不是很大的投资者来说就是比较不错的一个选择。

2.4.4 小心疯狂背后的悬崖

"上天欲其灭亡，必先令其疯狂""在别人恐惧时我贪婪，在别人贪婪时我恐惧"，想必这些话听起来不是很陌生，疯狂的背后往往都潜藏着巨大的危机，市场中每隔一阵就会出现小规模的热门"赛道"，在赛道中的股票基本上都会被追捧，从而使股价上升到一个很高的位置，然而当这种热情过去以后，股价大跌，最后一地鸡毛。在市场中出现这种"疯狂"现象的原因有很多。

机构抱团效应。2020 年市场中与白酒相关的股票普遍受到欢迎，机构纷纷抱团买入，与白酒相关的股票的股价不断被拉高，白酒行业龙头贵州茅台的股价更是从 923.78 元/股一路飙升，到 2021 年年初的时候，其股价为 2,608.59 元/股，在股价低迷的时候，一只股票基本上无人问津，而等到股价一直上涨，不断创新高的时候，人们纷纷追高进场，都想从中分一杯羹。

牛市的时候进入市场的人越来越多，茶余饭后人们开始谈论自己的股票涨了多少个点，今天收益的高低，整个市场中一片喜庆祥和的氛围。人们的谈论，再加上一些新闻软件会推送热门股票，进一步激发了投资者的投资热情，更多的投资者涌入市场。

机构中的操盘手买入抱团股并不一定能说明他们就是在理智状态下进行的决策。操盘手是有业绩考核的，如果投资收益不好，最终管理投资品的成绩不理想，会影响到其管理资金的规模、个人的口碑和薪资，如果某位操盘手看到某只热门股票的股价已经处于被严重高估的位置了，按照正常的操作来说，操盘手不应买入这只股票，而应买入其他估值合理的股票。

但是其他操盘手纷纷买入了这只被严重高估的股票，反而将股票的估值又拉到了一个新的高度，已经严重偏离了正常水平，散户纷纷跟投，又继续将股价向上拉升，资金流入热门股，造成了估值合理的股票的价格进一步下跌。

如果理智的操盘手当时选择了买入估值合理的股票而避免买入被严重高估的抱团股，那么等到抱团股被炒得火热，股价进一步上涨的时候，自己买入的优质的估值合理的股票的价格却在下跌，这种下跌对于专业人士来说，当然是比较好的加仓机会，但对于大多数普通的散户来说，却是不容易接受的。投资者买入股票并将其交给你打理，结果其他操盘手运作的股票都在大涨，收益大增，到了你这里却是亏损的，投资者纷纷开始撤回资金并买入高估值的抱团股，这就造成了理智的操盘手管理的资金规模缩小，抱团股的股价进一步上涨，估值合理的股票的价格进一步下跌，形成了恶性循环。

这也就解释了为什么抱团股的股价涨的时候涨得那么厉害，跌的时候跌得那么惨。大多数的操盘手最终都会选择投资抱团股，合理的估值已经不是重要的参考指标了，关注大多数人投资哪只股票才是重点。这样如果股价上涨了，皆大欢喜，如果股价下跌了，那就一起下跌；不会出现其他操盘手投资的股票上涨而自己投资的股票亏损的情况了，投资者也就不会将矛头指向操盘手了，而且在抱团投资的时候，最终操盘手们的业绩不会差太多。

如果遇到抱团股，还是建议普通投资者保持理智，远离它们。在股票的估值被严重高估的情况下进行买入，而且根本不知道哪天抱团就会解散，到时候可能是一跌到底，操盘手们管理的资金不是他们自己的，但是普通投资者的钱可都是自己的血汗钱，还是谨慎为妙。

了解了抱团现象，接下来就来看一下隐藏在股票背后的操作：坐庄操纵股价。这种运作方式一般比较隐蔽，但是屡见不鲜，一般这种情况经常发生在市值较小的公司身上，因为小市值的股票相对来说用较少的资金就可以将股价拉升，往往是公司的大股东为了获利，联合一些机构或者私下筹集资金进行股价操纵，把股价压低，持续震荡，以达到建仓的目的，等到建仓完毕后拉高股价并疯狂出货，获取利润。

这种操作可以针对一只股票反复进行操作，完成反复收割，这种行为属于违法操作，证监会一直在打击，目的是保护普通的投资者，作为普通投资者，如果遇到了这样的股票，还是建议远离，毕竟亏钱的概率远远大于赚钱的概率。

在市场中，并不存在高智商的投资者一定可以比普通投资者赚得多的说法，在市场中不仅是靠智商进行博弈的，还有一个非常有趣的点就是大多数的投资者都存在一种畸形的侥幸心理，明知道市场已经非常火热，还是会选择铤而走险，进场捞一笔，认为凭借自己的认知是可以赚到钱的。

2.5 小结

本章主要讲述了可转债的概念、可转债的发展历程、可转债的特性和可转债的分类，详细地解释了可转债的债性和股性及对应的投资方式，最后从可转债的本质出发，对可转债进行了理性的分析，阐述了投资可转债的风险及投资可转债的一些技巧，并且对市场中的一些现象背后的潜在风险进行了简单的阐述和解释。通过本章的学习，相信读者不会再对可转债这种投资品感到陌生了。

可转债具有"上不封顶，下有保底"的特点，这也是可转债的魅力所在，在具有债券属性的同时还具有转股的权利。如果将可转债作为债券一直持有到期，其利息收益与相同等级的普通债券的利息收益相比是比较低的，有了转股的权利，在一定条件下，就可以将其转换成股票，从而获取相对普通债券来说更高的收益。

如果不将可转债转换成股票，可转债的价格也是可以随着正股价格的波动而波动的，如果正股的状态比较好，股价持续上涨，那么可转债的价格也会随之上涨，投资者也是可以获得相当可观的收益的。可转债既有"保底"的特性，又可以在特定条件下转换成股票，从而获取更高的收益，这就是可转债的魅力所在。

第 3 章
可转债的相关指标

　　上一章简单了解了可转债的概念和相关特性，接下来就详细了解可转债的一些基本的指标和属性。本章我们将对可转债的一些指标进行深入讨论，从而深入了解可转债。

第 3 章　可转债的相关指标

本章主要涉及的知识点如下。

- 可转债投资的核心指标：通过掌握可转债的核心指标进行可转债的筛选。
- 可转债投资的重要指标：通过理解可转债的重要指标进行辅助判断。
- 其他指标：通过其他指标综合分析、了解可转债。

通过本章内容的学习，读者能够充分理解并掌握一只可转债的相关信息。

注意：本章除可转债的核心指标建议掌握外，其他指标可以先做简单了解。

3.1　可转债的核心指标

本节先介绍可转债的几个常见的核心指标，在理解这些核心指标的概念和意义后，能更好地深化读者对可转债的认知，为以后投资者筛选和投资可转债奠定扎实的理论基础。接下来我们继续深入探索可转债。

3.1.1　转股价

我们要知道，可转债是上市公司发行的，在一定条件下可以被转换成上市公司股票的债券。其中，这里的"在一定条件下"有两个关键的因素，一个是转股期；另一个就是转股价。这里我们重点讨论转股价，转股价是可转债的灵魂，它决定着可转债的状态是积极的还是萎靡的。

转股价是上市公司和投资者约定好的把可转债转换成股票时的价格。

我们来举个例子。

假设 A 公司发行的可转债的名字叫作 A 转债，A 转债的转股价是 10 元/股，那么在转股期内，一张 A 转债可以转换成 100÷10=10 股 A 公司股票。哪怕现在 A 公司正股的价格已经到了 20 元/股，根据可转债的转股价规定，投资者还是可以用 10 元/股的转股价格购买 A 公司的股票。

站在投资者的角度来说，当然是希望转股价越低越好。可转债的面值不变，转股价越低，能转换的股票数量自然也就变多了。

假如A转债的转股价变成了5元/股，那么一张A转债可以转换的股票数量就是100÷5=20股。同时，假设A公司股票为20元/股，当转股价为10元/股时，转股后股票总价为100÷10×20=200元，而当转股价是5元/股时，转股后股票总价为100÷5×20=400元，收益多了一倍。

因此，对于投资者来说，转股价越低，赚得就越多。

不过，在投资者高兴的时候，上市公司就不高兴了，毕竟能把公司做到上市，还能发行可转债的人都比较有头脑，上市公司通过发行可转债募集资金，肯定不能让自己吃亏。

为什么说转股价低，上市公司就不高兴了呢？

这里还是以A公司为例。股票的价格=总市值/股票数量，A公司的总市值没有变化，可转债又转换了一些股票，造成股票数量增加，那么股票的价格就会随之下降。转股价越低，可转债能转换成的股票的数量就越多，股票价格下降得就越厉害。A公司持有的股票数量是不变的，股票价格下跌了，A公司的股票就贬值了；可转债转股的数量越多，从股票价值这方面来看，A公司就亏得越多。

投资者和上市公司在转股价方面是站在对立面的。投资者希望转股价越低越好，而上市公司则希望转股价越高越好，到底该听谁的呢？

这时就需要"老大哥"——证监会出来打圆场了，"老大哥"不偏不倚，为了平衡双方利益，出台了一系列政策，目前发行可转债的公司基本都是按照这些政策规定转股价的。例如，《可转换公司债券管理办法》第九条规定：上市公司向不特定对象发行可转债的转股价格应当不低于募集说明书公告日前二十个交易日发行人股票交易均价和前一个交易日均价，且不得向上修正。

笔者来解释一下，将可转债募集说明书中公告日前20个交易日股票交易的平均价格和前一个交易日股票的平均价格进行对比，价格高的那个就是转股价。

继续以A公司为例。假设A公司发行的A转债募集说明书公告日是2021年5月18日，A公司股票在5月18日前20个交易日的平均价格是10元/股。

假设公告日前一个交易日，也就是2021年5月17日，A公司股票交易的均价是11元/股，11>10，那么转股价应定为11元/股。

第3章 可转债的相关指标

假设公告日前一个交易日，也就是2021年5月17日，A公司股票交易的均价是9元/股，10>9，那么转股价应定为10元/股。

在这里不用特别在意交易均价是怎样计算的。

以中钢转债为例，我们可以在巨潮资讯网中查询中钢转债的募集说明书，我们可以看到募集说明书中关于转股价的规定如下。

8. 转股价格的确定及其调整

（1）初始转股价格的确定

本次发行可转换公司债券的初始转股价格为6.03元/股，不低于募集说明书公告日前二十个交易日公司A股股票交易均价（若在该二十个交易日内发生过因除权、除息引起股价调整的情形，则对调整前交易日的交易均价按经过相应除权、除息调整后的价格计算）和前一个交易日公司A股股票交易均价。同时，初始转股价格不低于公司最近一期经审计的每股净资产值和股票面值。

前二十个交易日公司A股股票交易均价=前二十个交易日公司A股股票交易总额/该二十个交易日公司A股股票交易总量。

前一个交易日公司A股股票交易均价=前一个交易日公司A股股票交易总额/该日公司A股股票交易总量。

转股价的计算公式如下。

（2）转股价格的调整方式及计算公式

在本次发行之后，若公司发生派送股票股利、转增股本、增发新股（不包括因本次发行的可转换公司债券转股而增加的股本）、配股及派送现金股利等情况，公司将按上述条件出现的先后顺序，依次对转股价格进行调整。具体的转股价格调整公式如下。

派送股票股利或转增股本：$P1=P0/(1+n)$。

增发新股或配股：$P1=(P0+A \times k)/(1+k)$。

上述两项同时进行：$P1=(P0+A \times k)/(1+n+k)$。

派送现金股利：$P1=P0-D$。

上述三项同时进行：$P1=(P0-D+A \times k)/(1+n+k)$。

其中，$P0$为调整前转股价，n为派送股票股利或转增股本率，k为增发新股或配股率，A 为增发新股价或配股价，D 为每股派送现金股利，$P1$ 为调整后转股价。

当公司出现上述股份和/或股东权益变化时，将依次进行转股价格调整，并在中国证监会指定的上市公司信息披露媒体上刊登调整转股价格的公告，并于公告中载明转股价格调整日期、调整办法及暂停转股时期（如需）。当转股价格调整日为本次发行的可转换公司债券持有人转股申请日或之后，转换股份登记日之前，则该持有人的转股申请按公司调整后的转股价格执行。

当公司可能发生股份回购、合并、分立或任何其他情形使公司股份类别、数量和/或股东权益发生变化从而可能影响本次发行的可转换公司债券持有人的债权利益或转股衍生权益时，公司将视具体情况按照公平、公正、公允的原则及充分保护本次发行的可转换公司债券持有人权益的原则调整转股价格。有关转股价格调整内容及操作办法将依据届时国家有关法律法规及证券监管部门的相关规定进行制订。

关于转股价格的计算，在这里了解一下就可以，一般情况下，上市公司都会帮我们提前计算好。

在这里可以考虑一种情况，有的上市公司发行可转债就是为了圈钱，而不是为了公司的发展。

以 B 公司为例。B 公司发行可转债就是为了圈钱，那么 B 公司就会在公告日的前 20 个交易日甚至是前一个月就开始不断地压低股价，B 公司将股票的交易均价不断地压低，这样最终确定的转股价格就会比正常情况下确定的转股价格要低一些；这样 B 公司就实现了第一步——降低转股价，这也是市场中比较常见的现象。

接下来就是在可转债发行后开始放出利好消息的"市场烟幕弹"，以拉升股价，股价拉升了，可转债转股后的正股价格也会随之提高，收益明显会增加，这样投资者们为了将自己的利益最大化，就会跟风将手里的可转债转换成股票，这样 B 公司就实现了其圈钱计划的第二步——吸引投资者转股。毕竟投资者将可转债转股以后，就成了公司的股东，既然是股东，那么公司也就不用再还钱了。

等到投资者们兴高采烈、满心欢喜地将手里的可转债都转换成股票，沉浸在马上迎来资产暴增、财务自由、走上人生巅峰的美梦中的时候，也就是 B 公司开始挥下无情的镰刀的时候。这时 B 公司不再拉升股价，也不再对股

第 3 章 可转债的相关指标

票的价格进行任何粉饰，开始任由股价发展。没错，以前股价涨得多么疯狂，这时候跌得就有多凄惨。这样 B 公司也就实现了其圈钱计划的第三步，也就是最后一步——股价回归。至此，B 公司的圈钱收割计划算是成功了。

为什么一定要等到投资者转股以后才任由股价发展呢？

如果 B 公司没有拉升股价，那么可转债转股以后的收益就不能吸引投资者将手中的可转债转换成股票，如果可转债不转换成股票，B 公司到最后就要支付本金和利息给投资者，这样就不符合 B 公司圈钱的初心了。在第三步的时候，B 公司任由股价回落就更容易理解了，B 公司拉升股价是需要成本的，时间、精力和金钱都是成本，既然已经促使投资者将手里的可转债转换成股票，也就不必继续拉升股价了，反正投资者将所持可转债都转换成了股票，也不用还钱了，投资者赚不赚钱和 B 公司又有什么关系呢？

到最后留下了一批怀疑人生的投资者在盯着那"跌跌不休"的股价捶胸顿足，抱怨自己的运气为何如此不好，上天为何如此不公，仿佛是专门针对自己一般。资产暴增、财务自由、走上人生巅峰的美梦瞬间破碎，只剩下一地鸡毛，我们称这样的投资者为"韭菜"。

不过不用担心，为了防止某些上市公司单纯为了圈钱而不是为了好好发展自己的公司而发行可转债，证监会也出台了转股期的相关政策，只有在转股期内才能够转股，转股期的相关内容将在后文中进行介绍。

从上面的分析中我们注意到，证监会为了防止上市公司为了圈钱而发行可转债出台了转股期的相关政策；证监会出台的政策针对的是上文提到的上市公司圈钱计划的第二步。既然证监会已经采取措施限制了上市公司的圈钱计划，那么上市公司圈钱计划的第一步"打压股价"也就不会再有了。

上市公司为了维护自己的利益，往往会在公告日前一段时间里不断地放出市场利好消息，拉升股价，等到转股价确定以后，再让股价回归到正常水平，这样能尽可能地将可转债的转股价定得相对高一些，未来投资者的转股数量会比正常情况下要少，上市公司股票的股价下跌得就少一些，从而实现上市公司利益的最大化。

假如 A 公司的股票原本为 10 元/股，可转债的转股价原本应定为 10 元/股；但是 A 公司在公告日前 20 个交易日开始拉升股价，在可转债公告日收盘的时候，A 公司股票的平均交易价格为 20 元/股，等转股价确定以后，A 公司股票的价格会再回落到 10 元/股。我们假设从可转债上市到可转债进入转股期这段时间转股价不变，等到可转债可以转股的时候，转股数量为100÷20=5股，与正常情况下100÷10=10股相比，转换股票的数量少了；股票价格=公司总市值/股票数量，提高了转股价，在正常情况下，A公司股票的价格下跌得就少了一些，这样A公司就巧妙地将其利益最大化了。

在这里就产生了一个可以投机的机会，注意，是投机的机会。前文提到有的上市公司会在公告日之前放出利好消息，拉升股价，擅长短线的投机者可以参与一下，这也是一个短线套利的机会。

值得注意的是，这种短线套利的机会不一定存在，即使存在，也不能保证投资者百分之百获利出局。上市公司想不想拉升股价是一回事；即使上市公司想拉升股价，放出的消息能不能引起市场的反应是另一回事。即使市场有所反应，股价被拉升了，投资者对入场时机和离场时机的把握也是一个问题，低买高卖说起来简单，做起来还是相当有难度的。

这里不建议大家进行套利的投机操作，市场是无法预测的，"常在河边走，哪有不湿鞋"，套利操作做不好，被套的就是自己了，这种靠炒作、靠市场情绪拉起来的股价是非常不稳定的。

3.1.2 赎回条款

赎回条款的设置意味着发行可转债的公司可以在一定条件下以特定的价格赎回投资者手中的可转债，乍一听可能觉得赎回条款有些霸道，对投资者来说不是很友好，其实不然，赎回条款的设置对于投资者来说也是相当友好的，如果把握得好也是可以获得相当可观的收益的，可以说赎回条款是一个宝藏条款。

继续以中钢转债为例，中钢转债募集说明书中关于赎回条款的规定如下。

11. 赎回条款

（1）到期赎回条款

本次发行的可转换公司债券到期后五个交易日内，公司将按债券面值的113%（含最后一期利息）的价格赎回未转股的可转换公司债券。

（2）有条件赎回条款

在本次发行的可转换公司债券转股期内，如果公司A股股票连续三十个交易日中至少有十五个交易日的收盘价不低于当期转股价格的130%（含

130%），或本次发行的可转换公司债券未转股余额不足人民币 3000 万元时，公司有权按照债券面值加当期应计利息的价格赎回全部或部分未转股的可转换公司债券。

当期应计利息的计算公式如下。

$$IA=B\times i\times t/365$$

IA：指当期应计利息。

B：指本次发行的可转换公司债券持有人持有的可转换公司债券票面总金额。

i：指可转换公司债券当年票面利率。

t：指计息天数，即从上一个付息日起至本计息年度赎回日止的实际日历天数（算头不算尾）。

若在前述三十个交易日内发生过除权、除息等引起公司转股价格调整的情形，则在转股价格调整日前的交易日按调整前的转股价格和收盘价计算，在转股价格调整日及之后的交易日按调整后的转股价格和收盘价计算。

赎回条款的相关内容也可以在集思录网站或者宁稳网中找到，网站中一般显示的是有条件赎回条款，也就是读者们经常听到的强赎的相关条款，接下来对本钢转债的赎回条款的到期赎回条款和有条件赎回条款分别进行解读。

到期赎回条款。可转债没有转股，投资者将其作为债券一直持有到期，发行可转债的公司最终会以 113 元/张的价格从投资者手中回购可转债，如果投资者是以每张 100 元左右的价格买入并持有可转债的，那么等到可转债到期赎回后可以赚 13%；如果投资者买入可转债的价格高于 113 元/张，那么等到到期赎回的时候，反而会有一定的亏损。

有条件赎回条款，也就是强赎的相关条款，这里分为两种情况，一种情况是公司股票的收盘价格在转股期内连续的 30 个交易日中至少有 15 个交易日大于等于转股价格的 130%，发行可转债的公司就有权以一个较低的价格将可转债从投资者手中赎回。如果是在这种情况下进行可转债的强赎，就意味着投资者如果以 100 元/张的价格买入并持有可转债，至少能赚取 30% 以上的收益了。

为什么说以 100 元/张的价格买入可转债并将其持有到可转债触发强赎条款至少能赚到 30% 以上的收益呢？按照理想情况来说，如果在发行可转债的公司刚刚发行可转债时，投资者以100元/张的价格买入可转债，然后进行转股，转股价值和正股的价值是一样的。前文提到过转股价值的计算公式：转股价值=面值/转股价×正股价，也就是说，以100元/张的价格买入可转债，可以换取同等价值（也就是价值100元）的股票。

可转债的价格一般比转股价值要高一些，因为如果可转债的价格低于其转股价值，投资者买入可转债并进行转股后的收益更高，如可转债的价格是120元/张，转股价值是150，那么投资者花120元买入可转债并进行转股可以获得价值150元的股票，投资者相当于获得了30元的收益。有收益就会有投机者利用可转债进行套利操作，直到把转债价格拉高到没有套利空间的时候才停止，这时可转债的价格一般是大于可转债的转股价值的。

因此，当正股价的涨幅超过转股价的130%时，说明转股价值超过了130，那么可转债的价格一般会大于130元/张。以中钢转债为例，截至2021年10月14日，中钢转债的转股价为5.79元/股，正股的收盘价为7.63元/股，此时收盘价相对转股价高出了131.8%。而此时的本钢转债的价格是133.727元/张，转股价值为131.78，如果投资者是以100元/张的价格买入并持有本钢转债，现在将其卖出，就已经可以赚到33%以上的收益了，但因为目前本钢转债还没有进入转股期，所以本钢转债现在是不能触发强赎条款的。

第二种情况是当大部分投资者将可转债进行转股后，少部分投资者持有的可转债总余额不足30,000,000元时，发行可转债的公司还可以以较低的价格将剩余可转债从投资者手中赎回，如果发行可转债的公司对可转债进行强赎，那么投资者须将所持可转债卖出。

总结一下，到期赎回是"可转债的生命到了尽头"，发行可转债的公司以约定好的价格将没有转股的可转债赎回。而强赎就显得有些暴力了，在转股期内当正股价格高于转股价格一定比例（一般是130%）的时候，发行可转债的公司有权进行强赎。另外，当未转股的可转债的存量比较少，且低于一定数量以后，发行可转债的公司可以进行强赎，而投资者此时将可转债进行卖出就不一定能获得那么高的收益了。

如果达到了可转债的强赎条件，发行可转债的公司也决定对可转债进行强赎，那么投资者要么选择将可转债转股，要么选择将可转债卖出。如果投资者没有在发行可转债的公司公布的强赎日期之前将手中的可转债卖出，那么其所持有的可转债就会被发行可转债的公司以可转债面值加当期利息的价格进行回购。这里提醒各位投资者，对于满足强赎条件的可转债平时要进行重点关注。

为什么发行可转债的公司希望投资者将所持可转债进行转股呢？发行可转债的公司发行可转债的目的是募集资金，相当于以极低的利率从投资者手中借款，最终发行可转债的公司还是要还钱的，这并不符合资本的趋利性。到手的钱再掏出来可就没那么容易了，既然转股可以做到将"债主"变为股东，那么从发行可转债的公司的角度来说是非常愿意这么做的。

投资者作为"债主"，公司借你的钱用于经营发展，经营得好坏和"债主"没有关系，等到债券到期的时候公司还本付息就可以了；如果投资者成为公司的股东，那就是公司的利益相关者，公司经营得好坏对投资者有着直接的影响，既然都是"一家人"了，当然就不用还钱了。将投资者从债主变成股东，既可以募集资金，又不用还钱，这才是发行可转债的公司的最终目的。

要执行强赎，有三个比较关键的条件，一是可转债在转股期内，二是满足强赎条件，三是发行可转债的公司需要发布强赎公告。前两点比较容理解，可转债要在转股期内才能转股，一般从发行之日起 6 个月以后进入转股期；同时要满足强赎的条件，发行可转债的公司就有权利对可转债进行强赎。如果发行可转债的公司要强赎可转债，就会提前发布强赎公告，一般发行可转债的公司会发布三次及以上强赎公告提醒投资者。这里需要注意，强赎是发行可转债公司的权利而非发行可转债公司的义务，发行可转债的公司可以选择对可转债进行强赎，也可以选择不进行可转债的强赎。

发行可转债的公司在可转债满足强赎条件的时候会召开会议讨论是否对可转债进行强赎，如果发行可转债的公司决定对可转债进行强赎，就会发布强赎公告；如果发行可转债的公司决定不进行可转债的强赎，那么也会发布不对可转债进行强赎的公告。发行可转债的公司行使强赎权利就意味着其开始迫使投资者进行转股操作了，可转债的生命差不多到了尽头；如果发行可转债的公司不行使强赎权利就意味着其现在还不打算还钱，目前还想将投资者的钱多占用一段时间，毕竟这种借款的利息还是比较低的。

不管发行可转债的公司是否对可转债进行强赎，对于投资者来说都没有太大的影响，我们照样可以选择在可转债触发强赎条款的时候将其卖出，落袋为安。如果投资者是以每张 100 元左右的价格买入可转债的，这时已经可以获取不小的收益了，发行可转债的公司发布强赎公告是想迫使投资者进行转股或者卖出操作，这时候比较稳健的策略是选择卖出而不是转股，转股以后就是股票了,没有可转债的债性作为"保底",风险也就高了不少。

强赎对于高价买入可转债的投资者来说并不算一件好事儿,如果投资者用高于转股价值的价格买入可转债,等到可转债刚刚达到强赎条件的时候,可转债的价格很有可能从一个比较高的位置回落到与其转股价值等同的位置,也就是正股的当前价格,这就会造成高价买入可转债的投资者产生较大的亏损。投资者高价买入可转债,无非就是想进行套利操作或者想博取可转债价格未来的上升空间,但从发行可转债的公司发布强赎公告的那一刻起就意味着可转债的生命开始进入倒计时了。

既然强赎这么重要,那么关于强赎的信息该去哪里查看呢?这里以集思录网站为例,先进入集思录网站,然后点击"可转债",点击"强赎",在相关页面就可以看到可转债强赎的相关信息了,如图 3-1 所示。

强赎触发价	正股价	强赎价	强赎天计数	强赎条款
22.66	37.68	100.470	已公告强赎!	如果公司股票在任何连续三十个交易日中至少十五个交易日的收盘价格不低于当期转股价格的130%(含 130%)
5.81	5.95	100.907	已公告强赎!	如果标的股票价格任意连续30个交易日中至少有15个交易日的收盘价不低于当期换股价格的130%(含130%)
24.82	38.79	100.040	已公告强赎!	如果公司A股股票连续三十个交易日中至少有十五个交易日的收盘价不低于当期转股价格的130%(含 130%)
6.40	5.95	100.784	已公告强赎!	在本次债转换股期内,如果标的股票价格任意连续 30 个交易日中至少有 15 个交易日的收盘价不低于当期换股价格的 130%(含 130%),发行人董事会(或由董事会授权的人士或部门)有权决定是否赎回全部或部分未换股的本次可交换 债券,赎回价格为债券面值加当期应计利息
3.33	4.24	101.307	已公告强赎!	在转股期内,如果公司股票在任何连续三十个交易日中至少十五个交易日的收盘价格不低于当期转股价格的 130% (含 130%)
8.74	7.56	101.666	已公告强赎!	在本次发行的可转债转股期内,如果公司 A 股股票连续 30 个交易日中至 少有 15 个交易日的收盘价格不低于当期转股价格的 130%(含 130%)。当本次发行的可转债未转股余额不足 3,000 万元时
9.57	7.85	101.460	已公告强赎!	在本次发行的可转换公司债券转股期内,如果公司 A 股股票连续 30 个交易日中至少有 15 个交易日的收盘价不低于当期转股价格的 130% (含 130%)
9.45	10.02	-	公告不强赎	如果公司股票在任何连续三十个交易日中至少十五个交易日的收盘价格不低于当期转股价格的130%(含 130%)
7.38	9.59	-	公告不强赎	如果公司股票在任何连续三十个交易日中至少十五个交易日的收盘价格不低于当期转股价格的130%(含 130%)
28.56	41.85	-	公告不强赎	在转股期内,如果公司股票在任何连续三十个交易日中至少十五个交易 日的收盘价格不低于当期转股价格的 130% (含 130%);公司有权决定按照以面值加 当期应计利息的价格赎回全部或部分未转股的可转债

图 3-1 可转债强赎的相关信息

这里介绍一下关于强赎的内容。

1. 已公告强赎

发行可转债的公司已经发布强赎公告，这种情况说明可转债已经处于强赎期了，为了避免不必要的损失，投资者需要在发行可转债的公司公告的强赎日之前将手中的可转债进行转股或者卖出，否则可转债将会以很低的价格被强赎。

2. 公告不强赎

发行可转债的公司发布公告，不进行可转债的强赎，说明现在可转债已经满足了强赎条件，如果投资者是以 100 元/张的价格买入的可转债此时已经有了 30%以上的收益了，这时投资者就可以根据自己的实际情况选择继续持有可转债或选择落袋为安。

3. 公告要强赎

这种状态说明发行可转债的公司打算行使强赎权利，公告强赎，但现在强赎登记日还没有确定，马上要进入已公告强赎的状态，在这种情况下，投资者就需要密切关注可转债的情况了。

4. 已满足强赎条件

此时可转债已经达到了强赎的条件，只是发行可转债的公司还没有发布相关的公告，接下来就是等待发行可转债的公司发布公告说明其是否决定要进行强赎。

5. 蓝色数字

以 10/30 为例，说明发行可转债的公司的正股价在连续的 30 个交易日内有 10 天高于强赎约定的价格，也就是说，当前状态的可转债还没有满足强赎条件。

6. 灰色数字

灰色的数字说明当前可转债还没有到转股期，这种状态就可以不用特别关注了。

这里简单提一下在集思录网站中怎样找到可转债的相关公告，点击可转债前面的蓝色代码进入实时数据页面，然后点击正股名称，在打开的页面中就可以看到最新公告的相关信息了。

还有一种方式就是在可转债列表页面点击蓝色的正股名称，直接进入实时数据页面，在打开的页面中就可以看到相关公告信息了，这里以晶科转债为例进行操作演示。

先进入集思录网站的首页，然后点击“可转债”，如图 3-2 所示。

点击“晶科科技”，进入实时数据页面，在打开的页面中可以看到“晶科科技”最新的公告信息，如图 3-3 所示。

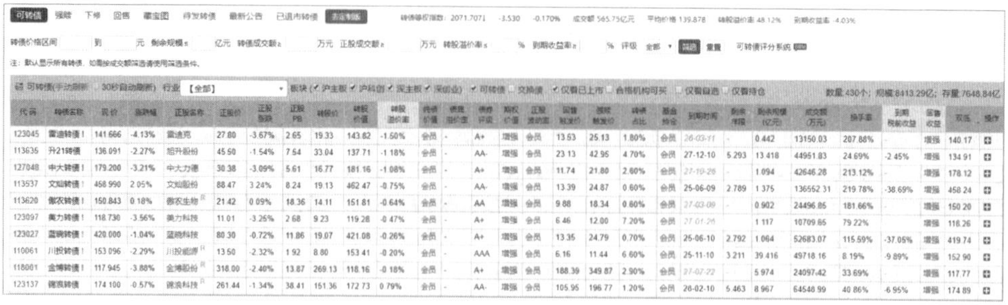

可转债 强赎 下修 回售 藏宝图 待发转债 最新公告 已退市转债

转债等权指数：2071.7071 -3.530 -0.170% 成交额 565.75亿元 平均价格 139.878 转股溢价率 48.12% 到期收益率 -4.03%

注：默认显示所有转债，如需按成交额筛选请使用筛选条件。

可转债(手动刷新) 30秒自动刷新 行业 【全部】 板块（沪主板 沪科创 深主板 深创业） 可转债 交换债 仅看已上市 合格机构可买 仅看自选 仅看持仓 数量 430个；规模 8413.29亿；存量 7648.84亿

代码	转债名称	现价	涨跌幅	正股名称	正股价	正股涨跌	正股PB	转股价	转股价值	转股溢价率	纯债价值	债底溢价率	债券评级	期权价值	正股波动率	回售触发价	强赎触发价	转债占比	基金持仓	到期时间	剩余年限	剩余规模(亿元)	成交额(万元)	换手率	到期税前收益	回售收益	双低	操作
123045	雷迪转债!	141.666	-4.13%	雷迪克	27.80	-3.67%	2.65	19.33	143.82	-1.60%	会员	-	A+	增强	会员	13.63	25.13	1.80%	会员	26-03-11	-	0.442	13150.03	207.88%	-	增强	140.17	
113635	升21转债	136.091	-2.27%	旭升股份	45.60	-1.54%	7.54	33.04	137.71	-1.18%	会员	-	AA-	增强	会员	23.13	42.96	4.70%	会员	27-12-10	5.293	13.418	44951.83	24.69%	-2.45%	增强	134.91	
127048	中大转债!	179.200	-3.21%	中大力德	30.38	-3.09%	5.61	16.77	181.16	-1.08%	会员	-	A+	增强	会员	11.74	21.80	2.60%	会员	27-10-26	-	1.094	42646.28	213.12%	-	增强	178.12	
113537	文灿转债!	458.990	2.05%	文灿股份	88.47	3.24%	8.24	19.13	462.47	-0.75%	会员	-	AA-	增强	会员	13.39	24.87	0.60%	会员	25-06-09	2.789	1.375	136562.31	219.78%	-38.69%	增强	458.24	
113620	傲农转债!	150.843	0.18%	傲农生物	21.42	0.09%	18.36	14.11	151.81	-0.64%	会员	-	AA	增强	会员	9.88	18.34	0.80%	会员	27-03-09	-	0.902	24496.86	181.66%	-	增强	150.20	
123097	美力转债!	118.730	-3.56%	美力科技	11.01	-3.26%	2.68	9.23	119.28	-0.47%	会员	-	A+	增强	会员	6.46	12.00	7.20%	会员	27-01-26		1.117	10709.66	79.22%		增强	118.26	
123027	蓝晓转债!	420.000	-1.04%	蓝晓科技	80.30	-0.72%	11.86	19.07	421.08	-0.26%	会员	-	A+	增强	会员	13.35	24.79	0.70%	会员	25-06-10	2.792	1.064	52683.07	115.59%	-37.05%	增强	419.74	
110061	川投转债!	153.096	-2.29%	川投能源	13.50	-2.32%	1.92	8.80	153.41	-0.20%	会员	-	AAA	增强	会员	6.16	11.44	6.60%	会员	25-11-10	3.211	39.416	49718.16	8.19%	-9.89%	增强	152.90	
118001	金博转债!	117.945	-3.88%	金博股份	318.00	-2.40%	13.87	269.13	118.16	-0.18%	会员	-	A+	增强	会员	188.39	349.87	2.90%	会员	27-07-22	-	5.974	24097.42	33.69%	-	增强	117.77	
123137	锦浪转债	174.100	-0.57%	锦浪科技	261.44	-1.34%	38.41	151.36	172.73	0.79%	会员	-	AA-	增强	会员	105.95	196.77	1.20%	会员	26-02-10	5.463	8.967	64548.99	40.86%	-6.95%	增强	174.89	

图 3-2　可转债列表

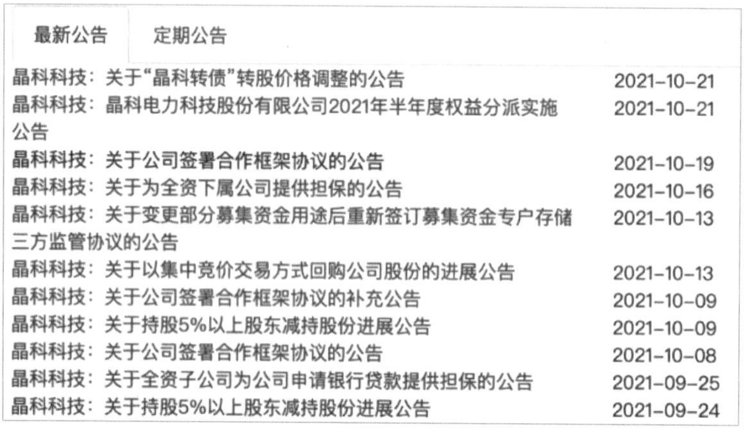

最新公告　定期公告

晶科科技：关于“晶科转债”转股价格调整的公告	2021-10-21
晶科科技：晶科电力科技股份有限公司2021年半年度权益分派实施公告	2021-10-21
晶科科技：关于公司签署合作框架协议的公告	2021-10-19
晶科科技：关于为全资下属公司提供担保的公告	2021-10-16
晶科科技：关于变更部分募集资金用途后重新签订募集资金专户存储三方监管协议的公告	2021-10-13
晶科科技：关于以集中竞价交易方式回购公司股份的进展公告	2021-10-13
晶科科技：关于公司签署合作框架协议的补充公告	2021-10-09
晶科科技：关于持股5%以上股东减持股份进展公告	2021-10-09
晶科科技：关于公司签署合作框架协议的公告	2021-10-08
晶科科技：关于全资子公司为公司申请银行贷款提供担保的公告	2021-09-25
晶科科技：关于持股5%以上股东减持股份进展公告	2021-09-24

图 3-3　晶科科技最新公告列表

经过上述操作就可以看到相关公司的公告信息了，对于满足强赎条件或者在强赎期的可转债可以多多关注一下。

强赎对于发行可转债的公司和投资者来说都是比较不错的一个操作，从发行可转债的公司的角度来说，就是既募集到了资金，又不用还钱了；对于以 100 元/张的价格买入可转债并持有的投资者来说，至少也有了 30%以上的收益，可以说是双赢的局面。然而，目前市场上仍然会出现发行可转债的公司在发布强赎公告以后，投资者的本金出现亏损的情况，而且这种情况还很常见，这是为什么呢？

说到底还是人性使然，投机者太多，真正能够将可转债从上市之日一直持有到发行可转债的公司公告强赎之日的投资者毕竟还是少数的，现实中更多的是从可转债上市之日到发行可转债的公司公告强赎之日，投资者手中的可转债早已经不知道经过多少次交易了，再加上可转债 $T+0$ 的交易机制，造成可转债被频繁交易，投机套利，投资者不断提高对市场的预期，可转债的价格也不断被抬高，致使可转债的转股溢价率居高不下，等到发行可转债的公司公告强赎的时候，可转债的价格回归正常，可转债的转股溢价率逐渐趋近于 0，这时高价买入可转债的投资者面临的是泡沫被刺破的现实，亏损是必然的。

热门转债刚上市就停牌，其在上市的时候就提前透支了未来的增长空间，投资者在买入可转债的时候，其价格往往就超过了强赎条款规定的阈值，相当于投资者的成本高了。即使可转债满足了强赎条件，发行可转债的公司发布了强赎可转债的公告，对于低成本的投资者来说，看到了胜利的曙光；但对于高成本的投资者来说并没有什么收益，甚至会出现亏损。

强赎是一把双刃剑，武器没有错，就看投资者是否能运用好强赎，从而使自己的利益最大化，而不是让强赎伤到自己。

3.1.3 回售条款

回售条款的存在给投资者提供了保护，同时也意味着可转债"下有保底"是真正可以实现的，回售条款是指投资者有权利在满足一定条件的情况下将手中的可转债回售给发行可转债的公司。

回售条款分为有条件回售条款和附加回售条款。

1. 有条件回售条款

在可转债的最后两个计息年度，也就是可转债到期之前的最后两年，当发行可转债的公司的正股的收盘价连续 30 个交易日低于转股价的 70%时，投资者有权利将手中的可转债以可转债的面值加上当期利息的价格回售给发行可转债的公司，发行可转债的公司不能拒绝。有的可转债募集说明中的有条件回售条款是"低于转股价格的 70%"，而有的可转债募集说明中的有条件回售条款是"低于转股价格的 75%"，具体的还要看募集说明书中关于可转债的有条件回售条款是怎样规定的。

目前可转债的期限一般是 6 年，假如 A 公司发行的 A 转债的转股价是 10 元/股，在可转债发行的第 5 年和第 6 年，A 公司股票的收盘价连续 30 个交易日都低于7元/股,这时就触发了A转债的回售条款,投资者有权将手中的可转债全部或者部分回售给A公司,这时A公司必须得接受投资者的回售,这是发行可转债的公司的义务。也就是说,这时不管A公司的正股价格跌得多么厉害,在可转债不违约的情况下,持有可转债的投资者照样可以拿到自己的本金和利息。

这里需要注意两点:第一是要在发行可转债的公司规定的回售申报期进行回售,如果错过了回售申报期,投资者没有进行回售就视为投资者放弃本次回售权利;第二是如果投资者在可转债满足回售条件的时候没有行使回售的权利,那么本计息年度就不能再行使回售权利了。也就是说,在可转债进入回售期后,在每个计息年度内,投资者只有一次进行可转债回售的权利。如果投资者错过了回售申报期,在该计息年度内就不能进行可转债的回售了;在下一个计息年度内,如果可转债仍然满足回售条件,投资者是可以行使回售权利的。

2. 附加回售条款

附加回售条款一般是指发行可转债的公司在募集资金时违反了证监会的相关规定或者被证监会认定为改变募集资金用途的,投资者可以行使一次回售权利将手中的可转债全部或者部分回售给发行可转债的公司,发行可转债的公司不能拒绝。

假如发行可转债的公司在募集资金的时候发公告说明所募集的资金是用来进行新产品的研发的,结果却用来给员工发工资,并且被证监会认定为改变了募集资金的用途,那么投资者有权将所持可转债回售给发行可转债的公司。投资者拿钱给公司是为了让公司进行新产品研发的,而不是让公司拿着投资者的钱给员工发工资的,这时肯定会有投资者对此感到不满,也会想着把自己的钱拿回来,这时可转债的附加回售条款就发挥作用了。证监会一旦认定发行可转债的公司改变了募集资金的用途,就会触发可转债的附加回售条款,投资者可以将手中的可转债回售给发行可转债的公司,将自己的本金拿回去。

不管是有条件回售条款还是附加回售条款,投资者都要在回售申报期内进行回售,对于在募集说明中有有条件回售条款的可转债在每个计息年度内满足回售条件的时候,投资者可以行使一次回售权利;针对附加回售条款只可以行使一次回售权利。另外一般在券商类的可转债募集说明中是没有有条件回售条款的,但是默认有附加回售条款,因为券商类的股票一般波动比较大,牛市的时候涨得很厉害,遇到熊市就开始"跌跌不休",虽然券商类可转债的募集说明中一般没有回售条款，但对于投资者来说影响也不是很大。

总结一下，可转债的回售条款就相当于为投资者提供了一个保护，不管正股的价格跌得多么狠，跌了10%也好，跌了90%也罢，投资者都可以利用可转债的回售条款拿回属于自己的本金和利息，真正做到"下有保底"。

这里以中钢转债为例，看一下中钢转债的募集说明书中的回售条款。

12. 回售条款

（1）有条件回售条款

本次发行的可转换公司债券最后两个计息年度，当公司A股股票在任何连续三十个交易日的收盘价低于当期转股价格的70%时，可转换公司债券持有人有权将其持有的可转换公司债券全部或部分按债券面值加上当期应计利息的价格回售给公司，当期应计利息的计算方式参见本节"11. 赎回条款"的相关内容。

若在前述三十个交易日内发生过转股价格因发生派送股票股利、转增股本、增发新股（不包括因本次发行的可转换公司债券转股而增加的股本）、配股及派送现金股利等情况而调整的情形，则在调整前的交易日按调整前的转股价格和收盘价计算，在调整后的交易日按调整后的转股价格和收盘价计算。如果出现转股价格向下修正的情况，则上述三十个交易日须从转股价格调整之后的第一个交易日起重新计算。

本次发行的可转换公司债券最后两个计息年度，可转换公司债券持有人在每个计息年度回售条件首次满足后可按上述约定条件行使回售权一次，若在首次满足回售条件而可转换公司债券持有人未在公司届时公告的回售申报期内申报并实施回售的，该计息年度不能再行使回售权，可转换公司债券持有人不能多次行使部分回售权。

（2）附加回售条款

若本次发行可转换公司债券募集资金运用的实施情况与公司在募集说明书中的承诺相比出现重大变化，且根据中国证监会的相关规定被视作改变募集资金用途或被中国证监会认定为改变募集资金用途的，可转换公司债券持有人享有一次以债券面值加上当期应计利息的价格向公司回售其持有的全部或部分可转换公司债券的权利，当期应计利息的计算方式参见本节"11. 赎回条款"的相关内容。可转换公司债券持有人在满足回售条件后，可以在回售申报期内进行回售，在该次回售申报期内不实施回售的，不应再行使附加回售权。

从中钢转债的回售条款中可以看出，这个条款是倾向于保护投资者利益的，它在给了投资者一种权利的同时也给了发行可转债的公司一种约束，公司募集资金后不能对其用途不管不顾，如果公司发展得不好或将所有募集资金挪作他用，投资者是可以将"借"给公司的钱拿回来的。

对于发行可转债的公司和投资者来说，都是不希望可转债触发回售条款的。对于发行可转债的公司来说，触发回售条款就意味着公司要么拿着钱去干别的事情，被证监会发现了；要么就是公司的股价跌了很多，公司的市值下降了，这本身就会对公司产生一定的影响。与此同时，触发可转债的回售条款，投资者回售所持可转债，公司要把从投资者手中以低利息募集到的资金还给投资者了。

对于投资者来说，投资可转债的目的是获取较高的收益，一旦触发了可转债的回售条款，虽然投资者可以得到可转债的面值加上当期利息的收益，但是笔者相信，投资者还是希望能够获取更高的收益。投资者也希望发行可转债的公司的股价上涨而不是下跌。正股价格上涨，可转债的价格也会随之上涨，那么投资者投资可转债的收益就更高了。

在触发回售条款这个点上发行可转债的公司和投资者算是在一定程度上达成了共识，双方都不希望触发可转债的回售条款。发行可转债的公司不想还钱，投资者想要获取更高的收益；发行可转债的公司想触发可转债的强赎条款，迫使投资者进行转股，投资者也更倾向于可转债的强赎，对于以100元/张的价格买入可转债的投资者来说，满足了强赎条件就意味着已经有了30%以上的收益了。

回售条款能保护以100元/张及低于100元/张的价格买入可转债的投资者的本金不会亏损。也就是说，如果投资者以100元/张及低于100元/张的价格买入可转债，那么即使行使了回售权利，也不会造成本金的亏损，是可以做到保本的。

虽然在上述情况下能保证本金不会亏损，做到了保本，但同时不能忽略投资者的时间成本和通货膨胀因素，个人觉得这种情况下的保本真正算起来也是变相的亏损。

每个人的时间都很值钱，时间成本也是相当昂贵的，再加上通货膨胀因素，会逐渐地降低资金的真正价值，如果通货膨胀率为3%，那么100元到了第二年也就只有97元的购买力了。也就是说，100元第一年能买100元的东西，第二年只能买相当于第一年 97 元的东西了。因此，在考虑了时间成本和通货膨胀因素的情况下，回售价格是不足以弥补投资者在这两方面的损失的。

如果投资者是以高价买入可转债，结果触发了可转债的回售条款，在这种情况下投资者很有可能亏损，这时该如何选择就需要投资者根据自己的实际情况谨慎考虑了。如果可转债的到期赎回价格高于可转债的回售价格，可转债距离到期的时间也不长了，可以考虑将可转债持有到期，等待发行可转债的公司到期赎回可转债；如果投资者不想继续等待，就只能选择亏损离场了，因此，还是建议投资者不要在高位接盘，否则即使对新手投资者这么友好的可转债也会造成亏损。

另外，还有一个风险因素，就是可转债可能会违约，如果可转债真的违约了，那么投资者要考虑的就不是是否要行使回售的权利，而是要担心自己的本金了。幸运的一点是从可转债市场发展到现在，目前还没有发生过一起可转债的违约事件，但是以前没有发生过并不代表未来不会发生，可转债的违约风险是投资者需要考虑的一个因素。

前文提到过发行可转债的公司发行可转债的目的就是以极低的利息募集资金，然后让投资者将可转债转换成股票，从而达到发行可转债的公司不用还钱的目的。如果可转债触发了回售条款，那么也就意味着当投资者想要进行可转债回售的时候，发行可转债的公司就一定要配合，这是发行可转债的公司的义务。从发行可转债的公司的角度来说是不希望回售的，那么一般发行可转债的公司会怎样做呢？

1．拉抬股价

发行可转债的公司为了避免出现回售的情况，将自己募集到的钱再还给投资者，会在将要触发回售条款的时候释放利好消息以抬高股价。在有条件回售条款中触发回售条款的条件是在连续的 30 个交易日中正股的收盘价格低于转股价的 70%。注意这里是连续的 30 个交易日，如果其中有一天正股的收盘价格高于转股价的 70%，就无法触发回售条款，那么发行可转债的公司释放利好消息拉升股价，就可以达到这个目的。例如，连续 15 个交易日的正股收盘价格均低于转股价的 70%，这时发行可转债的公司释放利好消息，拉升股价，下一个交易日的收盘价就高于了转股价的 70% 了，这时就需要重新计算 30 个连续的交易日了。

2. 拉抬可转债价格

除了拉升发行可转债的公司的正股价格，发行可转债的公司还可以拉升可转债的价格，让可转债的价格高于可转债的回售价格，这样对于投资者来说卖出可转债要比将可转债进行回售赚得多一些，那么投资者一般就会选择卖出可转债而不再进行回售了。

3. 下修转股价

拉升股价或者拉升可转债的价格对于回售来说有些治标不治本，发行可转债的公司发行可转债的目的就是募集资金而且不用还钱，那么发行可转债的公司就会想尽办法避免回售和可转债到期赎回的情况发生。发行可转债的公司想要的是当可转债满足强赎条件时对可转债进行强赎，也就是迫使投资者进行转股，只有投资者将所持可转债进行转股，发行可转债的公司才能不还钱。

对于马上触发回售条款的可转债来说，发行可转债的公司很可能会进行转股价的下修。下修转股价后，要满足回售条款中正股价低于转股价的 70% 的条件，正股的价格会更低，也更容易触发可转债的强赎条款。对于发行可转债的公司来说更容易达到对可转债进行强赎的目的，对于投资者来说可以很容易地获得比将可转债进行回售更高的收益。因此，下修转股价对于公司和投资者来说都是比较不错的选择。

发行可转债的公司和投资者都不希望看到回售情况的出现，目前可转债市场上出现回售的情况也是很少的，回售条款一般是作为投资者"保底"的一个保障。在大多数情况下，发行可转债的公司为了避免触发可转债的回售条款都会选择下修转股价以更容易地实现强赎，可转债市场上退市的可转债绝大部分也都是以强赎的形式退市的，也就意味着大部分的可转债在退市的时候，其价格都达到过 130 元/张及以上，与回售相比，强赎对投资者来说还是很友好的。

回售条款一般不会轻易被触发，并不意味着回售条款不重要，相反，回售条款是相当重要的。如果可转债的强赎价格可以作为可转债投资收益的一个上限参考点，那么可转债的回售价格就可以作为可转债投资止损的参考点。发行可转债的公司进行转股价下修也是为了避免回售情况的发生，围绕着回售条款的投资方式有很多，回售套利，博下修等，这些策略在后文的投资组合中也会提到一些，投资者可以慢慢体会。

3.1.4 转股价格下修条款

继强赎条款和回售条款之后,接下来了解一下可转债核心条款的第三大条款——转股价格向下修正条款(以下正文中简称"转股价下修条款")。转股价下修条款对于投资者来说也是相当重要且需要掌握的一个知识点,一般来说能够触发转股价下修条款并且成功下修转股价,对于投资者来说,有很大概率已经有一定的收益了,甚至通过转股价下修操作,可转债从触发回售条款的边缘直接触发强赎条款也是有可能的,投资者可以获取相当可观的收益。

这里继续以中钢转债为例,中钢转债关于转股价下修条款的规定如下。

9. 转股价格向下修正条款

(1)修正权限与修正幅度

在本次发行的可转换公司债券存续期间,当公司A股股票在任意连续三十个交易日中至少有十五个交易日的收盘价低于当期转股价格的85%时,公司董事会有权提出转股价格向下修正方案并提交公司股东大会审议表决。

上述方案须经出席会议的股东所持表决权的三分之二以上通过方可实施。股东大会进行表决时,持有本次发行的可转换公司债券的股东应当回避。修正后的转股价格应不低于该次股东大会召开日前二十个交易日公司A股股票交易均价和前一交易日均价之间的较高者。同时,修正后的转股价格不得低于公司最近一期经审计的每股净资产值和股票面值。若在前述三十个交易日内发生过转股价格调整的情形,则在转股价格调整日前的交易日按调整前的转股价格和收盘价计算,在转股价格调整日及之后的交易日按调整后的转股价格和收盘价计算。

(2)修正程序

如公司决定向下修正转股价格,公司将在中国证监会指定的上市公司信息披露媒体上刊登股东大会决议公告,公告修正幅度、股权登记日及暂停转股期(如需)等有关信息。从股权登记日后的第一个交易日(即转股价格修正日)起,开始恢复转股申请并执行修正后的转股价格。

若转股价格修正日为转股申请日或之后,转换股份登记日之前,该类转股申请应按修正后的转股价格执行。

目前转股价下修条款的触发条件一般是当正股价在连续的一段时间内低于转股价的一定比例时,就可以触发转股价的下修条款。中钢转债的相关规定是正股在连续 30 个交易日中至少 15 个交易日的收盘价低于当期转股价的 85%就可以触发转股价的下修条款，也有一些可转债的转股价下修条款中规定在连续 20 个交易日中至少 10 个交易日的收盘价低于当期转股价的一定比例就可以触发转股价下修条款；低于当期转股价格的百分比也有 90%、80%、75%等不同的情况，具体内容还是要以可转债募集说明书中关于转股价下修条款的规定为主。

下修转股价和回售不同，与强赎相似。下修转股价是发行可转债的公司的权利，发行可转债的公司可以行使这个权利，也可以不行使这个权利。也就是说，可转债满足了转股价下修条款中的条件，也不一定能够完成转股价的下修操作。

如果发行可转债的公司决定行使下修转股价的权利，那么发行可转债的公司会召开股东大会审议是否进行转股价的下修操作，当然，为了避嫌，持有可转债的股东是需要回避的，如果所持表决权的三分之二的股东同意下修转股价，发行可转债的公司方可实施下修转股价方案；如果没有达到所持表决权三分之二以上的股东同意下修转股价，那么下修转股价的方案就不能实施了。

股东大会通过了下修转股价的提案以后，接下来就是要确定转股价下修的幅度。转股价最低能下修到什么程度在相关政策中也有规定，在股东大会召开前 20 个交易日的正股均价和前一个交易日的正股均价中取一个最高值，下修以后的转股价不能低于这个最高值。

假设 A 公司发行的 A 转债触发了转股价下修条款，A 转债的转股价是 10 元/股，股东大会召开前 A 公司前 20 个交易日正股的平均价格为 8 元/股，前一个交易日正股的平均价格为 8.2 元/股，那么下修以后的转股价就不能低于 8.2 元/股。转股价只能下修，不能上调。

下修过后的转股价在满足上述条件的同时，还要满足下修的转股价不低于当期每股净资产值和股票面值的条件。发行可转债的公司的总资产减去其总负债就是公司的净资产，公司的净资产除以股票的总数量就是每股净资产值，股票的面值一般都是 1 元。每股净资产值不用我们自己计算，一般券商软件中都会显示。在券商软件中找到可转债对应的正股，进入 F10，然后找到"财务指标"，一般就能看到每股的净资产值了。股票前 20 个交易日的平均值、前一个交易日的平均值、每股净资产值和股票面值中的最大值就是转股价下修的底线。

第 3 章 可转债的相关指标

转股价要完成下修操作需要经历三个阶段，第一阶段是可转债触发转股价下修条款，满足下修转股价的基本条件；第二阶段就是董事会召开股东大会，超过所持有表决权三分之二以上的股东同意下修转股价，发行可转债的公司方可进行转股价的下修操作，这是比较关键的一步；第三阶段就是转股价下修提案的通过，发行可转债的公司发布转股价下修公告，下修转股价。

那么下修转股价有什么影响呢？

1．避免出现回售的情况

避免出现回售的情况是下修转股价的直接原因，如果发行可转债的公司面临可转债即将触发回售条款依然不进行转股价的下修，那么很有可能就要还钱了。对于现金流不是很充沛的公司来说，回售情况的发生无疑对发行可转债的公司来说是一个相当大的打击。因此，为了避免回售情况的出现，在触发回售条款之前下修转股价是明智之举。

2．提高转股价值

转股价值的计算公式为转股价值=面值/转股价×正股价，可转债的面值为 100 元，转股价降低了，转股价值就会提高，可转债的价格就会随之上涨。如果可转债的价格超过了回售价格，那么投资者也就不会想着将可转债回售给发行可转债的公司了，因为此时直接卖出所持可转债的收益要比将可转债回售给发行可转债的公司的收益高；如果此时投资者将所持可转债进行转股也会获得更多的股票。

3．容易触发强赎条款

触发强赎条款才是发行可转债的公司下修转股价的真正目的。只有触发了可转债的强赎条款，迫使投资者进行转股，才能达到将投资者所持的可转债进行转化的目的。投资者转股以后，发行可转债的公司就不用再担心可转债触发回售条款或者出现到期赎回的情况了，这时发行可转债的公司才能安心地使用募集到的资金。在没有触发强赎条款的情况下，可转债转股的速度是很慢的，大量的可转债还在市面流通，发行可转债的公司还要惦记可转债的回售或者到期赎回，这对于发行可转债的公司来说就是"心病"。

强赎条款的触发条件一般是正股的价格在连续的一段时间内不低于转股价的 130%，如果转股价下调了，可转债就更容易触发强赎条款。假设 A 公司的转股价是 10 元/股，那么达到强赎条件的正股价格就是 13 元/股，如果转股价下调到了 7 元/股，那么达到强赎条件的正股价格就是 9.1 元/股，与 13 元/股的强赎触发价相比，9.1 元/股的强赎触发价更容易达到。也就是说，下修股价以后更容易触发可转债的强赎条款，从而促使投资者将可转债进行转股。

那么下修转股价对投资人和股东的影响又有哪些呢？

可转债持有者当然是希望看到下修转股价的，因为下修转股价会使可转债的价格上涨并且也更容易触发可转债的强赎条款，对于可转债持有者来说，此时更容易看到赚钱的希望。

发行可转债的公司的大股东一般是愿意下修转股价的，大股东的利益和公司的利益是绑在一起的，他们也希望公司可以不还钱，因此大股东也希望能够促使可转债尽可能地被强赎，一般可转债转股造成的股权稀释对于大股东来说几乎没什么影响。

对于发行可转债的公司的小股东来说，可转债的转股操作可能会稀释小股东的股权，对小股东有比较大的影响，因此小股东是不会支持公司进行转股价下修操作的。发行可转债的公司的大股东和小股东对于转股价下修操作存在分歧，这也是下修转股价的时候需要召开股东大会并需要所持表决权三分之二以上的股东同意下修转股价，发行可转债的公司方可实施转股价下修方案的原因。

通过上面的内容可以了解到什么样的公司容易完成下修转股价的操作，那些容易满足转股价下修条件并且股权集中度高的公司比较容易完成下修转股价操作。例如，"在连续 20 个交易日中，至少有 10 个交易日正股的收盘价低于转股价的 90%"，这种条件与"在连续 30 个交易日中至少有 15 个交易日正股的收盘价低于转股价格的 85%或 80%"相比要宽松许多，更容易触发转股价下修条款。

在股权集中度高的公司中，当转股价下修条款被触发，发行可转债的公司召开关于下修转股价的股东会议的时候，就要比股权分散的公司更容易通过转股价下修提案，这样就更容易完成下修转股价的操作。

发行可转债的公司可以多次行使下修转股价的权利，也就是说，即使可转债所对应的正股的价格在经过下修转股价以后仍然下跌，可转债又马上处于触发回售条款的边缘，发行可转债的公司依然可以继续下修转股价。

如果发行可转债的公司在下修一次转股价后，可转债能够触发强赎条款，那么对于上市公司和投资者来说，这是最好不过的情况；如果发行可转债的

第3章 可转债的相关指标

公司在下修一次转股价后，正股的价格仍然下跌，不能达到强赎条件，甚至马上面临回售，那么发行可转债的公司可以继续下修转股价，可以一直下修到可转债能够触发强赎条款为止。

也有的公司不行使转股价下修的权利，这样的公司一般是现金流比较充裕的大公司，家大业大，不在乎通过发行可转债募集到的这些钱，只是为了以低利息进行贷款。因此，这种公司一般不会进行强赎和下修转股价操作，等着投资者将可转债进行回售或者等到可转债到期的时候，发行公司才对可转债进行赎回。

我们接下来总结一下可转债的核心指标和相关条款。可转债的初始转股价格是在发行可转债的时候就已经计算好的，如果可转债发行以后，其对应正股的涨势比较好，可转债触发了强赎条款，也就意味着可转债的价格会达到130元/张以上，那么发行可转债的公司很有可能进行强赎，这是发行可转债的公司和投资者都希望看到的情况，投资者有了不错的收益，发行可转债的公司也达到了募集资金并且不用还钱的目的。

如果可转债上市以后，其对应正股的价格一直在下跌，触发了转股价下修条款，那么发行可转债的公司有权利进行转股价下修操作；如果发行可转债的公司对其发展有信心，不行使下修转股价的权利，正股的股价跌到一定程度止跌反涨，还能够触发强赎条款，那么这也是比较理想的一种情况。

如果发行可转债的公司的正股价跌到了转股价下修触发价，而发行可转债的公司没有下修转股价，正股的价格继续下跌，跌到了回售触发价，就会触发可转债的回售条款。投资者有权利将所持可转债回售给发行可转债的公司，发行可转债的公司有义务接受，这种情况是发行可转债的公司和投资者都不希望看到的——投资者浪费了时间并没有获取预期收益，发行可转债的公司还要将其所募集的资金还给投资者，对双方来说都不是很友好。

因此，当正股价下跌到转股价下修触发价的时候，发行可转债的公司一般会选择下修转股价以避免回售情况的出现，同时下修转股价以后还能够更容易地触发可转债的强赎条款。如果下修转股价后触发了可转债的强赎条款再好不过，发行可转债的公司和投资者都能满意；如果下修转股价后正股价格仍然下跌，那么发行可转债的公司有可能继续下修转股价，直到触发可转债的强赎条款。

可转债的强赎触发价、转股价、下修触发价和回售触发价的关系如图 3-4 所示。

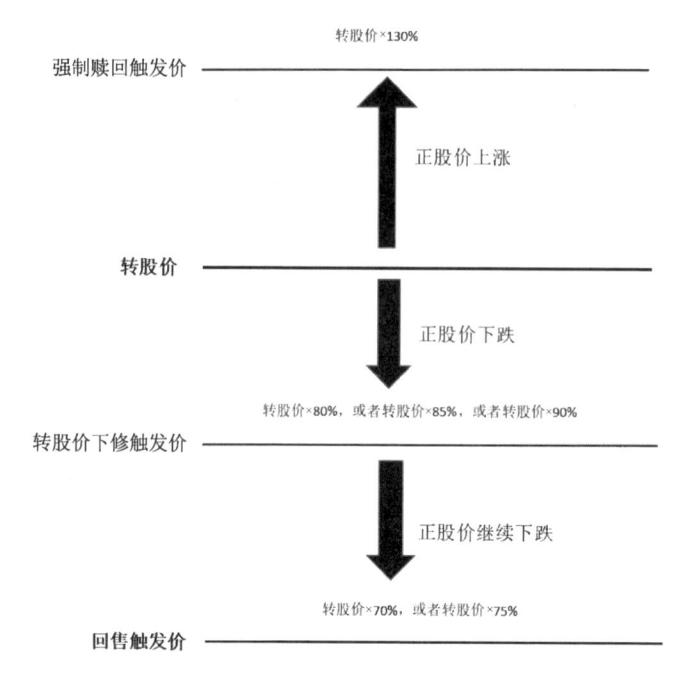

```
强制赎回触发价 ————————— 转股价×130%
                    ↑
                    │ 正股价上涨
                    │
转股价        ————————————————
                    │
                    │ 正股价下跌
                    ↓
              转股价×80%，或者转股价×85%，或者转股价×90%
转股价下修触发价 —————————
                    │
                    │ 正股价继续下跌
                    ↓
              转股价×70%，或者转股价×75%
回售触发价   —————————
```

图 3-4　可转债各种价格的关系

可转债从上市到强赎、回售和下修转股价的流程和关系如图 3-5 所示。

```
可转债发行 → 进入转股期 ┬→ 正股价格上涨 → 达到强赎触发价 → 强赎
   上市                │                    ↑
                      │              下修转股价
                      │                    ↑
                      └→ 正股价格下跌 → 达到转股价
                                       下修触发价
                                            ↓
                                      不下修转股价 → 达到回售触发价 → 回售
```

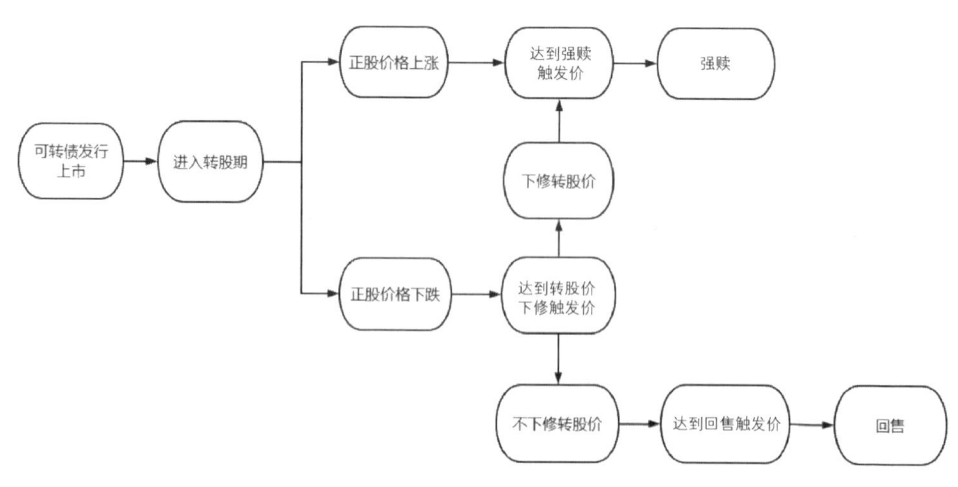

图 3-5　可转债的相关历程

图 3-4 和图 3-5 只是可转债历程的简单描述，为方便读者理解，简化了部分内容，可转债退市绝大多数是因为强赎，有很少一部分可转债是以到期赎回的形式退市的，还有极少一部分可转债是因为触发了回售条款而退市的。

3.2 可转债的重要指标

前面重点掌握了可转债的四个核心指标，接下来对可转债的重要指标理解起来就容易多了。下面的一些指标基本是对应集思录网站中的内容进行梳理的，不要看标题有些多，理解起来是很容易的。关于可转债，相关的概念和条款多一些，等梳理并理解后也就顺畅了，再回头看以前觉得晦涩难懂的内容也就觉得没什么了。

3.2.1 转股期

前面经常提到可转债的转股期。转股期就是可转债可以转换成公司股票的期限。一般是在可转债发行以后六个月进入转股期，在我国发行的可转债的期限最短是一年，最长是六年，因此转股期最短是半年，最长是五年半。也就是说，可转债从发行上市那天开始计算，半年以后就可以进行转股了。这里需要注意，是从可转债发行上市那天开始计算，而不是投资者买入可转债后，再等半年才可以转股。

为什么可转债的转股期要设在可转债发行六个月之后，而不是在可转债发行以后就可以进行转股呢？如果没有六个月的限制，那么发行可转债的公司在发行可转债以后直接拉升股价以触发可转债的强赎条款，之后就会迫使投资者进行转股，然后发行可转债的公司就轻松地拿到了募集的资金也不用担心还钱的事情了，这就会给一些别有用心的公司以可乘之机。而将可转债的转股期设置在可转债发行六个月之后，在这六个月内公司的发展情况是不确定的，谁又能预测半年以后的股价呢？

公司的管理者用心经营，使公司健康发展，半年以后股价可能会上涨，也可能因为外部的市场原因造成股价的下降；如果公司的管理者没有好好经营，公司发展得不好，其发行可转债本身就是为了圈钱，那么半年以后想要操纵股价也不像当初发行可转债时那么容易了。

如果发行可转债的公司拿着募集的钱去做其他的事情，这其中六个月的时间还能给证监会一个查证的机会，这就在一定程度上约束了发行可转债的公司。

继续以中钢转债为例，中钢转债募集说明书中关于转股期的规定如下。

> 7．转股期限
>
> 本次发行的可转换公司债券转股期限自发行结束之日（2021 年 3 月 25 日）起满六个月后的第一个交易日（2021 年 9 月 27 日）起至可转换公司债券到期日（2027 年 3 月 18 日）止。

从中钢转债的募集说明书中可以了解到，中钢转债的发行期限是六年，转股期是从中钢转债发行日期起六个月以后的第一个交易日开始，也就是我们说的可转债发行半年以后才可以转股。

3.2.2　转债价格

转债价格，顾名思义，就是可转债的交易价格，一般用现价或者价格表示，转债价格如图 3-6 所示。

可转债(手动刷新 30秒自动刷新) 行业 【全部】 板块 (沪主板 沪科创

代码	转债名称	现价	涨跌幅	正股名称	正股价	正股涨跌	正股PB	转股价	转股价值	溢价率
113534	鼎胜转债！	241.930	-8.34%	鼎胜新材	39.62	-10.00%	4.05	15.18*	261.00	-7.31%
113051	节能转债	171.090	-0.11%	节能风电 R	7.35	-1.47%	3.51	4.05	181.48	-5.73%
113048	晶科转债	172.150	2.45%	晶科科技	9.72	-1.42%	2.30	5.46*	178.02	-3.30%
127043	川恒转债	189.500	4.01%	川恒股份	41.09	2.34%	5.94	21.02	195.48	-3.06%
110082	宏发转债	100.000	0.00%	宏发股份 R	74.34	1.49%	9.58	72.28	102.85	-2.77%

图 3-6　可转债列表

从图 3-6 中我们可以看到鼎胜转债的价格是 241.930 元/张，节能转债的价格是 171.090 元/张。如果在 A 股市场中进行可转债交易，通常情况下是一手起的，一手是 10 张，因此投资者买入一手鼎胜转债的价格就是 2,419.3 元。

继续以中钢转债为例。对相关指标进行简单的讲解，如图 3-7 所示。

第 3 章　可转债的相关指标

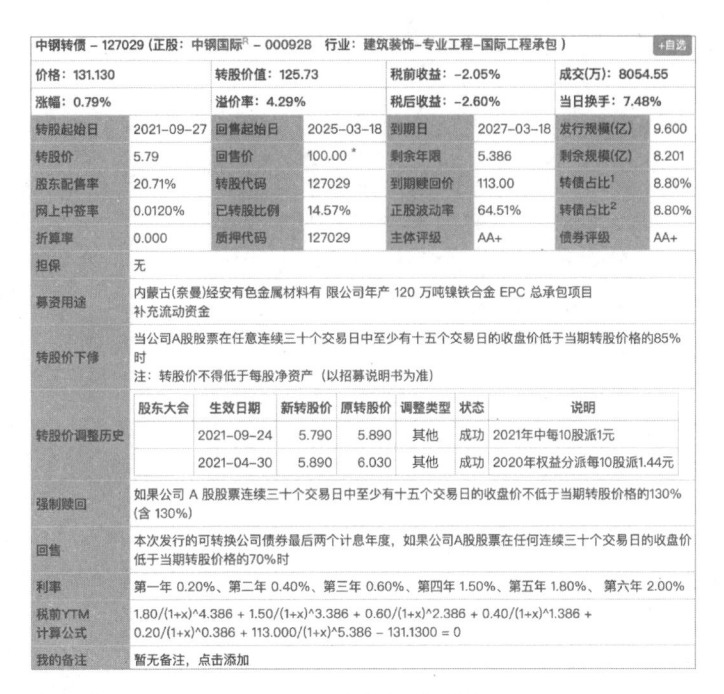

中钢转债 - 127029 (正股：中钢国际® - 000928　行业：建筑装饰-专业工程-国际工程承包)						+自选
价格：131.130		转股价值：125.73		税前收益：-2.05%	成交(万)：8054.55	
涨幅：0.79%		溢价率：4.29%		税后收益：-2.60%	当日换手：7.48%	
转股起始日	2021-09-27	回售起始日	2025-03-18	到期日 2027-03-18	发行规模(亿)	9.600
转股价	5.79	回售价	100.00 *	剩余年限 5.386	剩余规模(亿)	8.201
股东配售率	20.71%	转股代码	127029	到期赎回价 113.00	转债占比¹	8.80%
网上中签率	0.0120%	已转股比例	14.57%	正股波动率 64.51%	转债占比²	8.80%
折算率	0.000	质押代码	127029	主体评级 AA+	债券评级	AA+
担保	无					
募资用途	内蒙古(奈曼)经安有色金属材料有限公司年产 120 万吨镍铁合金 EPC 总承包项目 补充流动资金					
转股价下修	当公司A股股票在任意连续三十个交易日中至少有十五个交易日的收盘价低于当期转股价格的85%时 注：转股价不得低于每股净资产（以招募说明书为准）					
转股价调整历史	股东大会	生效日期	新转股价	原转股价	调整类型	状态	说明
		2021-09-24	5.790	5.890	其他	成功	2021年中每10股派1元
		2021-04-30	5.890	6.030	其他	成功	2020年权益分派每10股派1.44元
强制赎回	如果公司 A 股股票连续三十个交易日中至少有十五个交易日的收盘价不低于当期转股价格的130%（含130%）					
回售	本次发行的可转换公司债券最后两个计息年度，如果公司A股股票在任何连续三十个交易日的收盘价低于当期转股价格的70%时					
利率	第一年 0.20%、第二年 0.40%、第三年 0.60%、第四年 1.50%、第五年 1.80%、第六年 2.00%					
税前YTM 计算公式	1.80/(1+x)^4.386 + 1.50/(1+x)^3.386 + 0.60/(1+x)^2.386 + 0.40/(1+x)^1.386 + 0.20/(1+x)^0.386 + 113.000/(1+x)^5.386 − 131.1300 = 0					
我的备注	暂无备注，点击添加					

图 3-7　中钢转债详情

3.2.3　面值

在 A 股市场中每张可转债的面值都是 100 元，这是永远都不会变的。

3.2.4　转股价值

转股价值是指此时可转债进行转股，能够转换成的股票的价值是多少，简单来说就是可转债可以换成价值多少金额的股票。

可转债转股价值的计算公式为：转股价值=面值/转股价×正股价。

以图 3-6 中鼎胜转债为例，鼎胜转债的转股价值为 100÷15.18×39.62=261，一般网站中都有计算好的转股价值的值，投资者就不用自己手动计算了。

3.2.5　正股价

正股价是指可转债对应的正股的股价，从图 3-6 中可以看到鼎胜转债对应的正股为鼎胜新材，此时鼎胜新材这只股票的股价为 39.62 元/股。

3.2.6 回售价

回售价就是指当可转债触发回售条款的时候，投资者将可转债以一个固定的价格回售给公司，其中这个固定的价格就是回售价。

回售价一般分为两种，第一种是可转债在发行的时候就已经规定好回售价了，这样的回售价可以直接在网站中查到；第二种是可转债在发行的时候没有规定固定的回售价，规定的是以可转债的面值+当期利息作为回售价，这样的回售价在网上一般查不到，需要投资者手动计算或者到时候去看可转债的回售公告，在回售公告中会公布回售价格。

第一种在可转债发行时规定好的固定的回售价不用多说，投资者可以在相关网站中直接查询，投资者可以到相关的可转债网站中查看关于可转债回售价格的信息。以九州转债为例，九州转债的回售条款如下。

（十四）回售条款

（1）有条件回售条款

在本可转债最后两个计息年度，如果公司股票收盘价任意连续30个交易日低于当期转股价格的70%时，可转债持有人有权将其持有的可转债全部或部分按债券面值的103%（含当期应计利息）回售给本公司。若在上述交易日内发生过转股价格调整的情形，则在调整前的交易日按调整前的转股价格和收盘价格计算，在调整后的交易日按调整后的转股价格和收盘价格计算。

在本可转债最后两个计息年度，可转债持有人在每年回售条件首次满足后可按上述约定条件行使回售权一次，若在首次满足回售条件而可转债持有人未在公司届时公告的回售申报期内申报并实施回售的，该计息年度不应再行使回售权。

（2）附加回售条款

在本可转债存续期间内，如果本次发行所募集资金的使用与本公司在募集说明书中的承诺相比出现重大变化，根据中国证监会的相关规定可被视作改变募集资金用途或者被中国证监会认定为改变募集资金用途的，可转债持有人享有一次回售的权利。可转债持有人有权按债券面值的103%（含当期应计利息）的价格向本公司回售其持有的部分或全部可转换公司债券。持有人在附加回售申报期内未进行附加回售申报的，不应再行使本次附加回售权。

第 3 章　可转债的相关指标

从回售条款中可以看到九州转债的回售价格是可转债面值的 103%，也就是 103 元/张。在集思录网站中搜索九州转债，可以看到九州转债的详细信息，如图 3-8 所示。

九州转债 – 110034 (正股：九州通^R – 600998　行业：医药生物-医药商业Ⅱ-医药商业Ⅲ)							+自选
价格	110.030	转股价值	75.38	税前收益	-9.00%	成交(万)	1305.56
涨幅	0.37%	溢价率	45.97%	税后收益	-16.09%	当日换手	0.79%
转股起始日	2016-07-21	回售起始日	2020-01-15	到期日	2022-01-15	发行规模(亿)	15.000
转股价	17.83	回售价	103.00	剩余年限	0.205	剩余规模(亿)	14.991
股东配售率	-	转股代码	110034	到期赎回价	108.00	转债占比¹	5.95%
网上中签率	-	已转股比例	0.06%	正股波动率	25.06%	转债占比²	5.95%
折算率	0.490	质押代码	110034	主体评级	AA+	债券评级	AA+
担保	无担保						
募资用途	公司本次发行预计不超过15亿元可转换公司债券，本次募集资金扣除发行费用后的募集资金净额拟按照轻重缓急用于以下项目： 1、拟投入募集资金6,940万元用于投资湖南九州通现代医药物流中心一期建设项目； 2、拟投入募集资金6,020万元用于投资西藏三通现代医药产业园项目(一期)； 3、拟投入募集资金9,980万元用于投资贵州九州通达医药有限公司现代医药物流中心建设项目(一期)； 4、拟投入募集资金15,000万元用于投资陕西九州通医药健康产品电子商务创业园建设项目(一期)； 5、拟投入募集资金6,590万元用于投资九州通苏南现代医药总部基地工程项目(一期)； 6、拟投入募集资金25,620万元用于投资北京均大制药有限公司生产基地建设项目(一期)；拟投入募集资金18,150万元用于投资九州通中药材电子商务综合服务平台项目； 7、拟投入募集资金28,000万元用于投资医院营销网络建设项目； 8、拟投入募集资金16,220万元用于投资北京九州通医药有限公司现代医药物流服务中心项目； 9、拟投入募集资金14,480万元用于投资九州通信息化系统升级改造项目						
转股价下修	在本可转债存续期间内，当本公司股票在任意连续 20 个交易日中有 10 个交易日的收盘价不高于当期转股价格的 85%时，公司董事会有权提出转股价下修 正方案并提交本公司股东大会表决。 注：转股价不得低于每股净资产（以招募说明书为准）						
转股价调整历史	股东大会	生效日期	新转股价	原转股价	调整类型	状态	说明
		2021-06-17	17.830	18.320	其他	成功	2020年每10股派5元
		2019-06-26	18.320	18.420	其他	成功	每10股派息1.000元
强制赎回	在转股期内，如果公司 A 股股票在任意连续 30 个交易日中至少有 20 个 交易日的收盘价不低于当期转股价格的 130%(含 130%)；						
回售	在本可转债最后两个计息年度，如果公司股票收盘价任意连续 30 个交易日 低于当期转股价格的 70%时，可转债持有人有权将其持有的可转债全部或部分按债券面值的 103%(含当期应计利息)回售给本公司。						

图 3-8　九州转债详情

从图 3-8 中可以看到九州转债的回售价是 103 元/张，这与回售条款中规定的一样，为了方便，我们平时查看可转债的回售价从网站中查看就可以了。

第二种就是在可转债发行时没有规定固定的回售价，规定的是以"可转债的面值+当期利息"作为回售价，这就需要投资者手动计算或者查看可转债的回售公告了。

从中钢转债募集说明书中的回售条款可以看到，中钢转债的回售条款中没有规定固定的回售价，而是以可转债的面值加上当期应计利息作为回售价。那么这种类型的回售价该怎样计算呢？可转债的面值就是100元，当期应计利息就是指从上次付息以后到可转债回售日的时候，资金被占用了几天，就计算几天的利息。

这里以久期转债为例，久期转债的回售公告的主要内容如图3-9所示。久期转债的回售公告中规定了久期转债的回售价格为100.386元/张，回售申报期为2021年9月10日至2021年9月16日。

北京久期软件股份有限公司
关于"久期转债"回售的第一次提示性公告

> 本公司及董事会全体成员保证公告内容的真实、准确和完整，没有虚假记载、误导性陈述或者重大遗漏。

重要提示：
- 回售价格：100.386元人民币/张（含息税）
- 回售申报期：2021年9月10日至2021年9月16日
- 发行人资金到账日：2021年9月23日
- 回售款划拨日：2021年9月24日
- 投资者回售款到账日：2021年9月27日

图3-9 久期转债回售公告

接下来再来看一下久期转债的回售价的计算方法。

2. 回售价格

当期应计利息的计算公式为：$IA=B\times i\times t\div 365$

其中，IA为当期应计利息；B为本次发行的可转换公司债券持有人持有的可转换公司债券票面总金额；i为可转换公司债券当年票面利率；t为计息天数，即从上一个付息日起至本计息年度回售日止的实际日历天数（算头不算尾）。

其中，$i=1.5\%$（"久期转债"第五年，即2021年6月8日至2022年6月7日的票面利率）；$t=94$天（2021年6月8日至2021年9月10日，算头不算尾）。

计算可得：$IA=0.386$元/张

因此，久期转债的回售价为：100.386元/张（含息税）

由于久期转债的回售价为可转债的面值加上当期应计利息，久期转债的面值是 100 元，截至 2021 年 6 月 8 日，久期转债已经过了四个计息年度，付了四次利息，2021 年 6 月 8 日以后就进入了第五个计息年度，久期转债第五年的利率就是 1.5%；从 2021 年 6 月 8 日到 2021 年 9 月 10 日进入回售期，总共有 94 天。

第五年整年的利息为 100×1.5%=1.5 元/张，而投资者的资金被占用了 94 天，那么此时当期应计利息为 100×1.5%÷365×94=0.386 元/张，加上可转债的面值，此时久期转债的回售价格为 100.386 元/张。

可转债的回售价格一般都是比较低的，并且可转债的回售价格也不需要我们自己计算，投资者可以在可转债的回售公告中看到可转债的回售价，是比较方便的。

3.2.7　到期赎回价

到期赎回价是指投资者持有的可转债到期以后，发行可转债的公司将可转债从投资者手中赎回的价格。这时发行可转债的公司往往会在可转债的面值加上最后一年利息的基础上再加上可转债发行的公司的补贴作为可转债的到期赎回价。到期赎回价=可转债的面值+最后一年的利息+发行可转债的公司的补贴。

以中钢转债为例，中钢转债最后一年的利率为 2%，最后一年的利息为 100×2%=2 元/张，那么中钢转债的到期赎回价为 100+2=102 元/张，而现在中钢转债的到期赎回价为 113 元/张，这其中的差价就是发行可转债的公司的补贴了。

3.2.8　到期价值

到期价值可以理解为可转债作为债券，从现在持有可转债到可转债到期的时候，针对每一张可转债，发行可转债的公司需要付给投资者多少钱。

简化版的到期价值计算公式如下。

到期价值=到期赎回价+除最后一年外所有未付利息之和×80%。

到期赎回价前面已经介绍过了，到期赎回价加上除最后一年外所有未付利息的和再乘 80%就是可转债的到期价值，因为在到期赎回价中已经把最后一年的利息加进去了，这时就不需要再把最后一年的利息加进去了；在投资者买入可转债后，之前付的利息也不会重复给付了，因此付过的利息也不再计算。另外，除了最后一年的利息，其他未付利息都需要扣除 20%的税，因此，要乘 80%进行计算，最终就得到了前文中的可转债到期价值的计算公式。

这里要说明一下为什么最后一年的利息不计税，最后一年利息的计税方式与其他未付利息的计税方式有些区别，有的可转债最后一年利息的计税方式是高于可转债面值的部分都要计税，也就是说，最后一年的利息加上发行可转债的公司的补贴都要进行计税；有的可转债最后一年利息的计税方式是只有最后一年的利息部分进行计税，发行可转债的公司的补贴不计税。

另外很多可转债公告里面都会提到机构可以不用扣税，而投资者是需要缴纳 20%所得税的，这种情况就会造成在可转债马上到期的时候，机构会因为不扣税而进行可转债的套利操作。

但这对投资者来说也不算是坏事，可转债马上到期，转债价格和到期赎回价差不多，这时机构进行套利，如果普通投资者进行卖出操作也会有机构进行兜底，而不用担心没人接盘的情况出现。

为了简化可转债到期价值的计算公式，在可转债到期价值的计算公式中就没有计算最后一年的利息，因此会和网站中的一些计算结果有一些小的差别。投资者不需要自己计算可转债的到期价值，相关网站中会有计算好的到期收益率，投资者将到期收益率作为参考也是一样的。

3.2.9　到期收益率

到期收益率是指投资者将可转债持有到期的最终收益率。

到期收益率的计算公式如下。

可转债到期收益率=（可转债到期价值-可转债价格）/可转债价格×100%

到期收益率说明的是投资者现在买入可转债并将其持有到期的收益率，这里没有具体的期限限制，如果到期价值是税前的到期价值，那么计算出来的到期收益率就是税前到期收益率，如果到期价值是税后的到期价值，那么计算出来的到期收益率就是税后到期收益率。

如果不同的可转债的剩余年限不同，那么其到期收益率是没有多少可比性的，这时需比较不同可转债的年化到期收益率。

年化到期收益率的计算公式为：到期收益率/剩余年限×100%。

对于普通投资者来说，年化到期收益率计算单利就可以了，可转债的利息很少，对于资金量小的投资者来说，其所获得的利息不够其再买入可转债，以进行复利操作，而且可转债的复利和单利相比也没有差多少，为了方便理解，这里只看单利就可以了。

对于普通投资者来说，可转债到期后是需要进行扣税的，那么投资者应该注意的是税后的到期收益，这样才能尽可能地避免造成不必要的损失。

这里只需要记住，对于普通投资者来说，当可转债的税后到期收益率大于 0，说明这时可转债的到期价值是大于可转债的价格的，这时买入可转债并将其持有到期是可以保本的；如果税后到期收益率小于 0，说明这时可转债的到期价值小于可转债的价格，这时买入可转债并将其持有到期不能保本。上述情况有一个前提，就是可转债不违约，如果可转债违约了，即使可转债的到期收益率很高，也一样会造成普通投资者本金的亏损。

如图 3-7 所示，中钢转债的税前到期收益率为-2.05%，税后到期收益率-2.60%，如果投资者此时买入中钢转债，并将其作为债券持有到期是不保本的。

投资者买入可转债的目的并不是要将其作为债券持有到底，是为了等待强赎，有一个稳定的收益。因此，到期收益率可以作为可转债投资的一个筛选指标，但也不要过分看重，投资者可以根据自己的风险承受能力进行选择。

3.2.10 对应正股

对应正股是指发行可转债的公司的正股（见图 3-6），鼎胜转债对应的正股的名称为鼎胜新材，节能转债对应的正股的名称为节能风电，点击"正股名称"可以看到正股的一些信息和发行可转债的公司的一些最新公告，不同网站所显示的内容可能有所差别，但可转债对应的正股都是一样的，这样方便投资者查看可转债的相关信息。

3.2.11 所属行业

为了将可转债进行分类归集，方便投资者进行查询，以后将投资尽可能地分散到不同的行业中，不要将资金全部集中在一个行业中，如果真的出现行业风险，整个行业就会遭受打击。分散投资，将资金分散到不同行业中也是有必要的。

3.2.12 成交额

成交额是指单个交易日用于买卖可转债的金额。成交额越高，说明可转债越火热，但并不代表可转债的价格就会越高。

3.2.13 涨幅

涨幅非常最吸引人的一个指标，同时也是非常伤人的一个指标。可转债价格的涨跌对投资者来说是很刺激的，涨了皆大欢喜，跌了就有人"割肉"离场。如果投资者仅仅盯着短期的涨幅，那么投资将会是一件非常劳心劳力的事情。刚进入市场的投资者会对可转债价格的涨幅比较敏感，而对于有经验的投资者来说，他们对可转债价格短期的波动已经不那么在意了，因为在他们心中有一个预期目标，当达到这个预期目标的时候落袋为安就可以了。

对于短期的涨幅，不要特别在意，把心态放平。

3.2.14 转股溢价率

前面已经提到过转股溢价率，但没有详细地进行解释，在这里就把转股溢价率这个比较重要的指标详细地进行解读。

转股溢价率的计算公式为：

转股溢价率=（可转债价格-转股价值）/转股价值×100%。

从上面的公式中可以看到转股溢价率相当于可转债价格和转股价值关系的一个衡量标准，可转债的转股价值决定了可转债能转换成多少股票，也可以理解为转股溢价率体现了可转债的价值和正股价值的偏离程度。

例如，A转债目前的价格是150元/张，转股价值是100，那么此时A转债的转股溢价率为（150-100）÷100×100%=50%，如果投资者以150元/张的价格买入A转债并且进行转股，可以转换成价值100元/股的股票，花150元买的东西，然后换成价值100元的东西，直接就亏了50元。

如果A转债的价格是100元/张，转股价值是150，那么此时A转债的转股溢价率为（100-150）÷150=-33.33%。此时投资者花100元/张买入可转债并将其进行转股，可以转换成价值150元/股的股票，相当于一转手就赚了50元。

如图3-10所示，博彦转债的转股溢价率为（141.2-143.53）÷143.53×

100%=-1.62%，东缆转债的转股溢价率为（196.55-198.14）÷198.14×100%=-0.8%。

代码	转债名称	现价	涨跌幅	正股名称	正股价	正股涨跌	正股PB	转股价	转股价值	溢价率	纯债价值	债券评级
128057	博彦转债!	141.200	2.95%	博彦科技	12.20	4.18%	2.01	8.50	143.53	-1.62%	100.74	AA-
113603	东缆转债 R	196.550	-0.18%	东方电缆	46.86	0.67%	7.79	23.65	198.14	-0.80%	100.00	AA
113051	节能转债	165.900	-2.73%	节能风电	6.77	-3.29%	3.20	4.05	167.16	-0.75%	93.56	AA+
123083	朗新转债!	214.431	0.67%	朗新科技	33.20	0.51%	6.18	15.40	215.58	-0.54%	92.91	AA
123129	锦鸡转债	100.000	0.00%	锦鸡股份	9.57	2.03%	3.20	9.53	100.42	-0.42%	79.87	AA-
123069	金诺转债!	202.999	-6.71%	川金诺	38.88	-6.81%	4.54	19.09	203.67	-0.33%	100.04	AA-
110041	蒙电转债!	132.560	-0.39%	内蒙华电	3.40	-1.16%	1.46	2.56	132.81	-0.19%	101.31	AAA
128082	华锋转债!	162.800	-0.61%	华锋股份	14.89	-0.27%	2.43	9.13**	163.09	-0.18%	79.69	A
123102	华自转债!	229.910	-4.38%	华自科技	21.29	-4.70%	3.10	9.25	230.16	-0.11%	100.28	AA-

图 3-10　可转债转股溢价率

从上面的例子中可以看出，当转股溢价率为正数时，将可转债进行转股会亏损，当转股溢价率为负数时，将可转债进行转股会盈利；可转债的转股溢价率越高，投资者将可转债进行转股后的亏损越大；可转债的转股溢价率越低，投资者将可转债进行转股后的收益越高。

投资者可以根据可转债的转股溢价率对可转债进行筛选，当可转债的转股溢价率是负数的时候，可转债是值得考虑买入的。此时买入可转债，投资者拥有转股套利的希望，但前提是可转债在转股期内，如果可转债不在转股期内，不管转股溢价率多么低，可转债都是不能转股的。

在转股期内的可转债的转股溢价率很难见到非常低的情况，一方面是因为可转债从发行到转股期这半年的时间内，正股价格的变化是不可预测的，如果临近转股期股价大跌，可转债的转股溢价率也就上升了，这时投资者的收益就很少了；另一方面就是在临近转股期的时候会有投机分子和机构进行套利，也就是会将转股溢价率拉高，直到可转债的价格没什么上升空间为止，这时普通投资者就很难再找到合适的机会了。

另外，当正股的价格上涨得比较猛烈，还没有在可转债中体现出来时，这就有了一个时间差，会出现转股溢价率是负数的情况。但如果投资者贸然买入可转债并进行转股，因为可转债转股当天是不能交易的，正股第二天的情况是不能确定的：如果正股的价格上涨或者不涨不跌，那么投资者将可转债进行转股就能有收益了；如果第二天正股的价格暴跌，那么投资者很可能会亏损，不过一般可转债出现这种情况的时候并不是很多，大家简单了解即可。

如果可转债的转股溢价率非常高，那么此时可能是可转债的价格过高，也可能是正股的价格出现了暴跌的情况，这时投资者就要谨慎考虑了。

如果可转债的价格非常高，转股溢价率也非常高，那么此时投资者投资可转债是比较危险的，可转债的价格很可能是被人炒上去的，泡沫非常大，此时可转债的价值已经严重偏离了可转债的转股价值，需要正股价暴涨或者可转债价格暴跌以消除此时可转债的泡沫。如果正股的价格能够暴涨，不至于对此时买入可转债的投资者造成比较严重的影响，但如果出现可转债的价格暴跌的情况，那么对于此时买入可转债的投资者来说无疑是当头一棒。

如果可转债的价格在面值附近或者是在面值以下，转股溢价率仍然非常高，那么此时说明正股的价格出现了大跌，造成可转债的转股价值大幅下降，投资者如果是以每张 100 元或者 100 元以下的价格买入可转债，可以不用特别担心，其所承担的风险与在高价格、高转股溢价率状态下买入可转债的投资者所承担的风险相比要低很多。

因为这时很容易触发转股价下修条款和可转债的回售条款，投资者可以等待发行可转债的公司下修转股价以提高转股价值，到时候可转债的价格会随之上涨；如果发行可转债的公司不进行下修转股价的操作，从而触发了可转债的回售条款，那么投资者即使将可转债进行回售也是可以保住本金的，如果此时可转债距离到期时间比较近，投资者也可以等到可转债到期的时候，由发行可转债的公司进行到期赎回，也是可以保住本金甚至可以有一些盈利的。

那么要将可转债进行转股需要注意什么呢？

要确保可转债在转股期内，否则是不能进行转股的。

另外，投资者还要考虑手续费的问题。投资者在买入可转债时需要缴纳手续费，根据券商的不同，手续费可能有所不同。不过可转债交易的手续费相对股票交易的手续费来说还是很低的。投资者将可转债进行转股时是没有手续费的，当可转债转换成股票后，投资者将股票卖出时会有一笔手续费，一般一笔交易最低的手续费是 5 元，也就是说，如果投资者想要把可转债进行转股套利，最少也要有 5 元以上的套利空间才有必要考虑是否进行转股，否则卖出股票所得的利润都不足以支付卖出股票的手续费，自己还冒着亏损的风险，得不偿失。

在将可转债进行转股前，投资者要考虑到第二天正股的走势。在可转债转股当天是不能进行卖出操作的，得等到第二个交易日才能进行交易，第二个交易日正股的走势又是不确定的，有可能高开，有可能平开，有可能低开。如果转股后的第二个交易日，正股的趋势是高开或平开，投资者可以考虑直接将股票卖出，赚取收益；如果正股的趋势是低开，投资者就有可能亏损了，而且可转债一旦转换成股票，就没有了"保底"属性。投资者在将可转债进行转股前，对正股的走势要有一个清晰的认知并进行分析，确保自己不会亏损。

有一种办法可以实现 0 风险转股套利，不过要求有些苛刻，那就是投资者要买入转股溢价率为负数的可转债，然后进行转股，同时要有融资融券的权限对正股进行卖空操作，如果第二天正股的价格上涨，卖空的那部分会有亏损，但是转股的这部分会有收益；如果第二天正股的价格下跌，卖空的那部分会有收益，转股的这部分会有亏损，这样形成一个对冲，能够保证投资者获取差额利润。

这里提一下转股数量的计算，可转债转股数量的计算公式如下。

转股数量=（可转债面值×持有数量）/转股价

如图 3-11 所示，以东缆转债为例，假设持有 100 张东缆转债，那么当前可以转换成股票的数量为（100×100）/46.86=213.4 股，因为转股时只能取整数，也就是转换成 213 股，剩余的 0.4 股会转换成余额返还到投资者的账户中。

代码	转债名称	现价	涨跌幅	正股名称	正股价	正股涨跌	正股PB	转股价	转股价值	溢价率	纯债价值	债券评级
113603	东缆转债	196.550	-0.18%	东方电缆R	46.86	0.67%	7.79	23.65	198.14	-0.80%	100.00	AA
113051	节能转债	165.900	-2.73%	节能风电R	6.77	-3.29%	3.20	4.05	167.16	-0.75%	93.56	AA+
123083	朗新转债！	214.431	0.67%	朗新科技	33.20	0.51%	6.18	15.40	215.58	-0.54%	92.91	AA
123129	锦鸡转债	100.000	0.00%	锦鸡股份	9.57	2.03%	3.20	9.53	100.42	-0.42%	79.87	AA-
123069	金诺转债！	202.999	-6.71%	川金诺	38.88	-6.81%	4.54	19.09	203.67	-0.33%	100.04	AA-
110041	蒙电转债！	132.560	-0.39%	内蒙华电R	3.40	-1.16%	1.46	2.56	132.81	-0.19%	101.31	AAA
128082	华锋转债！	162.800	-0.61%	华锋股份	14.89	-0.27%	2.43	9.13**	163.09	-0.18%	79.69	A
123102	华自转债！	229.910	-4.38%	华自科技	21.29	-4.70%	3.10	9.25	230.16	-0.11%	100.28	AA-
110048	福能转债！	210.950	0.07%	福能股份R	16.56	2.60%	1.85	7.85	210.96	-	102.57	AA+
128128	齐翔转2！	184.385	-0.60%	齐翔腾达R	10.49	-1.13%	2.37	5.69	184.36	0.01%	94.12	AA

图 3-11　可转债列表

至此，转股溢价率的概念和根据转股溢价率进行转股操作就介绍完了。笔者还是不建议刚刚进入市场的新手投资者将可转债进行转股操作，转股以后就是对股票进行买卖操作了，已经不属于可转债的范畴了，在不懂股票的情况下贸然转股就相当于赌博，而赌博心理正是一种典型的错误的投资心理，我们还是守住自己的能力圈，认清自己的能力，赚取自己认知范围内的钱比较好。

3.2.15　换手率

换手率又叫作周转率，对于证券的交易都适用，可转债的换手率的计算公式如下。

换手率=某一段时间可转债的成交总张数/可转债剩余总张数×100%

假设 A 转债在市场中剩余的总张数是 10,000 张，交易日成交了 8,000 张，那么当天 A 转债的换手率就是 8,000÷10,000×100%=80%。

由于可转债的交易机制是 T+0 机制，也就是说，可转债可以当天买当天卖，卖完还可以再继续买回来，没有次数的限制，正是因为这种交易机制的存在，经常会出现一些做 T+0 投资套利的投资者，他们经常买入并卖出一只可转债，造成一些热门的可转债的换手率居高不下，甚至高得离谱，呈现出一种交易火爆的现象。在面对换手率很高的可转债的时候，投资者更要保持理智，不要被市场的情绪所影响，要对可转债进行客观、理性的分析。

当然也有可转债的转股溢价率非常低的情况，这就说明可转债目前不太受投资者的关注，没有多少成交量，这种状态下的可转债容易出现被低估的情况，如果未来市场的情绪热点来到这类可转债身上，那么这类可转债就很可能迎来一波高潮，换手率上升，交易火爆。

如图 3-12 所示，蒙电转债的其中一个交易日的换手率高达 2,527.37%，这相当于把剩余的债券重新交易了 2.5 次，由此可见蒙电转债多么火热。

如图 3-13 所示，张行转债其中一个交易日的换手率只有 0.07%，基本上没什么成交量，和上面的蒙电转债相比显得有些冷清。

影响换手率的因素有很多，可转债所属的行业、发行可转债的公司正股的情况、可转债的发行规模和剩余规模等。

第 3 章　可转债的相关指标

蒙电转债 - 110041（正股：内蒙华电R - 600863　行业：公用事业-电力-火电）							+自选
价格：145.030		转股价值：146.09		税前收益：-12.66%		成交(万)：251713.15	
涨幅：9.41%		溢价率：-0.73%		税后收益：-13.33%		当日换手：2527.37%	
转股起始日	2018-06-28	回售起始日	2021-12-21	到期日	2023-12-21	发行规模(亿)	18.752
转股价	2.56	回售价	100.00 *	剩余年限	2.129	剩余规模(亿)	0.671
股东配售率	3.72%	转股代码	110041	到期赎回价	106.00	转债占比1	0.28%
网上中签率	0.2666%	已转股比例	96.42%	正股波动率	45.68%	转债占比2	0.28%
折算率	0.860	质押代码	110041	主体评级	AAA	债券评级	AAA
担保	无担保						
募资用途	本次公开发行募集资金总额为187,522.00万元，扣除发行及相关费用后的募集资金净额全部用于收购北方龙源风电81.25%股权						
转股价下修	在本次发行的可转换公司债券存续期间，当公司股票在任意连续三十个交易日中至少有十五个交易日的收盘价低于当期转股价格的90%时 注：转股价不得低于每股净资产（以招募说明书为准）						

图 3-12　蒙电转债详情

可转债所属行业如果是当前市场的火热赛道，那么可转债就很容易被炒作，从而产生较高的换手率；如果可转债所属行业是市场中比较冷清的行业，那么这样的可转债很容易被市场冷落，没什么成交量，换手率很低。

张行转债 - 128048（正股：张家港行R - 002839　行业：银行-银行Ⅱ-银行Ⅲ）							+自选
价格：124.300		转股价值：105.71		税前收益：-3.08%		成交(万)：207.64	
涨幅：0.00%		溢价率：17.58%		税后收益：-3.84%		当日换手：0.07%	
转股起始日	2019-05-16	回售起始日	-	到期日	2024-11-12	发行规模(亿)	25.000
转股价	5.60	回售价	- *	剩余年限	3.025	剩余规模(亿)	24.975
股东配售率	28.88%	转股代码	128048	到期赎回价	109.00	转债占比1	27.72%
网上中签率	0.3570%	已转股比例	0.10%	正股波动率	23.45%	转债占比2	23.33%
折算率	0.000	质押代码	128048	主体评级	AA+	债券评级	AA+
担保	无担保						
募资用途	本行本次公开发行可转债募集资金总额不超过人民币25亿元，募集资金将用于支持未来业务发展,在可转债转股后按照相关监管要求用于补充本行的核心一级资本						
转股价下修	在本次发行的可转债存续期间，当张家港行A股股票在任意连续三十个交易日中有十五个交易日的收盘价低于当期转股价格的80%时 注：转股价不得低于每股净资产（以招募说明书为准）						

图 3-13　张行转债详情

如果可转债所对应的正股的价格涨势良好，一直在创新高，那么可转债的价格就很容易随着正股的价格一直上升。正股的价格有涨停/跌停的限制，但是可转债的价格没有涨停/跌停的限制，有的投资者没有来得及入手正股或者手中有正股对应可转债的，就会迂回一下——买入或者卖出可转债，那么可转债也很容易产生高换手率。也就是说，正股的价格上涨，买可转债的人多，会产生高换手率；正股下跌，那么卖出可转债的人也会多，同样也会产生高换手率。

相反，如果正股的价格比较平稳，基本没什么起伏，那么对应的可转债的价格基本上也不会有什么波动，可转债也不会有很大的交易量，这时可转债的换手率就很低。

发行规模也是可以影响换手率的。如果发行可转债的公司发行的可转债规模比较大，就容易造成可转债剩余规模比较大，那么根据可转债换手率的计算公式，在成交数量相同的情况下，剩余规模比较大的可转债的换手率就比较低。

3.2.16 剩余年限

剩余年限是指可转债作为债券距离到期还有多少年。如图 3-14 所示，朗新转债的剩余年限为 5.096 年。

可转债的到期年限也是投资者需要经常注意的一个指标。可转债到期后，会以到期赎回价被赎回，如果投资者没有注意可转债的剩余年限，以高于到期赎回价格的价格买入可转债，并且没有在可转债到期之前将其及时卖出或者进行转股，那么就会造成不必要的亏损了。

朗新转债 - 123083（正股：朗新科技 - 300682　行业：计算机-计算机应用-IT服务）						+自选
价格：215.600		转股价值：216.56		税前收益：-11.77%		成交(万)：38511.55
涨幅：0.55%		溢价率：-0.44%		税后收益：-12.20%		当日换手：28.92%
转债起始日	2021-06-15	回售起始日	2024-12-09	到期日	2026-12-08	发行规模(亿)	8.000
转股价	15.40	回售价	100.00 *	剩余年限	5.096	剩余规模(亿)	6.278
股东配售率	77.26%	转股代码	123083	到期赎回价	110.00	转债占比[1]	2.59%
网上中签率	0.0022%	已转股比例	21.53%	正股波动率	50.69%	转债占比[2]	1.82%
折算率	0.000	质押代码	123083	主体评级	AA	债券评级	AA
担保	无担保						
募资用途	本次发行拟募集资金总额不超过人民币80,000.00万元，在扣除相关发行费用后： 1、31,328.50万元用于"能源物联网系统建设项目"； 2、25,707.20万元用于"朗新云研发项目"； 3、22,964.30万元用于补充流动资金						

图 3-14　朗新转债详情

如果可转债马上要进入最后两个计息年度，此时可转债的价格不高并且马上要触发转股价下修条款或者马上要触发回售条款，投资者可以关注一下这种可转债。到了最后两个计息年度，在满足一定条件的情况下就可以触发可转债的回售条款了，如果此时发行可转债的公司不想还钱就需要下修转股价，而下修转股价就会提高可转债的转股价值，可转债的价格就会上涨。

同样这种操作也是有一定风险的，那就是如果发行可转债的公司不进行转股价的下修，可转债触发了回售条款，那么投资者就要考虑将可转债回售或等待发行可转债的公司将其进行到期赎回了。如果投资者买入可转债的价格高于回售价或者到期赎回价，那么就很容易造成亏损；如果投资者买入可转债的价格低于回售价或者到期赎回价，那么还能够保本；如果投资者买入可转债的价格低于 100 元/张，只要可转债不违约，那么投资者基本上就能赚到钱了。

目前可转债退市绝大部分还是以强赎的形式退市的，也就是说，不会等到可转债到期的时候再退市，只有极少部分的可转债是在到期后退市的。因此，大部分的可转债等不到到期就被强赎了，所谓的剩余年限也就显得不那么重要了。

3.2.17 评级

评级就是对可转债的发行主体和可转债进行的等级评定，可转债的发行主体就是发行可转债的公司，评级是由专业的评级机构进行的，每年一次。因此，可转债的债券评级是会发生变化的，评级越高说明可转债越安全，比较靠谱。

评级分为主体评级和债券评级，其对象分别是发行可转债的公司和可转债，因此两个评级要综合来看，不能只看主体评级或者只看债券评级。

评级的等级分为 AAA、AA、A、BBB、BB、B、CCC、CC、C 九个等级，其中每个等级又可以用 "+" 或者 "-" 进行上下浮动的调整，A+比 A 等级高，A 比 A-等级高，以此类推。

如图 3-15 所示，目前在我国 A 股市场中可转债最低的评级是 B，仅有一只可转债的评级是 B，并且只有 5 只可转债的评级在 A 以下，而美股市场中的可转债有评级的大部分都在 A 以下，还有不少美国市场中的可转债是没有评级的，违约的情况屡见不鲜。相比之下，我国可转债市场中的绝大部分可转债都是 A 级以上的，到目前为止还没有出现过一例违约的情况，由此可见我国的可转债市场还是比较安全的。

可转债的评级在投资者筛选可转债的时候也是比较重要的一个参数，评级越高的可转债越安全，投资者投资这样的可转债，本金的安全性相对来说更有保障。不要认为在 A 股市场中没有出现过可转债违约的情况就忽略可转债的评级问题，以前没有违约不代表未来没有，我们辛辛苦苦赚钱不容易，投资时要谨慎、谨慎、再谨慎。

代码	转债名称	现 价	涨跌幅	正股名称	正股价	正股涨跌	正股PB	转股价	转股价值	溢价率	纯债价值	债券评级	期权价值
128085	鸿达转债!	134.020	0.92%	鸿达兴业	5.21	1.36%	1.55	3.91	133.25	0.58%	100.00	B	增强
128062	亚药转债	93.461	-0.36%	亚太药业	4.22	-0.94%	4.00	16.25	25.97	259.89%	52.36	BB	增强
123015	蓝盾转债	224.260	0.12%	蓝盾股份	3.41	0.29%	2.38	5.79*	58.89	280.78%	57.08	BBB-	增强
113595	花王转债	96.120	-0.77%	ST花王	3.06	0.66%	0.94	6.92	44.22	117.37%	62.33	BBB+	增强
113576	起步转债!	138.000	1.64%	ST起步	5.24	-0.76%	1.66	10.55	49.67	177.84%	63.37	BBB+	增强
128013	洪涛转债	111.000	0.68%	洪涛股份	2.39	1.70%	1.04	2.32***	103.02	7.75%	98.63	A-	增强
128082	华锋转债	160.949	-1.14%	华锋股份	14.30	-3.96%	2.33	9.13**	156.63	2.76%	79.77	A	增强
113027	华钰转债	154.690	1.36%	ST华钰	14.60	1.11%	3.03	10.17	143.56	7.75%	78.80	A	增强
128100	搜特转债	100.419	0.30%	搜于特	1.47	-0.68%	2.76	1.62**	90.74	10.67%	74.31	A	增强
113628	晨丰转债	111.860	1.25%	晨丰科技	11.39	1.79%	1.61	13.06	87.21	28.26%	66.13	A	增强

(a)

代码	转债名称	现 价	涨跌幅	正股名称	正股价	正股涨跌	正股PB	转股价	转股价值	溢价率	纯债价值	债券评级	期权价值
127049	希望转2	100.000	0.00%	新希望	16.20	3.78%	2.11	14.45	112.11	-10.80%	90.54	AAA	增强
110041	蒙电转债	145.030	9.41%	内蒙华电	3.74	10.00%	1.60	2.56	146.09	-0.73%	101.31	AAA	增强
110033	国贸转债!	101.640	-0.22%	厦门国贸	6.87	1.03%	0.48	6.72*	102.23	-0.58%	101.67	AAA	增强
113009	广汽转债	129.270	3.96%	广汽集团	17.60	5.26%	2.08	13.92	126.44	2.24%	105.16	AAA	增强
113026	核能转债	129.900	0.74%	中国核电	7.17	-0.28%	1.68	5.73	125.13	3.81%	98.18	AAA	增强
110061	川投转债!	149.210	1.94%	川投能源	13.13	2.02%	1.85	9.20	142.72	4.55%	97.28	AAA	增强
110079	杭银转债	126.120	0.10%	杭州银行	14.40	-1.44%	0.97	12.99*	110.85	13.77%	93.67	AAA	增强
110057	现代转债	113.590	0.34%	国药现代	9.37	-0.32%	1.11	9.79	95.71	18.68%	99.20	AAA	增强
127018	本钢转债	112.300	-0.11%	本钢板材	4.29	-2.28%	0.74	4.55	94.29	19.11%	109.96	AAA	增强
110053	苏银转债	119.070	-0.46%	江苏银行	6.34	-2.31%	0.50	6.37	99.53	19.63%	106.76	AAA	增强

(b)

图 3-15 可转债的债券评级

3.2.18 担保

可转债的担保就相当于一份承诺,由担保人为被担保人兜底。也就是说,当被担保人违约而不能履行义务的时候,担保人就要替被担保人履行相关的义务了。

假如张三想要向李四借 10 万元,承诺一年以后连本带息还给李四 11 万元,但张三平时没工作,李四担心张三还不上钱,这时张三找来王五为自己做担保,王五是个非常有钱的大老板,为人也信守承诺。王五愿意为张三做担保,如果一年以后张三还不上李四的钱,那么就由王五替张三将 11 万元还给李四,这样李四将钱借出去的风险就比较低。

关于可转债的担保情况可以在集思录网站中看到,详细的担保内容可以在可转债的募集说明书中看到。

如图 3-16 和图 3-17 所示,分别是中钢转债的担保情况和今飞转债的担保情况,可以看到此时中钢转债是没有担保人的,今飞转债有担保人,其担保人为富源今飞房地产开发有限公司。

中钢转债 – 127029 (正股: 中钢国际[R] – 000928　行业: 建筑装饰–专业工程–国际工程承包)						+自选
价格: 131.730		转股价值: 115.89		税前收益: -2.14%		成交(万): 4164.92
涨幅: 0.65%		溢价率: 13.67%		税后收益: -2.69%		当日换手: 3.86%
转股起始日	2021-09-27	回售起始日	2025-03-18	到期日	2027-03-18	发行规模(亿)	9.600
转股价	5.79	回售价	100.00 *	剩余年限	5.370	剩余规模(亿)	8.201
股东配售率	20.71%	转股代码	127029	到期赎回价	113.00	转债占比[1]	9.55%
网上中签率	0.0120%	已转股比例	14.57%	正股波动率	64.92%	转债占比[2]	9.55%
折算率	0.000	质押代码	127029	主体评级	AA+	债券评级	AA+
担保	无					
募资用途	内蒙古(奈曼)经安有色金属材料有限公司年产 120 万吨镍铁合金 EPC 总承包项目补充流动资金					
转股价下修	当公司A股股票在任意连续三十个交易日中至少有十五个交易日的收盘价低于当期转股价格的85%时 注: 转股价不得低于每股净资产(以招募说明书为准)					

图 3-16　中钢转债担保情况

在中钢转债的募集说明书中关于担保部分的内容如下:因为公司未经审计的净资产高于 15 亿元人民币,所以可以不用提供担保,如果公司出现经营问题或者不利变化造成无法对可转债进行赎回,在没有担保人的情况下,就需要投资者自行承担损失了。

今飞转债 – 128056 (正股：今飞凯达 – 002863 行业：汽车-汽车零部件Ⅱ-汽车零部件Ⅲ)							+自选
价格：	113.699	转股价值：	76.68	税前收益：	1.73%	成交(万)：	616.79
涨幅：	1.08%	溢价率：	48.27%	税后收益：	0.66%	当日换手：	3.17%
转股起始日	2019-09-06	回售起始日	2023-02-28	到期日	2025-02-28	发行规模(亿)	3.680
转股价	6.69	回售价	100.00 *	剩余年限	3.321	剩余规模(亿)	1.723
股东配售率	13.24%	转股代码	128056	到期赎回价	115.00	转债占比[1]	6.73%
网上中签率	0.0819%	已转股比例	53.18%	正股波动率	43.97%	转债占比[2]	6.73%
折算率	0.000	质押代码	128056	主体评级	A+	债券评级	A+
担保	富源今飞房地产开发有限公司						
募资用途	本次发行计划募集资金总额不超过36,800.00万元,在扣除发行费用后： 1、拟17,800.00万元用于年产300万件铝合金汽车轮毂成品生产线项目； 2、9,000.00万元用于年产500万件铝合金摩托车轮毂项目； 3、10,000.00万元用于偿还银行贷款。						
转股价下修	在本次发行的可转换公司债券存续期间，当公司股票在任意连续20个交易日中至少有10个交易日的收盘价低于当期转股价格的90%时 注：转股价或可以低于每股净资产（以招募说明书为准）						

图 3-17 今飞转债担保情况

二、关于本次发行不提供担保的说明

根据《上市公司证券发行管理办法》第二十条的规定：公开发行可转换公司债券，应当提供担保，但最近一期末经审计的净资产不低于人民币十五亿元的公司除外。

根据大华会计师事务所（特殊普通合伙）出具的"大华审字（2020）003683号"《审计报告》，截至2019年12月31日，公司经审计的净资产为521,734.15万元，归属于母公司股东权益合计为515,337.06万元。截至2020年6月30日，公司未经审计的净资产为526,688.92万元，归属于母公司股东权益合计为520,127.29万元，均超过15亿元，因此本次可转换公司债券符合不设担保的条件。本次债券为无担保信用债券，无特定的资产作为担保品，也没有担保人为本次债券承担担保责任。如果公司受经营环境等因素的影响，经营业绩和财务状况发生重大不利变化，债券投资者可能面临因本次发行的可转债无担保而无法获得补偿的风险。

在今飞转债的募集说明书中关于担保部分的内容如下，可以看到今飞转债的担保人为富源今飞房地产开发有限公司，和集思录网站中显示的是一样的，并且担保人的相关责任也都解释得比较清楚，受益人为全体债券持有人，保护了债权人的利益。

第 3 章 可转债的相关指标

三、关于公司本次发行可转债的担保事项

根据《上市公司证券发行管理办法》第二十条规定：公开发行可转换公司债券，应当提供担保，但最近一期末经审计的净资产不低于人民币十五亿元的公司除外。截至 2017 年 12 月 31 日，公司经审计的净资产为 9.21 亿元，低于 15 亿元，因此公司需对本次公开发行的可转换公司债券发行提供担保，具体担保情况如下。

富源今飞房地产开发有限公司为本次公开发行的可转换公司债券提供保证，担保范围为本公司经中国证监会核准发行的可转债 100%本金及利息、违约金、损害赔偿金及实现债权的合理费用，担保的受益人为全体债券持有人，以保障本次可转债的本息按照约定如期足额兑付。同时，股东大会授权董事会在富源今飞房地产开发有限公司为本次公开发行的可转换公司债券提供保证的基础上择机增加适当增信方式用以保障本次可转债的本息按照约定如期足额兑付。

因为今飞转债的评级比较低，并且今飞转债的发行公司的审计净资产低于 15 亿元，所以才需要担保人给投资者提供保障，而中钢转债的发行公司实力比较雄厚，可以没有担保人。

担保可以被理解为发行可转债的公司由于自身实力不够，因此需要找一个有话语权的"大哥"站出来替自己说话，这样就能把自家发行的可转债拉到和那些本身有实力的大公司发行的可转债差不多的地位上，这是为了保护投资者的权益。

3.2.19 转股价调整历史

"转股价调整历史"这个指标是可转债转股价调整的一个历史记录，当发行可转债的公司分红派息或者增发股本的时候就会向下调整转股价，这是为了让可转债的价格不至于产生特别大的波动，在可转债详情中，我们在"转股价格调整历史"一栏中可以看到转股价格下调的类型，一般是"分红派息"，而"下修"就是指下修转股价了，"下修"是值得注意的（见图 3-18），艾华转债的发行公司在 2018 年 8 月 10 日召开过股东大会，并且在 8 月 13 日成功下修了转股价，其他转股价调整的类型为"分红派息"。

艾华转债 - 113504（正股：艾华集团R - 603989　行业：电子-元件Ⅱ-被动元件）							+自选
价格：196.090		转股价值：194.62		税前收益：-22.59%		成交(万)：13604.67	
涨幅：-1.91%		溢价率：0.86%		税后收益：-23.11%		当日换手：14.37%	
转债起始日	2018-09-08	回售起始日	2022-03-02	到期日	2024-03-02	发行规模(亿)	6.910
转股价	20.81	回售价	100.00*	剩余年限	2.323	剩余规模(亿)	4.755
股东配售率	82.47%	转股代码	113504	到期赎回价	106.00	转债占比¹	2.94%
网上中签率	0.0219%	已转股比例	31.19%	正股波动率	41.51%	转债占比²	2.94%
折算率	0.000	质押代码	113504	主体评级	AA	债券评级	AA
担保	无担保						
募资用途	本次公开发行可转债拟募集资金总额不超过人民币6.91亿元，扣除发行费用后拟用于以下项目： 1、引线式铝电解电容器升级及扩产项目，拟使用募集资金30,600.00万元； 2、牛角式铝电解电容器扩产项目，拟使用募集资金10,200.00万元； 3、叠层片式固态铝电解电容器生产项目，拟使用募集资金10,800.00万元； 4、新疆中高压化成箔生产线扩产项目，拟使用募集资金17,500.00万元						
转股价下修	在本次发行的可转债存续期间，当公司股票在任意连续三十个交易日中至少有十五个交易日的收盘价低于当期转股价格的80%时 注：转股价不得低于每股净资产（以招募说明书为准）						
转股价调整历史		股东大会	生效日期	新转股价	原转股价	调整类型	状态	说明
			2021-06-24	20.810	21.130	其他	成功	2020年每10股派3.2元
			2020-06-19	21.130	21.430	其他	成功	每10股派发现金红利3元
			2019-06-20	21.430	21.730	其他	成功	每10股派息3.00元
		2018-08-10	2018-08-13	21.730	27.530	下修	成功	下调转股价
强制赎回	在转股期内，如果公司股票在任何连续三十个交易日中至少十五个交易日的收盘价格不低于当期转股价格的130%（含130%）						
回售	在本次发行的可转债最后两个计息年度，如果公司股票在任何连续三十个交易日的收盘价格低于当期转股价的70%时						
利率	第一年为0.30%、第二年为0.50%、第三年为1.00%、第四年为1.50%、第五年为1.80%、第六年为2.00%						
税前YTM计算公式	1.80/(1+x)^1.323 + 1.50/(1+x)^0.323 + 106.000/(1+x)^2.323 - 196.2900 = 0						

图 3-18　艾华转债转股价调整历史

3.2.20　利率

可转债相对一般的债券来说利息是比较低的。如图 3-18 所示，艾华转债的利率第一年为 0.3%，也就是说，艾华转债第一年的利息为 100×0.3%=0.3 元/张。艾华转债第二年的利息为 100×0.5%=0.5 元/张，第三年利息为 100×1%=1 元/张……可以看出，与普通债券的利息收益相比，可转债的利息收益很少。

3.3 可转债的其他指标

经过对可转债的核心指标和重要指标的了解，相信各位读者对可转债已经不再陌生了。接下来再来了解一下可转债的其他指标，可以使读者对可转债的了解更加全面，对可转债的理解更为透彻。

3.3.1 转股起始日

转股起始日是指可转债可以转股的时间，也就是可转债进入转股期的时间。如图 3-18 所示，艾华转债的转股起始日是 2018 年 9 月 8 日，说明艾华转债从 2018 年 9 月 8 日就进入了转股期，可以开始转股了。

3.3.2 回售起始日

回售起始日是指可转债进入回售期的时间，也就是可转债进入最后两个计息年度的日子，如果可转债满足回售条件，在到了回售起始日的时候，可转债就可以进行回售了。如图 3-18 所示，艾华转债的回售起始日是 2022 年 3 月 2 日，从回售起始日开始，可转债就进入了回售期，当可转债满足回售条件时投资者是可以申请回售的。

3.3.3 到期日

到期日是指可转债作为债券到期的时间，在到期日以后的交易日可转债就不能再被交易或者转股了，发行可转债的公司会以到期赎回价格从投资者手中赎回可转债。如图 3-18 所示，艾华转债的到期日为 2024 年 3 月 2 日，如果投资者过了艾华转债的到期日，仍然持有艾华转债就不能再进行转股和交易了，只能等待到期赎回。

3.3.4 发行规模

通过可转债的发行规模可以查到可转债的发行量，也就是说，发行可转债的公司要募集的资金是多少，发行量越大，说明发行可转债的公司募集的资金越多，相对发行规模比较小的可转债来说，发行量大的可转债在投资者参与打新的时候中签率相对高一些。

中钢转债和东财转3的发行规模如图3-19和图3-20所示。

图 3-19　中钢转债发行规模

图 3-20　东财转债了发行规模

从上面的图中可以看到，东财转3的发行规模是158亿元，而中钢转债的发行规模是9.6亿元，募集资金规模的大小也能在一定程度上体现发行可转债的公司实力的大小。

3.3.5　剩余规模

剩余规模是指当前市场中没有转股的可转债还有多少。从图3-21中可以看出，中钢转债目前的剩余规模为8.201亿元。在这里要注意，如果剩余规

第 3 章　可转债的相关指标

模小于一定的数量，有可能触发可转债的强赎条款，具体的内容还需要投资者查看可转债募集说明书中的有条件赎回条款。

中钢转债 - 127029 (正股：中钢国际R - 000928　行业：建筑装饰-专业工程-国际工程承包)								+自选
价格：131.500		转股价值：114.68		税前收益：-2.10%		成交(万)：353.88		
涨幅：-0.17%		溢价率：14.67%		税后收益：-2.66%		当日换手：0.33%		
转股起始日	2021-09-27	回售起始日	2025-03-18	到期日	2027-03-18	发行规模(亿)	9.600
转股价	5.79	回售价	100.00*	剩余年限	5.367	剩余规模(亿)	8.201
股东配售率	20.71%	转股代码	127029	到期赎回价	113.00	转债占比1	9.65%
网上中签率	0.0120%	已转股比例	14.57%	正股波动率	64.91%	转债占比2	9.65%
折算率	0.000	质押代码	127029	主体评级	AA+	债券评级	AA+
担保	无						

图 3-21　中钢转债剩余规模

3.3.6　股东配售率

在可转债发行的时候持有公司正股的股东可以对可转债进行优先配售，发行可转债对于小股东来说是有稀释股权的影响的。假设 A 公司股票总数是 1,000 万股，张三作为小股东持有公司 10 万股的股票，那么此时张三的股权就是 1%，如果可转债进行转股，A 公司的股票总数变成了 1,500 万股，而张三不再进行资金投入，那么此时张三的股权就变成了 0.67%，张三的股权就被稀释了。

为了保护原股东的权益，发行可转债的公司在发行可转债之前会优先向原股东进行配售。持有公司股票的股东，会按照一定的比例进行可转债的分配，这是股东的权利，股东既可以行使股东配售权利，也可以不行使股东配售权利。

股东配售率是指针对发行可转债的公司发行的可转债，原股东配售的份额占全部发行可转债总量的比例。如图 3-22 所示，百润转债的股东配售率为 88.23%，说明公司发行的百润转债有 88.23% 是配售给原股东的，那么剩余的 11.77% 是面向社会投资者公开发行的。

股东配售率高，在一定程度上说明公司股东对可转债看好，纷纷开始进行配售，相应地，散户打新申购的中签率就变低了，毕竟发行可转债的公司是优先向股东配售可转债的。

百润转债 – 127046（正股：百润股份 – 002568　行业：食品饮料-饮料制造-其他酒类）						+自选
价格：138.670		转股价值：102.33		税前收益：–3.16%	成交(万)：23872.86	
涨幅：–1.30%		溢价率：35.51%		税后收益：–3.59%	当日换手：15.12%	
转股起始日	2022-04-12	回售起始日	2025-09-29	到期日	2027-09-28	发行规模(亿)	11.280
转股价	66.89	回售价	100.00 *	剩余年限	5.899	剩余规模(亿)	11.280
股东配售率	88.23%	转股代码	未到转股期	到期赎回价	110.00	转债占比^1	3.22%
网上中签率	0.0014%	已转股比例	0.00%	正股波动率	57.08%	转债占比^2	2.20%
折算率	0.000	质押代码	127046	主体评级	AA	债券评级	AA
担保	无						

图 3-22　百润转债股东配售率

3.3.7　转股代码

可转债的转股代码是在可转债进行转股的时候需要用到的，和股票代码是不同的，当投资者要将可转债进行转股的时候，输入对应的转股代码进行委托就可以进行转股操作。如图 3-23 所示，朗新转债的转股代码是 123083，具体的内容也可以在可转债的转股公告中进行查询。

朗新转债 – 123083（正股：朗新科技 – 300682　行业：计算机-计算机应用-IT服务）						+自选
价格：201.450		转股价值：200.26		税前收益：–10.57%	成交(万)：30506.69	
涨幅：–6.56%		溢价率：0.59%		税后收益：–11.02%	当日换手：23.65%	
转股起始日	2021-06-15	回售起始日	2024-12-09	到期日	2026-12-08	发行规模(亿)	8.000
转股价	15.40	回售价	100.00 *	剩余年限	5.093	剩余规模(亿)	6.274
股东配售率	77.26%	转股代码	123083	到期赎回价	110.00	转债占比^1	2.80%
网上中签率	0.0022%	已转股比例	21.57%	正股波动率	50.47%	转债占比^2	1.96%
折算率	0.000	质押代码	123083	主体评级	AA	债券评级	AA
担保	无担保						

图 3-23　朗新转债详情

3.3.8　转债占比

转债占比表示的是可转债剩余规模占正股流通总市值或者正股总市值的一个比例，转债占比的计算公式如下。

转债占比=可转债剩余市值/正股流通总市值×100%。

转债占比=可转债剩余市值/正股总市值×100%。

第 3 章　可转债的相关指标

投资者计算可转债的转债占比一般用第一个计算公式。如图 3-24 所示，朗新转债的转债占比为 2.8%。

朗新转债 – 123083（正股：朗新科技 – 300682　行业：计算机-计算机应用-IT服务）							+自选
价格：201.450		转股价值：200.26		税前收益：–10.57%		成交(万)：30506.69	
涨幅：–6.56%		溢价率：0.59%		税后收益：–11.02%		当日换手：23.65%	
转股起始日	2021-06-15	回售起始日	2024-12-09	到期日	2026-12-08	发行规模(亿)	8.000
转股价	15.40	回售价	100.00 *	剩余年限	5.093	剩余规模(亿)	6.274
股东配售率	77.26%	转股代码	123083	到期赎回价	110.00	转债占比^1	2.80%
网上中签率	0.0022%	已转股比例	21.57%	正股波动率	50.47%	转债占比^2	1.96%
折算率	0.000	质押代码	123083	主体评级	AA	债券评级	AA
担保	无担保						

图 3-24　朗新转债转债占比

转债占比这个指标有什么用？如果转债占比很高，说明发行可转债的公司赎回可转债时资金压力是很大的。发行可转债的公司为了避免这种资金压力就会促使可转债进行转股，发行可转债的公司很可能对可转债进行强赎，如果触发转股价下修条款，那么发行可转债的公司很有可能会下修转股价。

投资者需要明白，转债占比过大，是可转债的规模大还是发行可转债的公司的市值在下降，要留意一下是不是发行可转债的公司最近出现了什么问题，其基本面有没有变差。

3.3.9　网上中签率

网上中签率就是面向社会投资者发行的可转债的中签率，网上中签率的计算公式为：可转债网上中签率=可转债面向社会发行的总张数/网上申购总张数。

从希望转 2 的网上发行中签率及优先配售结果公告中可以看到希望转 2 网上申购的中签率是 0.0231%，希望转 2 网上中签率公告如图 3-25 所示。

三、社会公众投资者网上申购结果及发行中签率

本次发行最终确定的网上向社会公众投资者发行的希望转 2 总计为 22,598,910 张，即 2,259,891,000 元，占本次发行总量的 27.73%，网上中签率为 0.023,095,127,8%。

及巨潮资讯网上公告。申购者根据中签号码，确认认购可转债的数量，每个中签号只能购买 10 张（即 1,000 元）希望转 2。

四、本次发行配售结果汇总如下：

类别	有效申购数量（张）	实际获配数量（张）	中签率/配售比例
原股东	58,901,090	58,901,090	100%
网上社会公众投资者	97,851,417,420	22,598,910	0.023,095,127,8%
合计	97,910,318,510	81,500,000	

图 3-25　希望转 2 网上中签率公告

根据深交所提供的网上申购数据，本次网上向社会公众投资者发行的有效申购数量为 97,851,417,420 张，配号总数为 9,785,141,742 个，起讫号码为 000000000001-009785141742。

发行人和联席主承销商将在 2021 年 11 月 3 日（T+1 日）举行摇号抽签仪式，摇号中签结果将在 2021 年 11 月 4 日（T+2 日）在《证券时报》《上海证券报》公布。

现在参与可转债打新的人越来越多，造成可转债的中签率越来越低。从图 3-25 中可以看到原股东配售的比例是 100%，现在有不少投资者在发行可转债的公司发行可转债之前就买入该公司的正股，等待可转债发行后享有股东配售的权利，这种操作就是可转债的抢权配售。

关于可转债的网上中签率也可以在相关网站中查看。如图 3-26 所示，在希望转 2 详情页面中可以看到其网上中签率为 0.023,1%，投资者可以不用再去公告里面查看了。

图 3-26　希望转 2 网上中签率

3.3.10 已转股比例

已转股比例是指已经转股的可转债占可转债发行总数的比例,通过"已转股比例"这个指标可以了解到可转债当前的转股进度。

如图 3-27 所示,可以看到朗新转债的已转股比例为 21.57%。

朗新转债 – 123083（正股：朗新科技 – 300682　行业：计算机-计算机应用-IT服务）								+自选
价格: 201.450		转股价值: 200.26		税前收益: -10.57%		成交(万): 30506.69		
涨幅: -6.56%		溢价率: 0.59%		税后收益: -11.02%		当日换手: 23.65%		
转股起始日	2021-06-15	回售起始日	2024-12-09	到期日	2026-12-08	发行规模(亿)	8.000
转股价	15.40	回售价	100.00 *	剩余年限	5.093	剩余规模(亿)	6.274
股东配售率	77.26%	转股代码	123083	到期赎回价	110.00	转股占比[1]	2.80%
网上中签率	0.0022%	已转股比例	21.57%	正股波动率	50.47%	转债占比[2]	1.96%
折算率	0.000	质押代码	123083	主体评级	AA	债券评级	AA
担保	无担保						

图 3-27　朗新转债已转股比例

3.3.11 正股波动率

正股波动率表示的是可转债所对应正股价格的波动程度,一般来说,正股波动率高的可转债容易获取不错的收益。

假设 A 转债对应的 A 股票在过去一年内股价最低是 10 元/股,最高为 20 元/股,那么此时 A 转债对应的正股波动率为 100%,如果 A 股票在过去一年内股价最低是 10 元/股,最高是 15 元/股,那么此时 A 转债对应的正股波动率为 50%。

因为可转债作为债券是有保底属性的,正股的波动率越高,在一定程度上来说对可转债是越有利的。正股波动率高,股价有可能向下波动,一直下跌,那么这时可转债作为债券,投资者可以回售或等待到期赎回,也就是说,不管正股的价格跌得多厉害,只要发行可转债的公司不违约,投资者还是可以保住本金的。

但如果正股价格不断上涨,那么可转债的价格也会随着正股价格的上涨而上涨。正股价格上涨,可转债的价格随之上涨,容易触发可转债的强赎条款，投资者就能获得不错的收益。

如图 3-28 所示，朗新转债的正股波动率为 50.47%。

朗新转债-123083（正股：朗新科技-300682　行业：计算机-计算机应用-IT服务）						+自选
价格：201.450		转股价值：200.26		税前收益：-10.57%	成交(万)：30506.69	
涨幅：-6.56%		溢价率：0.59%		税后收益：-11.02%	当日换手：23.65%	
转股起始日	2021-06-15	回售起始日	2024-12-09	到期日	2026-12-08	发行规模(亿)	8.000
转股价	15.40	回售价	100.00*	剩余年限	5.093	剩余规模(亿)	6.274
股东配售率	77.26%	转股代码	123083	到期赎回价	110.00	转债占比1	2.80%
网上中签率	0.0022%	已转股比例	21.57%	正股波动率	50.47%	转债占比2	1.96%
折算率	0.000	质押代码	123083	主体评级	AA	债券评级	AA
担保	无担保						

图 3-28　朗新转债正股波动率

3.4　小结

通过对本章的学习，相信读者对可转债这种投资品已经有了相当深入的了解。我们对可转债的四个核心指标：转股价、强赎条款、回售条款和转股价下修条款，还有可转债的一些重要指标和其他指标都进行了学习，可转债对于新手投资者或者普通投资者来说确实是一个比较不错的投资品，其"上不封顶，下有保底"的特性确实对普通投资者比较友好。

要记住，发行可转债的公司发行可转债大部分到最后都是不想还钱的，也就是说，发行可转债的公司会想办法促使可转债进行转股，接下来发行可转债的公司就会想办法让可转债触发强赎条款，我们投资也主要是为获得可转债触发强赎条款后的收益；如果发行可转债的公司不打算强赎，而是等着到期赎回，投资者最终也可以获得来自到期赎回的收益；如果可转债触发了回售条款，投资者可以将可转债进行回售。但是我们要明白，投资可转债不是真的为了获得可转债作为债券的收益，而是为了获得可转债触发强赎条款所带来的收益和可转债转股以后的收益。

第 3 章　可转债的相关指标

可转债投资很容易上手，就是概念比较多，但是理解了也就没什么了，读一本书换取一种投资技能，是值得的。

本章对可转债进行了一个比较全面的分析，做投资要清清楚楚地做，清楚自己在干什么，想要什么，最后可能得到什么。

第二部分 低风险的可转债投资方法与策略

第 4 章
可转债打新

学习了可转债的相关指标后,相信读者对可转债已经有了深入的了解,也逐渐揭开了可转债曾经神秘的面纱,可转债并没有那么复杂,只是相关的概念和条款有点多。

和投资股票相比,投资可转债并没有那么多陷阱,即使发行可转债的公司出了问题,投资者的亏损也有一个限度,不会像投资股票一样可能造成难以承受的严重亏损。

接下来,我们就来一起学习和了解一下怎样进行可转债交易及其相关策略。

第 4 章 可转债打新

本章主要涉及的知识点如下。

- 可转债打新注意事项：了解打新规则，避免胡乱操作。
- 可转债打新的优势：了解打新优势，充分利用打新。
- 可转债打新的流程：熟悉打新流程，避免损失。
- 可转债上市交易规则：掌握交易规则，争取利益最大化。

通过本章的学习，读者可以了解并掌握可转债的打新流程和上市交易规则。

注意：本章重点掌握可转债的打新规则和流程，了解可转债上市规则。

4.1 什么是打新债

打新债就是申购可转债，在可转债上市前投资者可以对可转债进行申购，这一操作就叫作可转债的打新，也叫作打新债。可转债的打新操作是比较容易的，而且可转债的打新门槛也比较低，非常适合普通投资者和新手投资者。

4.1.1 打新债和打新股的区别

打新债和打新股还是有很多不同的，主要体现在申购门槛不同、风险和收益不同、上市首日涨停/跌停规则不同。

1. 申购门槛不同

在 A 股市场中新股申购是有条件的，即投资者需要满足一定的条件才有资格申购新股，其中沪深两市的申购策略也有所不同，在新股申购日的前两天再往前推 20 个交易日，投资者账户中要持有至少 10,000 市值的证券才有新股的申购额度，并且沪深两市的市值是分开计算的。

在沪深两市中都是 10,000 市值起步的。沪市中的 10,000 市值可申购 1,000

股，深市中的 5,000 市值可申购 500 股。也就是说，投资者想要申购新股，其账户中需要持有一定市值的股票以满足申购新股的基本条件。投资者的账户中拥有一定市值的股票只是申购新股的门槛，投资者如果想要多申购新股就要提高持仓交易的市值；如果投资者想要提高中签率，那就多申购一些。对于普通投资者来说，这样的要求难免有些高了，在新股申购的门槛这里就挡住了一部分投资者。

申购可转债就没有申购新股这样的门槛了，投资者只需要拥有一个证券账户，开通可转债的交易权限，然后进行申购就可以了，而且一般申购可转债都是顶格申购的，一般顶格申购是 10,000 张，配 1,000 个号，对普通投资者比较友好。

不过也正是因为可转债的申购没有门槛，先申购，中签后再缴费，现在越来越多的投资者都来参与可转债打新了，2018 年的时候差不多有 500,000 名投资者参与，到 2021 年差不多有 10,000,000 名投资者参与了可转债的打新，相应地可转债的中签率就变得很低了。

目前在 A 股市场中新股的中签率都是比较低的，如图 4-1 和图 4-2 所示。如图 4-3 所示，最近 A 股市场中新债的中签率也是很低的。

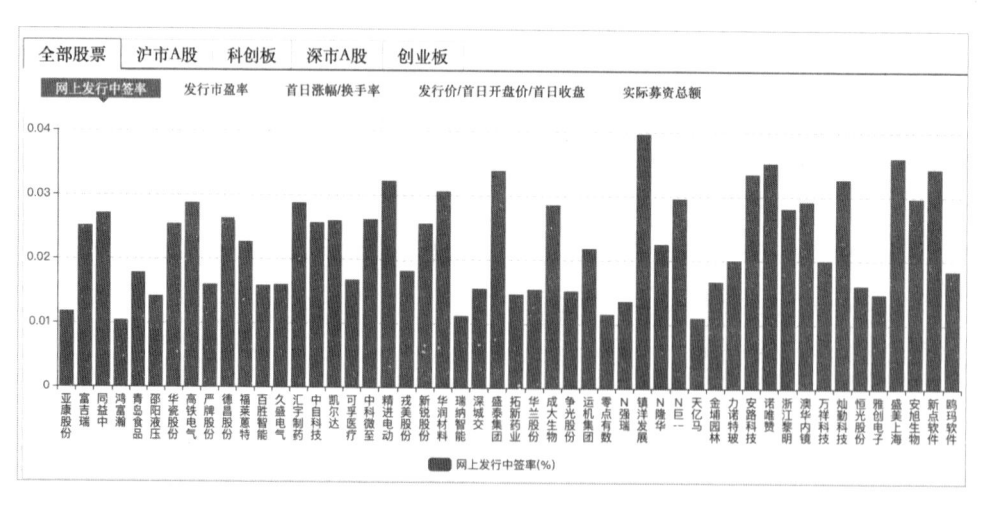

图 4-1 近期 A 股新股中签率柱状图（来源：东方财富网）

第 4 章　可转债打新

相关新股一览表

股票代码	股票简称	相关链接	申购代码	发行总数(万股)	网上发行(万股)	申购上限(万股)	发行价格	现价	首日收盘价	申购日期	中签号公布日	上市日期	发行市盈率	中签率(%)
301185	鸥玛软件	详细 数据 股吧	301185	3836	1860	1.05	11.88	-	-	21-11-09(周二)	11-11	-	34.04	0.018369
688232	新点软件	详细 数据 股吧	787232	8250	2691	1.95	48.49	-	-	21-11-08(周一)	11-10>>	-	40.75	0.03429
688075	安旭生物	详细 数据 股吧	787075	1533	584	0.40	78.28	-	-	21-11-08(周一)	11-10>>	-	7.44	0.029692
688082	盛美上海	详细 数据 股吧	787082	4336	1050	0.65	85.00	-	-	21-11-08(周一)	11-10>>	-	398.67	0.035985
301099	雅创电子	详细 数据 股吧	301099	2000	854	0.50	21.99	-	-	21-11-08(周一)	11-10>>	-	31.81	0.014757
301118	恒光股份	详细 数据 股吧	301118	2667	1267	0.75	22.70	-	-	21-11-05(周五)	11-09>>	-	25.51	0.016084
688182	仙乐科技	详细 数据 股吧	787182	10000	2800	2.10	10.50	-	-	21-11-05(周五)	11-09>>	-	15.77	0.032658
301180	万祥科技	详细 数据 股吧	301180	4001	1560	0.95	12.20	-	-	21-11-04(周四)	11-08>>	-	51.80	0.019945
688212	澳华内镜	详细 数据 股吧	787212	3334	1137	0.85	22.50	-	-	21-11-04(周四)	11-08>>	-	244.08	0.029152
603048	浙江集鹏	详细 数据 股吧	732048	3672	3305	1.40	17.37	-	-	21-11-04(周四)	11-08>>	-	22.99	0.028127
688105	诺唯赞	详细 数据 股吧	787105	4001	1032	0.65	55.00	-	-	21-11-03(周三)	-	-	27.02	0.035157
688107	安路科技	详细 数据 股吧	787107	5010	1294	0.85	26.00	-	-	21-11-03(周三)	11-05>>	11-12	-	0.033453
301188	力诺特玻	详细 数据 股吧	301188	5811	2360	1.35	13.00	-	-	21-11-02(周二)	11-04>>	11-11	35.57	0.020002
301098	金埔园林	详细 数据 股吧	301098	2640	1158	0.75	12.36	-	-	21-11-02(周二)	11-04>>	-	17.59	0.016675
301178	天亿马	详细 数据 股吧	301178	1178	1178	1.15	48.66	-	-	21-11-01(周一)	11-03>>	-	44.96	0.011007
688162	N巨一	详细 数据 股吧	787162	3425	1096	0.85	46.00	89.50	89.50	21-11-01(周一)	11-03>>	11-10	70.87	0.029603
301149	N隆华	详细 数据 股吧	301149	7000	2511	1.15	10.07	24.80	24.80	21-11-01(周一)	11-03>>	11-10	42.80	0.022175
603213	镇洋发展	详细 数据 股吧	732213	6526	5873	1.90	5.99	-	-	21-11-01(周一)	-	11-11	22.97	0.039648
301128	N强瑞	详细 数据 股吧	301128	1847	1847	1.80	29.82	56.10	56.10	21-10-29(周五)	11-02>>	11-10	38.00	0.013574
301169	零点有数	详细 数据 股吧	301169	1806	1806	1.80	19.39	42.67	46.82	21-10-21(周四)	10-25>>	11-03	29.27	0.011545
001288	运机集团	详细 数据 股吧	001288	4000	3600	1.60	14.55	16.72	20.00	21-10-20(周三)	10-22>>	11-01	22.99	0.021752
301092	争光股份	详细 数据 股吧	301092	3333	1617	0.95	36.31	41.46	36.09	21-10-19(周二)	10-21>>	11-02	54.59	0.015125
688739	成大生物	详细 数据 股吧	787739	4165	1199	0.75	110.00	78.37	80.00	21-10-19(周二)	10-21>>	10-28	54.24	0.028561

图 4-2　近期 A 股市场中新股中签率统计（来源：东方财富网）

债券简称	相关	申购日期	申购代码	申购上限(万元)	正股代码	正股简称	正股价	转股价	纯债价值	债底价	转股溢价率(%)	原股东配售股权登记日	每股配售额	发行规模(亿元)	中签号发布日	中签率(%)
山玻转债	详细 股吧	2021-11-08 周一	713006	100	605006	山东玻纤	13.82	13.91	99.35	100.00	0.65%	11-05	1.2000	6.00	11-10	0.0021
皖天转债	详细 股吧	2021-11-08 周一	754689	100	603689	皖天燃气	10.15	11.12	91.28	100.00	9.56%	11-05	2.7670	9.30	11-10	0.0013
锦鸡转债	详细 股吧	2021-11-04 周四	370798	100	300798	锦鸡股份	9.26	9.53	97.17	100.00	2.92%	11-03	1.4362	5.60	11-08	0.0041
希望转2	详细 股吧	2021-11-02 周二	070876	100	000876	新希望	15.37	14.45	106.37	100.00	-5.99%	11-01	1.8374	81.50	11-04	0.0231
首华转债	详细 股吧	2021-11-01 周一	370483	100	300483	首华燃气	18.82	25.02	75.22	100.00	32.94%	10-29	5.1371	13.79	11-03	0.0114
耐普转债	详细 股吧	2021-10-29 周五	370818	100	300818	耐普矿机	37.32	37.00	100.86	100.00	-0.86%	10-28	5.7870	4.00	11-02	0.0033
宏发转债	详细 股吧	2021-10-28 周四	733885	100	600885	宏发股份	77.81	72.28	107.65	100.00	-7.11%	10-27	2.6850	20.00	11-01	0.0085
春秋转债	详细 股吧	2021-10-27 周三	754212	100	603212	赛伍技术	32.50	32.90	98.78	100.00	1.23%	10-26	1.7490	7.00	10-29	0.0036
中大转债	详细 股吧	2021-10-26 周二	072896	100	002896	中大力德	21.46	22.10	97.10	100.00	2.98%	10-25	2.5961	2.70	10-28	0.0015
帝欧转债	详细 股吧	2021-10-25 周一	072798	100	002798	帝欧家居	13.78	13.53	101.85	100.00	-1.81%	10-22	3.8770	15.00	10-27	0.0079
百洋转债	详细 股吧	2021-09-29 周三	072568	100	002568	百润股份	69.05	66.89	91.12	135.02	48.18%	09-28	1.5064	11.28	10-01	0.0031
泉峰转债	详细 股吧	2021-09-14 周二	754982	100	603982	泉峰汽车	35.34	23.03	153.45	164.73	7.35%	09-13	3.0780	6.20	09-16	0.0038
瑞丰转债	详细 股吧	2021-09-10 周五	370243	100	300243	瑞丰高材	13.84	17.80	77.75	114.28	46.98%	09-09	1.4634	3.40	09-14	0.0012
元力转债	详细 股吧	2021-09-06 周一	370174	100	300174	元力股份	18.50	17.61	105.05	126.10	20.03%	09-03	2.8824	9.00	09-08	0.0051
益丰转债	详细 股吧	2021-08-23 周一	754685	100	603685	益丰药妆	11.47	13.06	87.83	112.58	28.19%	08-20	2.4550	4.15	08-25	0.0020
牧原转债	详细 股吧	2021-08-16 周一	072714	100	002714	牧原股份	56.09	47.91	117.07	139.74	19.02%	08-13	1.8145	95.50	08-18	0.0141
晶瑞转2	详细 股吧	2021-08-16 周一	370655	100	300655	晶瑞电材	43.50	50.31	86.46	126.15	45.90%	08-13	1.5353	5.23	08-18	0.0029
蒙娜转债	详细 股吧	2021-08-16 周一	072918	100	002918	蒙娜丽莎	19.52	27.07	72.11	117.67	63.18%	08-13	2.8518	11.69	08-18	0.0022
天合转债	详细 股吧	2021-08-13 周五	718599	100	688599	天合光能	67.86	50.51	134.35	155.52	15.76%	08-12	5.2390	52.52	08-17	0.0106
川恒转债	详细 股吧	2021-08-12 周四	072895	100	002895	川恒股份	31.28	21.02	148.81	167.10	12.23%	08-11	2.3749	11.60	08-16	0.0046
汇丰转债	详细 股吧	2021-08-12 周四	370666	100	300666	江丰电子	43.73	51.93	84.21	122.15	45.05%	08-11	2.2865	5.17	08-16	0.0033
嘉美转债	详细 股吧	2021-08-09 周一	072969	100	002969	嘉美包装	5.73	4.87	117.66	126.10	7.16%	08-06	0.7809	7.50	08-11	0.0070
富瀚转债	详细 股吧	2021-08-06 周五	370613	100	300613	富瀚微	156.11	177.04	88.18	129.76	47.16%	08-05	4.8352	5.81	08-10	0.0021

图 4-3　近期 A 股市场中新债中签率统计（来源：东方财富网）

2. 风险和收益不同

在 A 股市场中新股中签后的收益和风险比新债中签的收益和风险大，如图 4-4、图 4-5 和图 4-6 所示，最近新股中一签的获利基本在 -15,000 元到 15,000 元之间，当然也有比较火热的股票，其股价的波动更大一些，收益高的股票被人们称为"大肉签"，中一签的获利很高，赚几万元或者十几万元的情况也是有的。

股票简称	申购代码	发行总数（万股）	网上发行（万股）	申购上限（万股）	发行价格	最新价	首日收盘价	中签率（%）	涨幅%	每中一签获利（元）
N巨一	787162	3425	1096	0.8	46	89.5	89.5	0.029603	72.67	16715
N隆华	301149	7000	2511	1.15	10.07	24.8	24.8	0.022475	95.63	4815
N强瑞	301128	1847	1847	1.8	29.82	56.1	56.1	0.013574	44.8	6680
零点有数	301169	1806	1806	1.8	19.39	42.67	46.82	0.011545	138.99	13475
运机集团	1288	4000	3600	1.6	14.55	16.72	20	0.021752	38.49	2800
成大生物	787739	4165	1199	0.75	110	78.37	80	0.028561	-25.03	-13765
华兰股份	301093	-3367	1512	0.85	58.08	51.74	52.22	0.015374	-9.4	-2730
争光股份	301092	3333	1617	0.95	36.31	41.46	36.09	0.015125	0.88	160
盛泰集团	707138	5556	5000	1.6	9.97	11.49	14.36	0.033851	31.29	3120
瑞纳智能	301129	1842	1842	1.8	55.66	57.85	64.91	0.011202	20.46	5695
深城交	301091	4000	1730	1	36.5	31.62	33.59	0.015513	-8.93	-1630
拓新药业	301089	3150	1384	0.8	19.11	66.17	28.82	0.014607	53.01	5065
精进电动	787280	14756	3113	2.05	13.78	16.58	17.7	0.032189	25.25	1740
新锐股份	787257	2320	804	0.55	62.3	57.73	53.55	0.025567	-12.42	-3870
华润材料	301090	22191	6679	3.1	10.45	13.18	18.97	0.030602	41.63	2175
戎美股份	301088	5700	2728	1.6	33.16	26.88	28.79	0.018137	-10.98	-1820
中科微至	787211	3300	1261	0.9	90.2	80.55	78.81	0.026213	-8.65	-3900
可孚医疗	301087	4000	1919	1.1	93.09	82.23	88.97	0.016728	-5.11	-2380
中自科技	787737	2151	735	0.5	70.9	53.55	66.03	0.025666	-6.46	-2290
汇宇制药	787553	6360	1541	1	38.87	34.99	39.61	0.028724	3.29	640
凯尔达	787255	1960	675	0.45	47.11	41.33	52.18	0.025984	9.17	2160
久盛电气	301082	4041	1747	1	15.48	28.3	26.21	0.01596	73.32	5675
福莱蒽特	707566	3334	3001	1.3	32.21	29.5	40.2	0.022663	28.72	9250
德昌股份	707555	5000	4500	2	32.35	42.96	41.97	0.026336	35.86	11600

图 4-4　近期 A 股市场中新股中签首日收益（来源：东方财富网）

而对于新债来说，其中签以后首日的收益与新股中签以后首日的收益相比就显得有些鸡肋了，但小收益勤积累也可以积少成多。最近两年可转债上市首日的破发率也是比较低的，而且即便亏损，金额也不是很大，基本上在几十元到一百元之间。

第 4 章　可转债打新

名称/代码	首日开盘价	单签收益↓
天合转债 SH118002	150.00	500.00
韦尔转债 SH113616	150.00	500.00
长汽转债 SH113049	150.00	500.00
泛微转债 SH113587	150.00	500.00
上机转债 SH113586	147.50	475.00
安20转债 SH113592	145.70	457.00
大参转债 SH113605	140.00	400.00
星宇转债	138.00	380.00

图 4-5　近两年新债中签首日收益从高到低排序

名称/代码	首日开盘价	单签收益↑
英特转债 SZ127028	90.00	-100.00
海兰转债 SZ123086	93.80	-62.00
万顺转2 SZ123085	95.11	-48.90
北陆转债 SZ123082	96.00	-40.00
超声转债 SZ127026	98.00	-20.00
润建转债 SZ128140	99.00	-10.00
靖远转债 SZ127027	99.50	-5.00
中装转2	100.00	0.00

图 4-6　近两年新债中签首日收益从低到高排序

从历史数据来看，在可转债上市首日，其价格上涨的概率还是很大的，由于可转债中一签一般是 1,000 元，再加上上市首日停牌规则的限制，即使可转债比较火热，其涨幅也是有限的。这样看来，新债就不如新股吸引人了。

但是申购可转债不需要任何门槛，投资者进行开户并开通可转债的交易权限就能申购，而申购新股的门槛相对来说比较高。投资者不能只看到新股的收益很高，也要考虑到自己能不能承受新股破发带来的亏损。这样看来，还是打新债对普通投资者友好一些，毕竟打新债是绝大多数投资者都可以参与的。

3．上市首日涨停/跌停和停牌规则不同

新股上市首日是有涨停/跌停限制的，在沪深两市的主板中，新股上市首

101

日涨幅最高为44%，跌幅最大为36%。假设A股票一签为1,000元，那么在上市首日A股股票价格的波动区间在640元到1,440元；而在科创板和创业板中，新股上市首日是没有涨停和跌停限制的，科创板和创业板中的新股在前5个交易日都没有涨停和跌停的限制，从第6个交易日起才有涨停/跌停20%的限制。

在市场中也存在着一些停牌机制。在深市中，当股价上涨达到开盘价的10%，会停牌30分钟，再次复牌的时候就没有停牌机制了；在科创板和创业板中，当股价首次上涨或者下跌到开盘价的30%，会临时停牌10分钟，让大家冷静一下；再次复牌以后，当股价上涨到开盘价的60%，会再次停牌10分钟，让大家再次冷静一下；又一次复牌的时候就没有限制了。

可转债是没有涨停/跌停限制的，不过存在停牌机制，当可转债的价格涨幅/跌幅首次达到20%时，会停牌30分钟，当可转债的价格涨幅/跌幅首次达到30%的时候，会停牌到14:57，有些热门的可转债开盘后，其价格直接上涨30%，这就需要等到14:57再进行交易了，投资者如果想交易可转债，需要了解相关的停牌机制，停牌的情况还是经常会出现的。

在停牌期间沪深两市的申报规则有一些区别。沪市中的可转债在停牌期间不能申报，即使申报，也属于废单；深市中的可转债在停牌期间是可以申报和撤销的，不算作废单，这里也需要投资者们注意一下。

4.1.2 可转债的抢权配售

现在参与申购可转债的投资者越来越多，中签率越来越低，有时一年也中不了几只可转债，申购可转债中签的概率基本上和买彩票中奖的概率差不多了；不过有一种方法基本上是可以在申购可转债的时候100%中签的——可转债原股东配售，又叫作抢权配售。

以麒麟转债为例，麒麟转债的发行公告中关于原股东优先配售的内容如下。

二、向原股东优先配售

1. 发行对象

在股权登记日（2021年11月10日，$T-1$日）收市后中国结算深圳分公司登记在册的发行人所有股东。

第 4 章　可转债打新

2. 优先配售数量

原 A 股股东可优先配售的可转债的数量上限为其在股权登记日（2021 年 11 月 10 日）收市后登记在册的持有的发行人股份数量按每股配售 3.3847 元面值可转债的比例计算可配售可转债金额，再按 100 元/张转换为可转债张数，每 1 张为一个申购单位。

森麒麟现有 A 股总股本 649,668,940 股，按本次发行优先配售比例计算，原 A 股股东可优先认购的可转债上限总额约 21,989,344 张，约占本次发行的可转债总额的 99.9998%。由于不足 1 张部分按照登记公司配股业务指引执行，最终优先配售总数可能略有差异。

3. 有关优先配售的重要日期

（1）股权登记日（$T-1$ 日）：2021 年 11 月 10 日。

（2）优先配售认购及缴款日（T 日）：原股东优先认购通过深交所交易系统进行，认购时间为 2021 年 11 月 11 日（T 日）9:15—11:30、13:00—15:00，逾期视为自动放弃配售权。如遇重大突发事件影响本次发行，则顺延至下一交易日继续进行。

4. 配售方式

（1）原股东的优先认购通过深交所交易系统进行，认购时间为 2021 年 11 月 11 日（T 日）9:15—11:30、13:00—15:00。申购代码为"082984"，申购简称为"麒麟配债"。

（2）认购 1 张"麒麟配债"的认购价格为 100 元，每个账户最小认购单位为 1 张（100 元），超出 1 张必须是 1 张的整数倍。

（3）若原股东的有效申购数量小于或等于其可优先认购总额，则可按其实际申购量获配麒麟转债；若原股东的有效申购数量超出其可优先认购总额，则按其实际可优先认购总额配售。

（4）原股东持有的"森麒麟"股票如托管在两个或者两个以上的证券营业部，则以托管在各营业部的股票分别计算其可认购的可转债的张数，且必须依照深交所相关业务规则在对应证券营业部进行配售认购。

（5）认购程序

① 投资者应根据自己的认购量于认购前在账户中存入足额的认购资金。

原股东持有的"森麒麟"股票如托管在两个或者两个以上的证券营业部，

则以托管在各营业部的股票分别计算可认购的张数,且必须依照深交所相关业务规则在对应证券营业部进行配售认购。

② 投资者当面委托时,填写好认购委托单,持本人身份证或法人营业执照、证券账户卡和资金账户卡(确认资金存款额必须大于或等于认购所需的款项)到认购者开户的与深交所联网的证券交易网点,办理委托手续。柜台经办人员查验投资者交付的各项凭证,复核无误后方可接受委托。

③ 投资者通过电话委托或其他自动委托方式委托的,应按各证券交易网点规定办理委托手续。

④ 投资者的委托一经接受,不得撤单。

(5) 原股东除可参加优先配售外,还可参加优先配售后余额的网上申购。

(6) 原股东参与优先配售的部分,应当在 T 日申购时缴付足额资金。原股东参与优先配售后的余额网上申购部分无须缴付申购资金。

麒麟转债首先是原股东优先配售的,股东优先配售后的剩余部分才面向社会投资者发售。因此,发行可转债的公司的股东有优先配售可转债的权利,而且原股东优先配售是100%成功的。

原股东优先配售是股东的权利而不是股东的义务,股东可以选择配售,也可以选择不配售。

下面简单解释一下原股东配售的相关内容。

1. 发行对象

原股东优先配售的对象可以理解为在股权登记日收盘以后持有正股股票的投资者,股权登记日就是可转债申购日的前一个交易日,如可转债申购日为 T 日,那么股权登记日就是 $T-1$ 日,如果投资者需要对可转债进行配售,要保证在股权登记日收盘以后持有欲配售可转债相对应数量的正股,然后等到可以配售的时候进行操作就行了。

有些投资者可能感觉公告上的名词有些晦涩难懂,其实也好理解,如股权登记日就是可转债申购日的前一个交易日。

2. 优先配售数量

优先配售数量可以理解为投资者手中持有的正股可以换算成多少张可转债。以麒麟转债为例,假如投资者持有 1,000 股"森麒麟"股票,那么所对应的可以配售的可转债的数量上限就是 1,000×3.3847/100=33.847 张,按照四舍五入的规则计算就是 34 张可转债。

假如投资者想要配售一手（10 张）麒麟转债，需要持有的正股数量为 100×10÷3.3847=295.45 股，因为股票在 A 股市场交易的时候都是取 100 的整数倍，所以想要百分之百地配售一手麒麟转债，投资者就需要持有 300 股"森麒麟"。

专门做优先配售的"一手党"还可以做到以更少的持股配售一手麒麟转债，这种情况在后文对沪深两市关于可转债不同的配售规则进行介绍时会提到。

3．与优先配售相关的重要日期

投资者只需要记住股权登记日和配售日就可以了，在股权交易日要持有正股，在配售日进行配售操作，要注意配售时间，而且配售操作需要投资者手动进行，不然就视为放弃。

4．配售方式

投资者需要在配售日的申购时间内进行可转债的认购和缴费，在深市中，可转债的认购最少一张起，在沪市中，可转债的认购最低一手起，如果投资者认购的可转债的数量小于自己持有股票对应的可转债数量的上限，那么可以按照实际申购数量进行优先配售，如果投资者认购的可转债的数量大于自己持有股票对应的可转债数量的上限，那么就按照上限的数量进行优先配售。

假如投资者持有的正股最多可以配售 100 张可转债，投资者选择申购 50 张可转债，发行可转债的公司就会配售 50 张可转债；如果投资者选择申购 150 张可转债，由于超过了投资者持有股票对应的可转债数量的上限，发行可转债的公司最终会配售给投资者 100 张可转债。

这里需要注意，如果投资者在多个券商那里分别持有正股，是需要分别进行计算和配售的，不会对申购额度进行统一管理，也就是说，投资者需要在每一个券商账户中单独进行配售操作。

5．原股东既可以参与优先配售又可以参与申购

作为持有正股的股东，既可以参与优先配售，也可以参与面向社会投资者的申购，两者并不冲突。不过参与优先配售是需要在配售的时候就缴纳资金，申购时是不需要交钱的，等到中签了再缴纳资金就行。

以上就是原股东优先配售的相关内容。一般来说，不同可转债的每股配

售可转债的面值不同，沪深两市的配售基本单位不同，沪市基本配售单位为手，也就是 10 张，深市配售的基本单位为张，具体的还需要投资者查看相应可转债的发行公告。

关于抢权配售有一些需要注意的地方，在研究抢权配售的相关条款后我们发现，还是有一些可以盈利的机会的，接下来，我们对可转债的抢权配售进行深入的分析。

1. 注意沪深两市配售的基本单位不同

沪深两市的可转债配售的基本单位不同，在深市中配售的基本单位是张，在沪市中配售的基本单位是手，并且配售数量不足一张或者一手的按照四舍五入的方法进行操作，也就是说，如果在深市中要配售一手可转债，配售 10 张是 1 手，配售大于 9.5 张也是一手；在沪市中要配售一手可转债，配售 1 手是 1 手，配售大于 0.5 手也算 1 手。

在了解了配售的规则之后，如果投资者只是想要做一个"一手党"，就完全没有必要按照一手可转债满额配售持有相应数量的股票了，可以按照最小配售成本进行选择。投资者在沪市中配售 0.5 手可转债的成本与在深市中配售 9.5 张可转债的成本相比，在沪市中配售 0.5 手可转债的成本是更低的。

在沪市上市的鹤 21 转债关于原股东配售公告的部分内容如下。

（二）优先配售数量

原 A 股股东可优先配售的鹤 21 转债数量为其在股权登记日（2021 年 11 月 16 日，T-1 日）收市后登记在册的持有仙鹤股份的股份数量按每股配售 2.903 元可转债的比例计算可配售可转债金额，再按 1,000 元/手的比例转换为手数，每 1 手（10 张）为一个申购单位，即每股配售 0.002903 手可转债。

发行人现有总股本 705,972,266 股，全部可参与原 A 股股东优先配售。按本次发行优先配售比例 0.002903 手/股计算，原 A 股股东可优先配售的可转债上限总额为 205 万手。

原 A 股股东网上优先配售不足 1 手部分按照精确算法取整，即先按照配售比例和每个账户股数计算出可认购数量的整数部分，对于计算出不足 1 手的部分（尾数保留三位小数），将所有账户按照尾数从大到小的顺序进位（尾数相同则随机排序），直至每个账户获得的可认购转债加总与原 A 股股东可配售总量一致。

第 4 章 可转债打新

可以看到对于优先配售不足一手的部分是按精确算法取整的，如果投资者的持股数量可以配售到 0.5 手以上的可转债，则有很大概率可以成功配售一手可转债，这里的"很大概率"不一定是 100%，不过出现配售失败的情况也并不是很多，大部分是能成功的。这种情况及其中存在的风险就需要投资者进行斟酌了。

以麒麟转债为例，想要用最低的正股持仓成本配售一手麒麟转债的正股数量为 9.5×100÷3.3847=280.67 股，按照 100 的倍数进行取整，同样也需要持有正股 300 股，没有体现任何正股持仓成本的优势。

以鹤 21 转债为例，想要用最低的正股持仓成本配售一手鹤 21 转债的正股数量为 5×100÷2.903=172.24 股，按照 100 的倍数取整，投资者持有正股 200 股就可以配售一手鹤 21 转债了，与满额配售一手鹤 21 转债对应的正股数量 10×100÷2.903=344.48，按 100 的倍数取整，也就是持有正股 400 股相比，整整少了 200 股的成本，也少了持有 200 股正股的风险，优势还是很明显的。

在一些网站中也可以直接看到待发转债的相关信息。如图 4-7 所示，在集思录网站中的待发转债页面中可以看到配售 10 张可转债所需的正股数量，这样就省去了投资者计算的麻烦，省心省力。

代码	名称	方案进展	进展公告日	发行规模（亿元）	类型	评级	股东配售率	转股价	正股价	正股涨幅	正股现价比转股价	正股PB	百元股票含权（元）	每股配售（元）	配售10张所需股数（股）	股权登记日
300818 123127	耐普矿机 耐普转债	2021-11-19上市	2021-11-19	4.00	可转债	A+	22.780%	37.00	38.13	3.95%	103.05%	2.84	15.16 2021-10-28	5.7870	173	2021-10-28
300483 123128	首华燃气 首华转债	2021-11-18上市	2021-11-18	13.79	可转债	AA	22.110%	25.02	19.78	2.59%	79.06%	1.90	27.99 2021-10-29	5.1371	195	2021-10-29
002975 127051	博杰股份 博杰转债	2021-11-17申购 申购代码072975	2021-11-17	5.26	可转债	A-	-	62.17	64.35	-0.68%	103.51%	6.07	5.81 2021-11-16	3.7655	266	2021-11-16
603733 113632	仙鹤股份 仙21转债	2021-11-17申购 申购代码754733	2021-11-17	20.50	可转债	AA	-	39.09	38.12	-1.70%	97.52%	4.46	7.49 2021-11-16	2.9030	345	2021-11-16
002984 127050	森麒麟 麒麟转债	2021-11-11申购 申购代码072984	2021-11-11	21.99	可转债	AA	89.490%	34.85	36.26	2.31%	104.05%	3.95	9.37 2021-11-10	3.3847	296	2021-11-10
600901 110083	江苏租赁 苏租转债	2021-11-11申购 申购代码733901	2021-11-11	50.00	可转债	AAA	81.890%	5.42	5.11	0.20%	94.28%	1.11	32.26 2021-11-10	1.6740	598	2021-11-10
300732 123130	设研院 设研转债	2021-11-11申购 申购代码070732	2021-11-11	3.76	可转债	AA	63.570%	11.49	11.67	1.48%	103.83%	1.27	12.25 2021-11-10	1.3718	729	2021-11-10
603689 113631	皖天然气 皖天转债	2021-11-08申购 申购代码754689	2021-11-08	9.30	可转债	AA+	85.320%	11.12	10.38	1.67%	93.35%	1.42	26.21 2021-11-05	2.7670	362	2021-11-05
605006 111001	山东玻纤 山玻转债	2021-11-08申购 申购代码713006	2021-11-08	6.00	可转债	AA-	64.600%	13.91	13.79	0.51%	99.14%	3.20	8.74 2021-11-05	1.2000	834	2021-11-05
300798 123129	锦鸡股份 锦鸡转债	2021-11-04申购 申购代码070798	2021-11-04	6.00	可转债	AA-	32.210%	9.53	9.68	1.68%	101.57%	3.24	15.44 2021-11-03	1.4362	697	2021-11-03

图 4-7 待发转债配售 10 张所需正股数量

2. 留意百元股票含权

在做可转债的抢权配售操作的时候，可转债的"百元股票含权"指标是相当重要的，百元股票含权的计算公式为：百元股票含权=（发行可转债的规模/股票市值）×100，它表示持有 100 市值的股票可以配售多少可转债，一般这个数值在一些网站中都有，投资者不必自己进行计算。

投资者只需要记住，"百元股票含权"越高，配售一手可转债相应买入正股所需资金越少；"百元股票含权"越低，配售一手可转债相应买入正股所需资金越多。

如图 4-8 所示，博杰转债的百元股票含权为 5.81 元，那么配售 10 张博杰转债所需要持有的正股的市值就是 266×64.35=17,117.1；首华转债的百元股票含权为 27.99 元，那么配售 10 张首华转债所需要持有的正股的市值就是 195×19.78=3,857.1。

代码	名称	方案进展	进展公告日	发行规模（亿元）	类型	评级	股东配售率	转股价	正股价	正股涨幅	正股现价比转股价	正股PB	百元股票含权（元）	每股配权（元）	配售10张所需股数（股）
300818 123127	耐普矿机 耐普转债	2021-11-19上市	2021-11-19	4.00	可转债	A+	22.780%	37.00	38.13	3.95%	103.05%	2.84	15.16 2021-10-28	5.7870	173
300483 123128	首华燃气 首华转债	2021-11-18上市	2021-11-18	13.79	可转债	AA	22.110%	25.02	19.78	2.59%	79.06%	1.90	27.99 2021-10-29	5.1371	195
002975 127051	博杰股份 博杰转债	2021-11-17申购 申购代码072975	2021-11-17	5.26	可转债	AA-	-	62.17	64.35	-0.68%	103.51%	6.07	5.81 2021-11-16	3.7655	266
603733 113632	仙鹤股份 仙鹤转债	2021-11-17申购 申购代码754733	2021-11-17	20.50	可转债	AA	-	39.09	38.12	-1.70%	97.52%	4.46	7.49 2021-11-16	2.9030	345
002984 127050	森麒麟 麒麟转债	2021-11-11申购 申购代码072984	2021-11-11	21.99	可转债	AA	89.490%	34.85	36.26	2.31%	104.05%	3.85	9.37 2021-11-10	3.3847	296
600901 110083	江苏租赁 苏租转债	2021-11-11申购 申购代码733901	2021-11-11	50.00	可转债	AAA	81.890%	5.42	5.11	0.20%	94.28%	1.11	32.26 2021-11-10	1.6740	598
300732 123130	设研院 设研转债	2021-11-11申购 申购代码070732	2021-11-11	3.76	可转债	AA	63.570%	11.24	11.67	1.48%	103.83%	1.27	12.25 2021-11-10	1.3718	729
603689 113631	皖天然气 皖天转债	2021-11-08申购 申购代码754689	2021-11-08	9.30	可转债	AA+	85.320%	11.12	10.38	1.67%	93.35%	1.42	26.21 2021-11-05	2.7670	362
605006 111001	山东玻纤 山玻转债	2021-11-08申购 申购代码713006	2021-11-08	6.00	可转债	AA-	64.600%	13.91	13.79	0.51%	99.14%	3.20	8.74 2021-11-05	1.2000	834
300798 123129	锦鸡股份 锦鸡转债	2021-11-04申购 申购代码370798	2021-11-04	6.00	可转债	AA-	32.210%	9.53	9.68	1.68%	101.57%	3.24	15.44 2021-11-03	1.4362	697

图 4-8　待发转债百元股票含权

同样是配售 1,000 元的可转债，可转债的"百元股票含权"不同，投资者账户中所需拥有的股票市值是不一样的，对于投资者来说，当然是资金成本越低越好。

3．计算抢权配售的安全垫

如果要做抢权配售，投资者需要在股权登记日之前持有正股，假如是在股权登记日那天买入的，投资者要在第二个交易日也就是申购日配售可转债后就将正股卖出，正股价格的涨跌情况在这段时间内是不确定的。

如果第二天正股的价格涨了，投资者将其卖出还是能够盈利的；如果第二天正股的价格下跌，可能出现即使可转债上市以后盈利了也弥补不了正股

第 4 章 可转债打新

价格的下跌带来的亏损的情况。这时就需要大概计算出可转债上市首日的盈利是否可以对冲卖出正股带来的亏损，这就是安全垫。

简单来说，假如可转债上市以后一手赚 200 元，那么抢权配售的时候，买入正股的总价为 5,000 元，卖出所得 4,800 元，忽略交易手续费，此时可转债上市赚的钱和卖出正股亏的钱是一样的，投资者不赚不亏，这其中的 200 元就是保证投资者本金安全的一个安全垫。

安全垫的计算公式为：可转债预期收益/配售成本×100%。

对于抢权配售一手可转债的投资者来说，其本金是比较有保障的，尤其是配售沪市可转债，配售 0.5 手以上的沪市可转债很可能获配一手可转债。可转债的预期收益不变，但配售成本降低了，那么相应的安全垫就变大了。

以百润转债为例，如图 4-9 所示，百润转债上市首日的收盘价格为 131 元/张，一手盈利为 310 元。

日期	收盘价	成交额（万元）	转股价值	到期税前收益率	转股溢价率	剩余规模（亿元）	换手率
2021-11-17	138.300	2729.83	92.69	-3.13%	49.21%	11.280	1.75%
2021-11-16	139.699	14476.29	95.59	-3.30%	46.14%	11.280	9.19%
2021-11-15	136.070	3600.34	92.78	-2.86%	46.66%	11.280	2.34%
2021-11-12	136.451	6244.98	94.18	-2.90%	44.88%	11.280	4.04%
2021-11-11	136.120	8095.61	92.41	-2.86%	47.31%	11.280	5.25%
2021-11-10	135.020	6201.34	91.12	-2.72%	48.18%	11.280	4.07%
2021-11-09	136.200	9469.00	96.37	-2.86%	41.33%	11.280	6.13%
2021-11-08	138.000	10659.59	100.27	-3.08%	37.63%	11.280	6.88%
2021-11-05	138.670	23872.86	102.33	-3.16%	35.51%	11.280	15.12%
2021-11-04	140.500	115095.24	102.21	-3.38%	37.46%	11.280	71.90%
2021-11-03	131.000	11692.15	100.18	-2.20%	30.77%	11.280	7.92%

历史数据
最低价：131.000 (2021-11-03)

图 4-9 百润转债上市后的相关情况

从下面百润转债募集说明书关于股东优先配售的内容中可以看到，百润转债的每股配售额为 1.5064 元，配售一手百润转债所需的百润股份正股数量为 10×100÷1.5064=663.84 股，按照 100 的整数倍取整为 700 股；如图 4-10 所示，百润股份股权登记日的收盘价格为 70.70 元/股，配售一手百润转债所需要的资金成本为 700×70.70=49,490 元，此时抢权配售的安全垫为 310÷49,490×100%=0.63%。

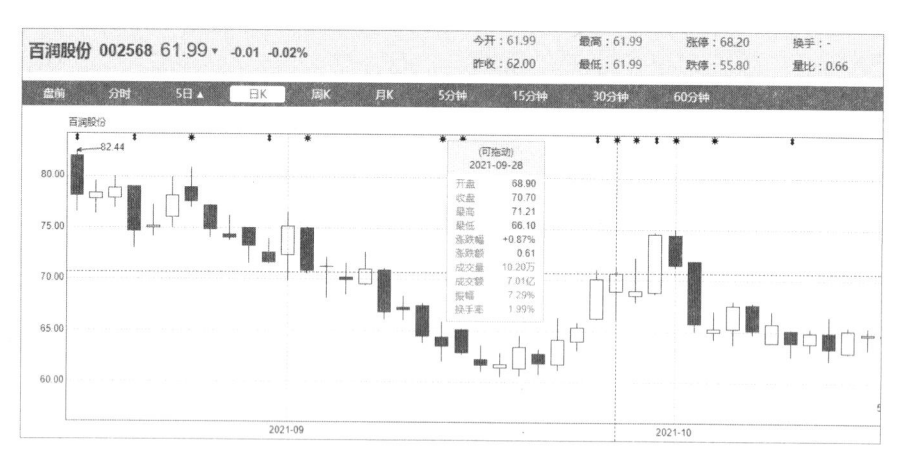

图 4-10 百润转债股权登记日正股价格

二、向原股东优先配售

本次公开发行的可转债将向发行人在股权登记日（2021 年 9 月 28 日，T-1 日）收市后中国结算深圳分公司登记在册的原股东优先配售。

（一）优先配售数量

原股东可优先配售的可转债的数量为其在股权登记日（2021 年 9 月 28 日，T-1 日）收市后登记在册的持有百润股份的股份数量按每股配售 1.506,4 元面值可转债的比例计算可配售可转债的金额，再按 100 元/张的比例转换为张数，每 1 张为一个申购单位。

也就是说，投资者买入 700 股百润股份的股票可配售一手百润转债，第二天卖出的时候股价下跌在 0.63%以下才能保证投资者不亏损。

因为百润转债是在深市发行的，如果投资者想要做一手党，配售 9.5 张以上的可转债很可能可以配售一手可转债，配售 9.5 张百润转债所需要持有的正股数量为 9.5×100÷1.5064=630.64 股，按照 100 的整数倍取整，投资者仍然需要持有正股 700 股，所以抢权配售安全垫还是 0.63%。

假设百润转债是属于沪市的，投资者想要做"一手党"，配售 0.5 手百润转债就有可能配售一手百润转债，如果配售 0.5 手百润转债所需要持有的正股数量为 5×100÷1.5064=331.92 股，按照 100 的整数倍取整，投资者只需要持有

400股百润股价的股票就可以了,此时配售的成本为400×70.70=28,280元,此时抢权配售的安全垫为310÷28,280×100%=1.1%,与0.63%相比,高出了不少。

由此可见,做一手党配售,沪市的可转债要比深市的可转债的优势大一些。安全垫的值当然越高越好,而且计算一般不用特别精确,因为可转债上市后的价格是不确定的,投资者买入正股的价格也是有区别的,所以安全垫的值有一个大致的范围即可。

细心的投资者可能留意到关于可转债上市的预估价格该怎样计算在这里没有进行说明,这部分内容会在后文中进行说明。

4．抢权配售套利

做可转债抢权配售套利,有两种方法,一种是在股权登记日当天或者前几天买入正股股票,然后在配售认购完成后就直接卖出正股,这样就完成了一次配售的操作。投资者持有正股的时间不是很长,如果在股权登记日买入,在配售认购日卖出,也就持有两个交易日的时间,但在投资者持有正股的这段时间里,正股价格的走势是没办法确定的,因此也容易出现亏损的情况。

如图4-11所示,配售认购日百润股份的收盘价格为69.00元/股,如果投资者在股权登记日以收盘价格买入700股百润股份,准备获配一手百润转债,然后在配售认购日以收盘价格将700股百润股份卖出,那么这一买一卖造成的亏损就是(70.70-69.00)×700=1,190元。买可转债赚了310元,因为抢权配售买入正股却亏损了1,190元,整体算下来亏损了880元,实在得不偿失。

图4-11　百润转债申购日正股价格

另外还有一种抢权配售的套利办法，就是套"抢权配售套利者"的利。投资者在股权登记日之前就买入正股，在股权登记日当天，会有大量的投机者为了进行抢权配售而买入正股，一般来说，在股权登记日当天因为投机者大量买入正股，正股的股价会有所提高，那么在股权登记日以前买入正股的投资者就可以在这天将手中的正股卖出，而不是等到配售日进行配售，这样就赚了"抢权配售套利者"的钱。

了解完可转债抢权配售的相关内容后，这里不得不提一句，抢权配售是一门亏钱的手艺，理解得好、学得好的投资者都可能遇到本金亏损的情况。因此，对于抢权配售的确定性不是非常高的可转债和股票，是不建议大家进行抢权配售操作的。

赚钱当然是人们都向往的，但我们不能忽略亏损的风险，很多进行抢权配售的投资者往往是赚了可转债的小收益却在将正股卖出的时候亏了一大笔，这就是典型的"捡了芝麻，丢了西瓜"的行为。

有一种可以保证抢权配售几乎100%实现盈利的操作方法，那就是利用两个融资账户进行卖空操作对冲，笔者认为这种操作的前提条件比较苛刻，对新手投资者来说不是很友好，在这里就不进行详细描述了，感兴趣的投资者可以查阅相关资料进行了解。

总之希望大家记住，抢权配售是一门"很可能亏钱的手艺"，慎用，慎用！

4.2 打新债的优势

参与可转债打新的人越来越多，说明打新债一定有着吸引人的地方，可转债的打新机制对投资者来说确实是比较友好的，从资金的门槛、资金的周转利用率和收益回报等方面来看，都有着比较不错的优势。

4.2.1 资金门槛低

可转债打新的时候不用冻结资金，中签以后，投资者再缴纳资金，这对投资者流动资金的要求就低了，多多少少还有一点"空手套白狼"的意思，反正申购不要钱，那就先申购，中了更好，不中也没什么影响，并且如果是打新操作，中签基本就是一手或两手，准备 1,000 元或 2,000 元资金就够了。

在百润转债的发行公告的特别提示中关于申购百润转债的说明就提到，在网上申购可转债的时候是不需要缴纳申购资金的。

本次发行可转债，在发行流程、申购、缴款和投资者弃购处理等环节的重要提示如下。

本次可转债发行原股东优先配售日与网上申购日同为 2021 年 9 月 29 日（T 日），网上申购时间为 T 日 9:15—11:30、13:00—15:00。原股东在参与优先配售时，需在其优先配售额度之内根据优先配售的可转债的数量足额缴付资金。原股东及社会公众投资者参与优先配售后余额部分的网上申购时无须缴付申购资金。

根据现在可转债打新的中签率和中签数量来看，投资者账户里准备 1,000 元资金基本就够用了，中签后缴款，等可转债上市卖出以后，获得卖出收益，慢慢地增加自己的现金流，资金压力不大且能循环使用资金，提高资金的使用效率。

4.2.2 资金周转率高

一般来说，可转债从申购到上市差不多需要一个月的时间，有的可转债从申购到上市的时间小于一个月，也有超过一个月的。也就是说，从投资者申购可转债、中签缴款到可转债上市、投资者将可转债卖出、回笼资金需要一个多月的时间。以百润转债为例，百润转债的上市流程如图 4-12 所示。

百润转债从申购到上市有一个多月的时间，百润转债上市首日的收盘价格 131 元/张，也就是说，1,000 元冻结一个多月后，投资者就可以将可转债卖出获利。与投资股票和基金相比，申购可转债对投资者来说，资金使用率还是非常高的。

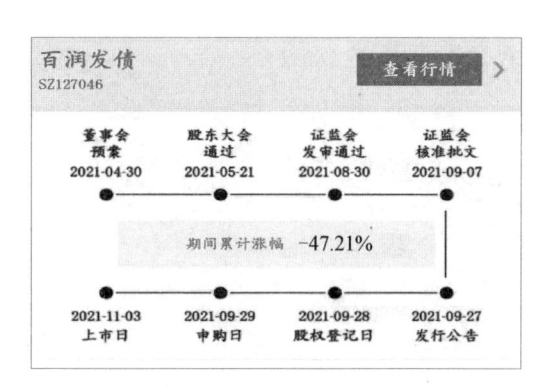

图 4-12　百润转债上市流程

4.2.3 收益可观

如果遇到热门的可转债，在可转债上市后，其价格涨幅在30%～50%就是很正常的事情，一般的可转债的价格也会有10%左右的涨幅，当然也有行情不好或者可转债本身综合情况不好的时候，此时可转债的收益可能很少甚至还会破发，不过可转债破发也不会造成很大的亏损，破发的跌幅一般在10%以内。

假设投资者用1,000元买入一手可转债，可转债上市后，其价格上涨50%，也就是说，投资者获利500元，当然这得是在中了"大肉签"的情况下，一般来说在可转债上市首日，投资者赚一百元、两百元是很正常的事情，积少成多也是一笔不小的收益。

一般一个账户仅用于打新债平均一年可以有2,000元的收益，这些收益不需要花费投资者太多的精力，对普通投资者来说，这是一种确定性非常高的收益来源。

4.3 打新债的注意事项

前面介绍完了打新债的内容和打新债的优势，接下来介绍一下打新债的一些注意事项，防止投资者在打新债的时候踩到一些不必要的坑，走一些不必要的弯路。

4.3.1 开通权限

温馨提示
1、投资者开通可转债（公开发行）交易权限后，可申购、交易公开发行的可转债。
2、2020年10月26日后，投资者未开通可转债（公开发行）交易权限的，我司将不再接受其向不特定对象发行的可转债的申购或者买入委托，已持有相关可转债的投资者可以选择继续持有、转股、回售或者卖出。

图4-13 可转债交易权限提醒

投资者在开通股票账户之后，想要申购可转债或者交易可转债，只需要开通可转债的交易权限就可以了。如果投资者不开通可转债的交易权限，券商会提示投资者不能进行可转债的交易，关于可转债交易权限的提醒如图4-13所示。

要开通可转债的交易权限，可以在券商App中找到业务办理模块，然后找到权限管理中的可转债（公开发行）进行办理，由于券商软件的不同，开通可转债权限的位置可能会有所区别，投资者可以咨询所属券商的客服人员。

4.3.2 准备资金

准备的资金就是为了中签缴款而准备的，也可以暂时不准备，等到公布中签结果，确认中签以后再进行资金的转入，系统会自动扣款，但是要注意一定要在系统扣款之前保证账户里面有足够的资金。

4.3.3 账号有效申购限制

我们做投资时可能会遇到开通不同券商账号以区别投资的种类和目的的情况，如一个账户是做养老准备，一个是给孩子未来留作教育储备，一个是自己做投资练手等。但在申购可转债的时候，不管我们用自己的身份信息注册了几个账户进行可转债的申购，只有一个账户是有效的。百润转债公告中针对一人多户情况的详细说明如下。

投资者参与可转债网上申购只能使用一个证券账户。同一投资者使用多个证券账户参与同一只可转债申购的，或投资者使用同一证券账户多次参与同一只可转债申购的，以该投资者的第一笔申购为有效申购，其余申购均为无效申购。

确认多个证券账户为同一投资者持有的原则为证券账户注册资料中的"账户持有人名称""有效身份证明文件号码"均相同。证券账户注册资料以 $T-1$ 日日终为准。

从上面的内容中可以了解到，在申购可转债的时候一个人用多个账户进行申购是没有用的，一个人的有效申购账户只有一个。对于想利用多个账户申购可转债的投资者来说，其实还有一个办法，也是现在比较通用的办法，就是用自己家里人的信息注册账户后再去申购可转债。

用其他人的身份信息注册账户后再去申购可转债的情况比较常见，但也要注意后续财务方面的问题，这就看投资者自己的具体情况了。

4.3.4 估算可转债上市首日的价格

前面在计算抢权配售的安全垫的时候用到了可转债上市首日的价格这个因素，关于可转债上市首日的价格的计算公式在这里进行一下说明，为各位投资者对可转债的把握提供一个参考。

可转债上市首日的价格的计算公式为：首日价格=转股价值×（1+预估溢价率），要注意这里的预估溢价率不是可转债的转股溢价率，而是在综合一些因素后给出的溢价率。

影响预估溢价率的因素有很多，正股的情况、可转债所属行业发展的好坏、可转债的评级和可转债的发行规模等都是影响预估溢价率的因素。为了简化计算方法，可以找寻同行业、同等级、转股价值差不多的可转债进行对标。

以赛伍转债为例，在集思录网站中的代发转债页面中可以找到赛伍转债，点击“赛伍转债”进入其详情页面，如图 4-14 所示，然后点击“行业”进入相同行业的可转债列表页面，如图 4-15 所示，可以看到天合转债和赛伍转债是同属于一个行业的可转债。

赛伍转债 - 113630 (正股：赛伍技术 - 603212 行业：电气设备-电源设备-光伏设备) +自选

价格：100.000		转股价值：113.22		税前收益：3.25%		成交(万)：0.00	
涨幅：0.00%		溢价率：-11.68%		税后收益：2.63%		当日换手：-	
转股起始日	2022-05-02	回售起始日	2025-10-27	到期日	2027-10-26	发行规模(亿)	7.000
转股价	32.90	回售价	100.00+利息	剩余年限	5.929	剩余规模(亿)	7.000
股东配售率	52.07%	转股代码	未到转股期	到期赎回价	115.00	转债占比1	7.36%
网上中签率	0.0036%	已转股比例	0.00%	正股波动率	55.48%	转债占比2	4.70%
折算率	0.000	质押代码	113630	主体评级	AA-	债券评级	AA-
担保	无						
募资用途	年产 25,500 万平方米太阳能封装胶膜项目						
转股价下修	当公司A股股票在任意连续30个交易日中至少有15个交易日的收盘价低于当期转股价格的85%时 注：转股价不得低于每股净资产（以招募说明书为准）						
强制赎回	如果公司 A 股股票连续 30 个交易日中至少有15 个交易日的收盘价格不低于当期转股价格的130%(含 130%)						
回售	本次发行的可转换公司债券最后两个计息年度，如果公司A股股票在任何连续30个交易日的收盘价格低于当期转股价格的 70%时						
利率	第一年 0.40%、第二年 0.60%、第三年 1.00%、第四年 1.50%、第五年 2.00%、第六年 2.50%						
税前YTM计算公式	2.00/(1+x)^4.929 + 1.50/(1+x)^3.929 + 1.00/(1+x)^2.929 + 0.60/(1+x)^1.929 + 0.40/(1+x)^0.929 + 115.000/(1+x)^5.929 - 100.0000 = 0						
我的备注	暂无备注，点击添加						

图 4-14　赛伍转债详情

可转债(手动刷新 ☐30秒自动刷新) 行业 光伏设备(2) 板块 (☑沪主板 ☑沪科创 ☑深主板 ☑深创业) ☑可转债 ☐交换债

代码	转债名称	现价	涨跌幅	正股名称	正股价	正股涨跌	正股PB	转股价	转股价值	溢价率	纯债价值	债券评级	期权价值	正股波动率
118002	天合转债	176.740	2.56%	天合光能R	82.14	0.42%	10.41	50.51	162.62	8.68%	93.93	AA	增强	72.52%

图 4-15　光伏设备行业可转债列表

从债券评级来看，赛伍转债的债券评级为 AA-，天合转债的债券评级为

AA，两只可转债的债券评级差不多；赛伍转债的转股价值为 113.22，天合转债的转股价值为 162.62，赛伍转债的转股价值比天合转债的转股价值低；天合转债的转股溢价率就比赛伍转债的转股溢价率低一些，天合转债的转股溢价率为 8.68%，那么我们可以预估赛伍转债的溢价率为 12%~17%，12%和17%是我们综合赛伍转债的相关情况给出的赛伍转债溢价率的一个范围。预估赛伍转债上市首日价格区间的低点为 113.22×（1+12%）=126.80 元/张，高点为 113.22×（1+17%）=132.47 元/张，赛伍转债上市首日的价格在 126.8 元/张到 132.47 元/张之间。

4.3.5 决定是否申购

预估了可转债上市首日的价格以后，接下来要做的就是决定是否申购可转债了。并不是所有的可转债都可以无脑申购，有的可转债债券评级不好，或者市场的整个投资环境不好都会造成可转债破发的情况出现，那么此时申购可转债就不如等到可转债上市破发的时候低价买入了。

4.3.6 申购数量

这里要注意一下，一般申购可转债的时候都会采用顶格申购的申购办法。在百润转债公告中关于申购数量的限制已经有了详细的说明，每个账户最少申购 10 张可转债，最多可申购 10,000 张可转债，也就是说，如果投资者顶格申购百润转债，申购资金为 100 万元。

（五）申购办法

1. 申购代码为"072568"，申购简称为"百润发债"。

2. 申购价格为 100 元/张。

3. 参与本次网上发行的每个证券账户的最低申购数量为 10 张(1,000 元)，每 10 张为一个申购单位，超过 10 张必须是 10 张的整数倍。每个账户申购数量上限为 1 万张（100 万元），超出部分为无效申购。投资者申购和持有可转债的数量应遵照相关法律法规、中国证监会及深交所的有关规定执行，并自行承担相应的法律责任。投资者应结合行业监管要求及相应的资产规模或资金规模，合理确定申购金额，申购金额不得超过资产规模或资金规模。保荐机构（主承销商）发现投资者不遵守行业监管要求，超过相应资产规模或资金规模申购的，保荐机构（主承销商）有权认定该投资者的申购无效。投资者应自主表达申购意向，不得全权委托证券公司代为申购。

一般情况下，就算投资者顶格申购，中签率也是很低的，而且即使出现了在申购可转债时中签数量较多的情况，投资者也是可以选择不缴纳申购资金的。不过在市场这么火热的情况下，顶格申购可转债时能中一手或两手就算不错了。

4.3.7 查看结果

一般来说，可转债从申购到公布中签结果需要两个工作日。例如，T 日申购，$T+1$ 日进行配号并公布中签率，$T+2$ 日公布中签结果，系统自动扣款。

不过在一些券商 App 中，投资者是可以在 $T+1$ 日下午或者晚上的时候就看到中签结果的，发行可转债的公司也会发布中签结果公告，赛伍转债网上中签结果的公告如图 4-16 所示。

苏州赛伍应用技术股份有限公司

公开发行可转换公司债券

网上中签结果公告

保荐机构（主承销商）：华泰联合证券有限责任公司

本公司董事会及全体董事保证本公告内容不存在任何虚假记载、误导性陈述或者重大遗漏，并对其内容的真实性、准确性和完整性承担个别及连带责任。

根据《苏州赛伍应用技术股份有限公司公开发行可转换公司债券发行公告》，本次发行的发行人苏州赛伍应用技术股份有限公司（以下简称"赛伍技术"）及本次发行的保荐机构（主承销商）华泰联合证券有限责任公司于 2021 年 10 月 28 日（$T+1$ 日）主持了赛伍技术可转换公司债券（以下简称"赛伍转债"）网上发行中签摇号仪式。摇号仪式按照公开、公平、公正的原则在有关单位代表的监督下进行，摇号结果经上海市东方公证处公证。现将中签结果公告如下：

末尾位数	中签号码
末"5"位数	57554，07554，17833
末"6"位数	375591，575591，775591，975591，175591
末"7"位数	6767786，8767786，4767786，2767786，0767786
末"8"位数	74784181，24784181，55048477
末"9"位数	681379207，881379207，481379207，281379207，081379207，864240150，364240150
末"10"位数	0423997278，4126064615，0836274932，8329948983，0120893153

图 4-16 赛伍转债网上中签结果公告

还有一种简单的办法就是登录券商 App 查看中签结果，有的券商 App 会在用户登录时就进行提示，有的需要投资者自己查询，具体的查询方式可以根据券商的不同咨询相应的券商客服进行了解。

4.3.8 是否缴款

投资者在中签以后如果不想缴款，是有放弃缴款的权利的，但是这种放弃缴款的权利并不是没有限制的，如果投资者连续 12 个月内累计出现 3 次放弃缴款的情况，就会被限制在 6 个月内不能参与新股或者新债的申购。

如果投资者利用同一个身份信息开设多个账户，那么多个账户放弃缴款的情况和次数会累计计算，也就是说，不管投资者有几个账户，累计出现 3 次放弃缴款的情况就会被限制打新。关于多次未足额缴款的解释如下。

投资者连续 12 个月内累计出现 3 次中签但未足额缴款的情形时，自结算参与人最近一次申报其放弃认购的次日起 6 个月（按 180 个自然日计算，含次日）内不得参与新股、存托凭证、可转换公司债券及可交换公司债券申购。

放弃认购情形以投资者为单位进行判断。放弃认购的次数按照投资者实际放弃认购的新股、存托凭证、可转换公司债券、可交换公司债券累计计算。投资者持有多个证券账户的，其任何一个证券账户发生放弃认购情形的，放弃认购次数累计计算。不合格、注销证券账户所发生过的放弃认购情形也纳入统计次数。证券公司客户定向资产管理专用账户及企业年金账户，证券账户注册资料中"账户持有人名称"相同且"有效身份证明文件号码"相同的，按不同投资者进行统计。

4.3.9 卖出方法

可转债上市首日的卖出操作是投资者根据自身情况进行选择的，如果投资者专门开设一个打新债账户，不管上市首日可转债的价格是大涨还是破发，投资者都会选择在可转债上市首日将其卖出，回笼资金；有的投资者资金紧张，其所持有的可转债如果上市破发，也不得不选择将其卖出以提高资金的使用效率。

如果投资者的资金比较充裕，遇到所持有的可转债上市破发的情况，完全可以不用将其卖出，而是继续持有，如果可转债的主体评级和债券评级还不错，甚至可以趁机低吸一波，然后继续持有，等待可转债触发强赎条款、回售条款或者等待可转债到期赎回。

当然,不管如何,投资者都要从自己的实际情况出发,选择对自己比较有利的投资方法。

4.4 如何打新债

前面介绍了打新债的注意事项,相信投资者对于打新债这种操作已经有了一个概念,接下来我们就一起实操一下打新债的流程。

4.4.1 筛选可转债

在打新债之前,投资者首先应该知道有哪些可转债可以申购,关于可转债的状态,在集思录网站的待发转债页面中可以看到,如图 4-17 所示,也可以在券商 App 的新债日历中看到计划发行(可申购的)可转债列表。

代码	名称	方案进展	进展公告日	发行规模(亿元)	类型	评级	股东配售率	转股价	正股价	正股涨幅
300798 123129	锦鸡股份 锦鸡转债	2021-11-24上市	2021-11-24	6.00	可转债	AA-	32.210%	9.53	9.67	0.10%
600885 110082	宏发股份 R 宏发转债	2021-11-23上市	2021-11-23	20.00	可转债	AA	59.968%	72.28	77.69	3.72%
603212 113630	赛伍技术 赛伍转债	2021-11-23上市	2021-11-23	7.00	可转债	AA-	52.070%	32.90	37.15	3.34%
002975 127051	博杰股份 博杰转债	2021-11-17申购 申购代码072975	2021-11-17	5.26	可转债	AA-	86.420%	62.17	62.40	-0.49%
603733 113632	仙鹤股份 鹤21转债	2021-11-17申购 申购代码754733	2021-11-17	20.50	可转债	AA	93.130%	39.09	38.14	-0.13%
002984 127050	森麒麟 麒麟转债	2021-11-11申购 申购代码072984	2021-11-11	21.99	可转债	AA	89.490%	34.85	35.75	-0.31%
600901 110083	江苏租赁 R 苏租转债	2021-11-11申购 申购代码733901	2021-11-11	50.00	可转债	AAA	81.890%	5.42	5.09	-0.20%
300732 123130	设研院 设研转债	2021-11-11申购 申购代码370732	2021-11-11	3.76	可转债	AA	63.570%	11.24	11.68	0.43%
603689 113631	皖天然气 皖天转债	2021-11-08申购 申购代码754689	2021-11-08	9.30	可转债	AA+	85.320%	11.12	10.35	-0.10%
605006 111001	山东玻纤 山玻转债	2021-11-08申购 申购代码713006	2021-11-08	6.00	可转债	AA-	64.600%	13.91	15.67	6.45%

图 4-17 待发转债列表

投资者从可申购可转债的列表中根据可转债的评级、所属行业和正股的相关情况判断一只可转债是否可以申购。

4.4.2 开始申购

在选定目标可转债以后,接下来就到了申购阶段,一般现在的券商 App 都是支持一键顶格申购的,省心省力。如果没有"一键顶格申购"功能,投资者手动输入申购可转债的数量也不是很费事。

投资者要注意申购可转债的时间,沪市可转债的申购时间为 9:30—11:30、13:00—15:00;深市可转债的申购时间为 9:15—11:30、13:00—15:00,如果怕记不清,那就在市场开市的时间段内申购可转债就可以了。

4.4.3 等待中签

投资者申购可转债后,一般会在两个交易日以后得到中签结果,而在一些券商 App 中在一个交易日以后的晚上就能看到中签结果了,如图 4-18 所示。如果中签了,系统会自动从投资者的账户中扣除申购资金,此时投资者一定要保证自己的账户中有充足的资金;如果没中签,本次申购就结束了。

图 4-18　可转债申购记录

4.4.4 准备缴款

缴款这一步比较简单,在申购可转债后的第二个交易日 16:00 之前保证自己的账户中有足够的可用资金就可以了，到时候系统会自动扣除资金，如果资金不够，投资者可以通过银行卡转入或者卖出持仓的方法进行资金的补充，否则资金不足会被认定为放弃申购可转债。

可转债的中签规则如图4-19所示。

中签结果查询	可查询个人中签数量
不足额缴款	若连续12个月内累计出现3次（沪深市场分开计算）中签却不足额缴款的情形，6个月内不允许参与对应市场的新股、可转债、可交换债等品种的申购。
中签缴款	若中签，在申购日后第二个交易日16:00之前保证账户中有足额的认购资金，不足的部分视为放弃认购。可通过银行卡转账转入资金或适量卖出股票等方式补充资金
配号	沪市：1手=1个号 深市：10张=1手=1个号

图 4-19　可转债中签规则

4.4.5　上市买卖操作

上市买卖操作是可转债打新的最后一步了，当可转债上市以后，如果投资者感觉达到了自己的预期收益，就可以选择将可转债卖出，落袋为安；如果可转债上市以后，其价格只是微微小涨，那么此时将其卖出，投资者的收益很少，卖或者不卖就看投资者的实际情况了，卖了不亏，不卖的话只是占用资金的时间长一些。

如果可转债上市首日出现破发的情况，那么此时将其卖出就会造成亏损，如果资金不是特别紧张，还是可以考虑持有的，毕竟我们是以100元/张的价格买入可转债的，只要能等到发行可转债的公司对可转债进行强赎或到期赎回可转债，就一定能保证本金不亏损。如果可转债本身比较不错，只是受市场等外部因素的影响而造成了可转债的破发，那么这也不失为一个低吸的好机会。

当然，对于专门进行打新债的投资者来说，以上这些都可以忽略了，专门打新债的投资者一般不管可转债的价格在可转债上市首日是涨还是跌，都会选择在可转债的上市首日将其卖出。

第 4 章　可转债打新

4.5　小结

本章重点讲解了关于可转债打新的一些内容，将打新债和打新股进行区别并加以说明。打新债可以进行普通申购，中签率低，如果想要 100% 拥有一手可转债，就可以考虑进行可转债的抢权配售，不过抢权配售的风险很大，稍不留神就会亏损，如果做到最后本金亏损，就有些得不偿失了。投资可以用非常简单的方式进行，不用想着我学会了一个新的投资技巧就一定要去用一下，其实并没有这个必要。

后面又介绍了可转债打新的优势和可转债打新的一些注意事项，这些内容可以帮助投资者了解可转债打新的规则，让投资者少走一些弯路。

第 5 章
组建低风险投资组合

在上一章中，我们对可转债的打新操作进行了学习，相信现在读者对可转债的打新有了一个大致的了解，打新债的操作一般是针对未上市的可转债进行申购，中签后，等到可转债上市后就将其卖出。没有提到针对已经上市的可转债或者上市以后不卖出的可转债该怎样操作。

在接下来的内容中会介绍几种关于已上市可转债的投资方法供大家参考，在本章中介绍的是一种将风险尽可能分散、安全边际比较大的可转债的投资方法：可转债低风险投资组合。

组建低风险的投资组合也是对新手比较友好的一种投资方法。先从简单的开始了解，新手投资，能够保住本金是重要的，收益排在第二位，不能为了追求高收益不顾本金的安全，那不是投资而是赌博，更何况这种低风险的投资组合的收益其实并不低。

第 5 章　组建低风险投资组合

本章主要涉及的知识点如下。

- 低风险投资组合的概念：了解低风险投资组合的概念，明白低风险投资组合的优点和缺点。
- 低风险投资组合重点内容：把握重点和细节，上手更快。
- 低风险投资组合的组建流程：实际操作，深入理解。

通过本章的学习，了解并掌握低风险投资组合的概念和流程操作。

注意：读者在本章应重点掌握低风险组合的重点内容和注意事项，学会组建属于自己的低风险投资组合。

5.1　认识低风险投资组合

低风险投资组合是利用分散投资的方式将风险进行分摊，相当于将鸡蛋放在不同的篮子里，这样一个篮子摔了不会影响其他篮子里面的鸡蛋。同理，将资金分散，投资不同的可转债，这样即使其中一只可转债出现亏损或者违约的情况，对我们的整体收益也不会产生较大的影响。

5.1.1　低风险投资组合的概念

低风险投资组合一方面在于组合，投资者将资金投到多只不同的可转债中形成一个投资组合，这样可以有效地降低单只可转债出现意外情况，从而造成严重亏损的风险。

假如小明有 10 万元可以用于可转债投资，经过筛选，小明特别看好 A 转债，因此，他将 10 万元全部投到了 A 转债中。在小明憧憬着未来 A 转债的价格大涨会带来一波丰厚的收益的时候，噩耗传来，A 转债的发行公司出现了严重的经营失误，濒临破产，如果 A 转债违约了，此时小明投资的 10 万元很可能就打水漂了。

而如果小明将 10 万元分别投到 10 只不同的可转债中，每只可转债分别投资 1 万元，那么即使其中一只可转债出现了违约的情况，造成了亏损，小明只亏损了 1 万元，亏损比例为 10%。

同样地，如果小明将 10 万元分别投到 20 只可转债中，每只可转债分别投资 5,000 元，如果其中一只可转债出现了违约的情况，造成的亏损就是 5,000 元，此时小明的亏损比例就是 5%。

将资金分散投资到不同数量的可转债中，可转债违约以后的亏损比例如表 5-1 所示。

表 5-1 不同违约数量在不同投资组合中造成的亏损比例

违约数量（只）	投资数量（只）及对应的亏损比例		
	10	20	30
1	10%	5%	3.33%
2	20%	10%	6.67%
3	30%	15%	10%
4	40%	20%	13.33%
5	50%	25%	16.67%

虽然在我国 A 股市场中可转债至今没有出现违约的情况，但是以前没有出现违约的情况并不代表以后不会出现，一直做着提防可转债违约的准备是没有错的，即使可转债不违约，可转债出现亏损的情况也是常见的。由此可见，将资金分散投到不同的可转债中可以有效地降低投资风险。

可转债的低风险投资组合在市场中也被称为"摊大饼"策略，将资金分散到不同的可转债中，就犹如将一团面摊成一张饼一样。

低风险投资组合的另一方面就是要分摊风险，这也是最重要的。通过组合的形式达到分摊风险的目的，组合是分散风险的一种手段，运用低风险投资组合要达到的效果就是在尽可能保证本金安全的前提下获取收益。

这里有一点需要注意，虽然低风险组合中可转债的数量越多，投资风险越分散，但在低风险投资组合中可转债的数量越多，投资者对可转债的管理也是一个不可忽视的问题。

假如低风险投资组合中有 50 只可转债，那么投资者对这 50 只可转债进行管理所需要付出的时间和精力都是比较多的，投资者需要盯着有关 50 只可转债的相关公告，关注其中的可转债是不是触发了强赎条款……

在投资中，不仅有资金成本，还有一种隐性的时间成本，如果投资者投资的可转债少，多付出的时间成本不是那么明显；如果投资者投资的可转债多，那么时间成本就会变得不能被忽视了。

另外，如果低风险投资组合中可转债的数量很多，其中某只可转债出现亏损或者出现违约对整个组合不会有很大的影响。虽然组建低风险投资组合将投资风险分散了，但是投资优势也不是很明显。如果其中某只可转债的价格的涨势比较猛烈，收益比较好，对整个可转债的投资组合也没有多大的影响。

同样假设小明将 10 万元平均分配到 50 只可转债中，组成了低风险的投资组合，那么他在每只可转债中所投资金是 2,000 元，如果在投资期间有一只可转债出现了违约的情况，那么整个投资组合的亏损比例就是 2%，单只可转债 100% 的亏损才造成了整个投资组合 2% 的亏损，影响确实不大。

如果在低风险投资组合中没有出现亏损的情况，而且其中一只可转债大涨了 100%，这时这只可转债的收益给整个投资组合带来的影响也是 2%，单只可转债上涨 100% 对整个投资组合的影响只有 2%。

由此可见，低风险投资组合中的可转债数量越多，在分散风险的同时越是弱化了低风险投资组合的优势，因此投资者需要寻找一个能够平衡投资风险和投资优势的阈值，根据人们以往的经验，低风险投资组合中有 25～30 只可转债是比较适合的，这是一个能够有效分摊投资风险，而且不是很浪费时间，并且产生的收益也比较可观的一种投资方法。

5.1.2　低风险投资组合的优势

低风险投资组合是一种比较简单的投资方法，它不仅能够有效地分摊投资风险，还能够使投资者比较灵活地配置和使用本金，更重要的就是低风险投资组合对新手投资者非常友好。

1. 分摊风险

从前面关于低风险投资组合的解释中，我们可以在一定程度上了解到为什么低风险组合可以分摊风险，这就相当于做了多手准备，前面提到过将鸡蛋放在不同的篮子里的例子，相信各位读者能够理解，对于可转债投资来说，投资者手中的资金就相当于鸡蛋，不同的可转债就相当于不同的篮子。

那么将不同的鸡蛋放到不同的篮子里，即使其中一个篮子摔了或者坏了，不管是因为投资者自己的原因造成篮子摔了还是因为外部因素造成篮子被打翻，也只是其中一个篮子坏了，也只损失了其中一个篮子里面的鸡蛋，不会影响到其他篮子里的鸡蛋。

将资金放在不同的可转债中，当某一只可转债出现特殊情况，如突然放出的利空消息或者可转债违约，损失的也只是投资在这一只可转债中的资金，投资在其他可转债中的资金不会受到影响，相应地，这也有效地规避了很多特定的风险。

虽然低风险投资组合能规避单只可转债出现的意外性风险，但是当遇到大规模的系统性风险时，这种投资方法就不是很有效了。系统性风险会使整个市场受到影响，一般来说，大部分投资策略都会失效或者受到影响。

这就相当于将鸡蛋放在不同的篮子里面，结果不是一个篮子被打翻了，而是装篮子的车出现了问题，车翻了，车上的篮子就一起翻了。在这种情况下，即使将鸡蛋放在不同的篮子里也不能有效地降低自身的损失。

如果出现的是非系统性风险，如某一只可转债或者某个行业的可转债出现了问题，不会影响其他行业的可转债，这样采用低风险投资组合就能达到分散投资风险的目的；如果市场中出现了系统性的风险，就意味着整个市场都会受到影响，如出现一些货币政策的变动等，这时不管投资什么都有可能亏损，在这种情况下，低风险投资组合就达不到分散投资风险的目的了。

虽然低风险投资组合对系统性风险的抵抗能力可能不是很理想，但相对投资单只或者几只可转债来说，还是有很大的安全边际的。

2. 本金灵活配置

在低风险投资组合中，投资者可以对每一只可转债根据自己的需求配置不同数量的资金，这样做就可以达到灵活配置本金的目的，当然投资者在每只可转债中配置本金的比例是不能过于盲目和随便的，也需要有一个参考标准。

小明打算用 30 万元投资可转债，现在他选出了 30 只可转债，这时小明可以将 30 万元平均分配到 30 只可转债中获取收益；小明也可以根据筛选出来的不同行业的可转债进行不同的权重分配。例如，在筛选出来的 30 只可转债中有几只是光伏行业的，而现在光伏行业是比较火热的，那么小明给光伏行业的几只可转债的权重就大一些。

原本将小明的 30 万元平均分配，每只可转债的投资金额为 10,000 元，假如给光伏行业的可转债的权重是 1.2，光伏行业可转债的投资金额为每只 12,000 元。

再如钢铁行业目前不是很景气，那么给钢铁行业的可转债的权重就低一些，假如给属于钢铁行业的可转债的权重是 0.8，那么原本在一只可转债中投资 10,000 元，钢铁行业的一只可转债中的投资金额就是 10,000×0.8=8,000 元。

通过调整低风险投资组合中可转债的权重，就可以对资金进行相对灵活的配置，热门行业的可转债由于关注的人比较多，其价格上涨的概率就会比较大，投资者多放点资金在这样的可转债中，多获得收益的概率也就会大一些。

冷门行业的可转债由于关注度比较低，其价格上涨的幅度可能比较小，投资者可以在这类可转债中少放一些资金，当然，这都是根据投资者自己的实际情况进行灵活调整的。

3. 对新手投资者友好

刚刚进入市场的投资者可能对市场还不是很了解，贸然将资金都放到一只或者几只可转债中是比较危险的一种做法，而且如果投资者不了解可转债的相关规则很容易吃亏。例如，发行可转债的公司发布了强赎公告，投资者却没有看到，没有及时进行卖出或者进行转股，造成了本金的亏损，这种情况也是常见的。

另外将资金都集中在某几只可转债中，而且是相同行业或相近行业的可转债中也是容易出现问题的，万一出现了某些变动造成整个行业的低迷，那么投资者的资金很有可能全军覆没。例如，前段时间的电子烟行业和教育行业的变动，这是针对整个行业出现的变动，该行业内的公司基本上都受到了影响，由此也可以看出，投资者在投资的时候不应将资金全部放到某一个行业的可转债中，多行业投资也是分散风险的一种方式。

低风险投资组合对新手投资者友好的一点在于投资的可转债比较多，资金分散，风险分散，而且还可以让投资者快速了解可转债的相关规则。

例如，小明用 30 万元投资 30 只可转债，因为他投资了本金，而且要同时管理这么多可转债，就会倒逼他关注可转债的相关内容，如可转债的最新公告，有没有发生什么变动，等等。这样投资者不知不觉地就对可转债有了深入的了解，自己的投资能力也就提高了。

5.1.3 低风险投资组合的不足

没有完美的投资品，也没有完美的投资方法，就像人生一样，总会有不如意的地方，不完美才是常态。介绍完了低风险投资组合的优势，接下来介绍一下关于低风险投资组合的不足，从而使投资者对低风险投资策略有一个比较全面的了解。

低风险投资组合不仅适用于可转债投资，在其他投资品的投资中同样适用。低风险投资组合不仅是一个投资方法，更是一种投资思维。

所谓优点也是缺点，低风险投资组合的优势也是它的劣势，低风险投资组合的不足主要在于收益比较分散，投资者对多只可转债进行管理有一定的难度，并且利用低风险投资组合进行投资需要投资者具有很大的耐性。

1. 收益比较分散

低风险投资组合是将资金分散到多只可转债中，这是为了分散一些投资风险，在分散风险的同时收益也被分散了，如果在低风险投资组合中其中一只或者几只可转债的价格涨势喜人，收益比较高，放到整个低风险投资组合中，对低风险投资组合的影响却没有什么太大的变化，可能使整个低风险投资组合的收益上涨了一点点，显得有些鸡肋，甚至在有些情况下整个低风险投资组合的收益是呈负增长的。因为低风险投资组合中某几只可转债的价格涨势比较好的时候，也会存在低风险投资组合中的某几只可转债的价格跌得比较凶猛的可能。

这种情况很常见，而且投资者往往会产生一种"哎呀，当初要是把更多的资金投资到这几只涨势比较好的可转债中，少投资那些价格下跌的可转债就好了"的心理，这种心理很常见，也很正常，但是我们要做的就是稳住。价格下跌的那几只可转债虽然暂时显得不尽如人意，但也是我们自己选择的，这时投资者要做的不是后悔，而是看价格下跌的那几只可转债是为什么下跌的、未来会不会好转、看有没有机会进行补仓操作，或者将其卖出。

低风险的投资组合很像一个班级整体，而投资者就相当于班主任，每个班级基本上都会有学习好的尖子生，学习一般的学生和学习不好的学生，而班主任要做的就是尽可能地保证尖子生的成绩稳定地上升；让学习一般的学生能够跟上班级的学习进度，早日把成绩提上来；让学习差的学生通过补课等方式跟上班级的学习进度。班主任要做的是让整个班级的平均成绩稳步提升，如在这次考试中，班级平均成绩是 75 分，那么在下次的考试中，班级的平均成绩就要到 85 分。

小明将 30 万元用于可转债的投资，每只可转债平均投资 1 万元，组建了属于自己的低风险投资组合，过了一阵子，小明发现有几只可转债的价格涨势特别好，收益快达到 30% 了，然而有几只可转债的价格跌得特别厉害，现在已经亏损 20% 了，本来在看到价格上涨的那几只可转债的时候，小明很高兴，但看到亏损的那几只可转债的时候，小明的笑容就消失了。

不过小明的心理承受能力比较强，也比较乐观。他虽然想过要是把更多的资金放在那些价格上涨的可转债中就好了，也想过当时要是不买那些价格跌得比较厉害的可转债，等到其价格再跌一跌进行抄底，收益会更高而且资金还不用被套牢，而现在却根本没有多少收益。不过这种念头很快就被打消了，他心里明白，自己没有办法预测市场的短期走势，市场的短期走势充满了不确定性。

如果将资金全部投资到那些涨势比较好的可转债中，那么收益远远不止这些，因为投资者将资金分散了，所以收益分散了；而如果将资金全部投资到那些价格跌得比较厉害的可转债中，那么亏损也远远不止这些，同样是因为将资金分散了，所以风险分散了。谁又能保证如果没有建立低风险投资组合，自己投资的是那些涨势喜人的可转债而不是那些价格下跌的可转债呢？

2. 管理有一定难度

可转债的低风险组合需要投资者同时投资多只可转债。假如投资者的低风险投资组合中有 30 只可转债，那么投资者就需要同时对 30 只可转债进行管理，说实话，这并不是一件非常容易的事情，为什么这么说？首先，同时管理多只可转债本身是一个问题；其次，可转债不像股票一样可以做长线，进行长时间的管理。

投资者同时管理 30 只可转债，就需要付出一定的时间和精力，虽然可以不用天天关注，但也需要隔两天看一下；虽然现在的一些券商 App 可以设置智能盯盘，可以自己设置一个卖出价格和买入价格，在一定程度上减少了投资者的时间成本和精力成本，但是对这么多可转债进行筛选，其工作量也不容忽视，筛选不同行业中的可转债，再从中挑选出适合自己的，之后对所挑选的可转债进行跟踪和关注。

投资者在建立自己的低风险投资组合的时候，从筛选可转债开始，买入可转债并将其卖出，这期间最好不要有什么马虎和疏漏，因为这关乎自己本金的安全。如果我们不认真地对待投资，那么投资往往也不会带给我们满意的结果。虽然低风险的投资组合有着不错的容错率，但毕竟关乎自己的本金，还是谨慎为好，而在谨慎的同时就意味着投资者要付出更多的时间和精力。

如果投资者要建立股票的投资组合，又没有实时关注股票的价格趋势，可能会错过一个股票价格的高点，但造成严重亏损的情况不是很多；对于股票的投资组合来说，投资者偶尔关注一下就可以了，不用过于频繁地关注。

而对于可转债的投资组合就不能这样处理，投资者对可转债投资组合的关注频率要比对股票投资组合的关注频率高一些。为什么这样说呢？因为可转债是有期限的，而且可转债拥有强赎条款，如果投资者因为没有关注发行可转债的公司发布的可转债的强赎公告而错过了将可转债在强赎期间将其卖出，导致可转债被以强赎价格赎回就亏大了。

小明在组建了自己的低风险投资组合以后，刚开始每天查看一下自己所投资的发行可转债的公司有没有发布最新的公告，不过慢慢地他失去了耐性，变成一周查看一次自己所投资的发行可转债的公司的相关公告，再到后来因为工作比较忙碌，小明就忘记了自己的可转债低风险投资组合。等到想起来的时候，小明发现自己所投资的可转债中有两家发行可转债的公司早就发布了强赎公告，再一看，自己所持有的可转债已经以强赎价格被赎回了，原本这两只可转债是可以赚到30%以上的收益的，结果因为小明的疏忽，不仅没有赚钱，还亏损了。

因此，投资者在建立了可转债的低风险投资组合以后，要多花一些精力和心思，避免错过处理可转债的最佳时机，使自己的收益受损。

3. 需要有很强的耐性

在低风险投资组合中，因为投资者把资金分散投资到多只可转债中，所以投资组合的整体涨跌也就不会很明显，在没有特殊情况的时候需要经过相当长的一段时间才能见到收益，在这个过程中就需要投资者能够按捺住性子，守得住寂寞，和时间做朋友，等待最终的收益。

在等待获取收益的过程中，投资者还需要不断关注发行可转债的公司发布的公告，而关注可转债的相关公告的时候就难免想去看看自己所持有的可转债的收益。投资者在见到可转债的价格波动后，难免会产生一些情绪波动，如看到某只可转债的价格涨势较好，想要抓紧卖出，或者看到某只可转债的价格跌了很多，担心会不会继续跌下去，想要进行卖出操作及时止损。

俗话说"眼不见为净"，在投资中做到关注自己的持仓很容易，时不时来看看自己的收益怎么样就好了，想要做到不胡乱操作也可以，买入某只股票后卸载券商 App，等过几年再来看，在这期间不要进行任何操作，虽然有些极端，但要做到也是比较容易的。

要做到在关注自己持仓的同时不进行操作就很难了，大部分投资者亏损就是因为频繁地进行操作，当市场中出现什么消息的时候，投资者仿佛为了证明自己知道消息一般，不操作就对不起自己了解到的消息，胡乱进行操作，结果一顿操作猛如虎，一看收益两毛五，何必呢？

有的投资者在看到自己的持仓的时候，感觉很久没有操作过了，每次打开交易软件不进行操作好像少了点什么，胡乱操作过后，收益并没有显得高多少，甚至还亏了。

运用低风险投资组合进行投资，投资者需要拥有很强的耐性，不鸣则已，一鸣惊人。承受了别人忍耐不了的寂寞，就能收获别人得不到的收益。

5.2 低风险投资组合的主要内容

在可转债的低风险投资组合中，有很多细节需要注意。从确定自己投资的安全底线开始，标志着可转债的低风险投资组合的搭建已经开始了，投资者在确定了自己的筛选标准后，接下来就要筛选符合标准的可转债，筛选标准是什么，有没有简单的筛选标准呢？这些都是值得思考的问题。

另外，如何买入可转债，什么时候买入可转债、买入多少都是需要投资者考虑的，买入可转债以后该从哪些方面关注可转债，又该在什么时候进行卖出操作以获取收益，每一个步骤都需要投资者认真地考虑，仔细地斟酌，这是对投资负责，也是对自己负责。

5.2.1 确定安全底线

投资可转债的底线是什么？当然是不亏钱，谁都不愿意自己的本金亏损，至少也要做到保本吧，也就是说，可转债投资的底线是保本。

如果不考虑可转债的强赎和违约等情况，仅从债券的角度看待可转债，保本就意味着投资者以现在的价格买入可转债等到可转债到期以后刚好是不亏也不赚的，也就是说，当前可转债的价格就是可转债的到期价值。

在这里，我们可以用可转债的到期收益率进行判断。复习一下到期收益率的计算公式，到期收益率=（可转债的到期价值-可转债的价格）/可转债的价格×100%。

如果可转债的到期收益率大于 0，就说明可转债的价格小于可转债的到期价值，现在买入可转债，在可转债不违约的情况下，投资者将可转债持有到期是可以赚钱的。

如果可转债的到期收益率等于 0，就说明可转债此时的价格等于可转债的到期价值，现在买入可转债，在不出现违约的情况下，投资者将可转债持有到期是不赚不亏的，这里阐述的是忽略通货膨胀的影响的情况。

如果到期收益率小于 0，说明此时可转债的价格小于可转债的到期价值，现在买入可转债，在不出现违约的情况下，投资者将可转债持有到期是亏钱的，不能保证本金的安全。

可转债的到期收益率和投资者盈利情况的关系，如表 5-2 所示。

表 5-2　可转债的到期收益率和投资者盈利情况的关系

可转债的到期收益率	盈利情况
到期收益率>0	赚钱
到期收益率=0	保本
到期收益率<0	亏损

可转债的到期收益率的计算比较麻烦，投资者自己计算可转债的到期收益率的工作量还是相当大的，为了减少投资者的工作量，我们可以直接参考集思录网站中的可转债的到期收益率，集思录网站中的可转债的到期收益率现在叫作到期税前收益率，但投资者如果将可转债持有到期，其收益是要进行扣税处理的，一般情况下，可转债的到期税前收益率要比可转债的到期税后收益率高 0.3%~1%，在特殊情况下，可转债的到期税前收益率会更高一些，这是因为不同的券商采用的扣税方法不一样，不过没有太大的影响。

还有一点就是集思录网站中的到期税前收益率的计算方式是复利的计算

第 5 章　组建低风险投资组合

方式，也就是说，将产生的利息继续投入到可转债投资中，然后进行利息的计算，俗称"利滚利"。而前文提到的可转债的年化到期收益率采用的是单利的计算方式，也就是在可转债产生的利息不进行继续投资的情况下计算收益，这也没有关系，因为可转债的利息比较低，所以两者的计算结果虽然会有差值，但是差值也不会很大。

在集思录网站中，投资者可以根据可转债的到期税前收益率对可转债进行筛选，笔者将集思录网站中的数据整理到表格中并进行了精简，截取了一部分，如图 5-1 所示。因为筛选时间的不同，投资者自己筛选的结果可能会和笔者整理的有差别。

代码	转债名称	现价	债券评级	剩余年限	剩余规模(亿元)	到期税前收益率
128062	亚药转债	95.606	B	3.342	9.63	7.00%
128127	文科转债	99.29	AA-	4.723	9.497	4.34%
128138	侨银转债	110.79	AA-	4.967	4.199	4.31%
110052	贵广转债	104.78	AA+	3.266	15.265	3.71%
113596	城地转债	95.82	AA-	4.66	11.995	3.70%
113595	花王转债	105.98	BBB+	4.641	3.299	3.66%
113569	科达转债	104	AA-	4.277	5.157	3.55%
110072	广汇转债	98.51	AA+	4.718	33.67	3.25%
110059	浦发转债	104.58	AAA	3.912	499.987	2.95%
113042	上银转债	104.7	AAA	5.156	199.98	2.92%
113519	长久转债	109.05	AA	2.942	6.969	2.85%
110064	建工转债	107.49	AA+	4.058	16.598	2.78%
113589	天创转债	101.65	AA	4.567	5.996	2.78%
113021	中信转债	108.43	AAA	3.26	399.997	2.72%
123056	雪榕转债	107.895	AA-	4.567	5.841	2.54%
113573	纵横转债	111.59	A+	4.381	2.698	2.54%
128100	搜特转债	105.509	A	4.282	7.993	2.48%
128117	道恩转债	110.788	AA-	4.589	3.599	2.37%
128118	瀛通转债	109.6	AA-	4.589	2.998	2.37%

图 5-1　根据可转债的到期税前收益率对可转债进行筛选

从图 5-1 中可以看到，目前可转债的到期税前收益率最高是 7%，亚药转债，其他可转债的到期收益率一般不高于 5%，不过在图 5-1 中还可以看到一个细节，亚药转债的债券评级是 B。其实这也很容易理解，由于亚药转债的债券评级比较低，投资风险也就相对大一些，这时发行可转债的公司通常会多给投资者一些利息作为补偿。

另外，当前可转债的所处行业、公司的经营状况都会对可转债的到期收益率产生影响，从图 5-1 中可以看到亚药转债的价格目前是 95.606 元/张，已经低于可转债的面值了，这是因为亚药转债受到了其所对应的正股的影响，造成了可转债价格的波动，进而影响到了可转债的到期收益率。

投资者在确定安全底线的时候，到期收益率是一个相当重要的指标，这是对可转债进行初步筛选时用到的一个指标。由于集思录网站中的可转债的到期收益率是税前的，投资者在结算收益的时候是需要进行扣税的，那么在筛选的时候就可以以到期税前收益率大于1%为条件进行筛选，也可以将可转债的到期税前收益率设置为大于1.5%，投资者根据自己的情况进行灵活操作即可，当然这个数值也不能太高，如果将可转债的到期税前收益率设置为大于3%或5%，就会发现筛选结果中没有几只可转债了。

5.2.2 估算安全区间

确定了低风险投资的安全底线以后，接下来就需要确定一下低风险投资组合的安全区间，有了安全底线，再结合在什么状态下是将可转债卖出的好时机这个条件，就可以得到一个安全区间的范围。

一般来说，在安全区间内买卖可转债，投资者大概率是能够获取稳定的收益的，在这个区间内买卖可转债的风险是最低的。如果可转债不在这个安全区间内，投资者买入后不一定会亏损，但是亏损的风险就不是很低了，和在安全区间内的可转债相比，亏损的概率还是很大的。

假如A转债的到期收益率目前为0，A转债的价格为105元/张，如果A转债要触发强赎条款，A转债的价格一定会在130元/张以上，而一般情况下上市公司是希望可转债触发强赎条款的，这样一来，发行可转债的公司就不用还钱了。

也就是说，在可转债没有违约并且没有触发强赎条款的情况下，投资者买入可转债的价格在105元/张以下，是可以赚钱的，赚的是可转债作为债券持有到期的钱。

如果投资者买入可转债的价格在130元/张以下，可转债之后可以触发强赎条款，那么投资者此时也是可以赚到钱的，赚的是发行可转债的公司强赎可转债的钱。

如果投资者买入可转债的价格大于130元/张，那么可转债即使触发了强赎条款也不能保证投资者一定会赚到钱，甚至如果买入的可转债的转股溢价率很高，触发强赎条款造成可转债的转股溢价率直接趋于0，那么还会造成投资者的大额亏损；如果投资者以130元/张以上的价格买入可转债，想要盈利，可以等待正股价格上涨带动可转债的价格上涨，投资者也可以将可转债进行转股，不过这些操作的风险性很高，已经有投机的嫌疑了。

关于可转债买入价格和相关风险如表 5-3 所示。

表 5-3 以不同价格买入可转债的相关风险

买入价格	风险情况
买入价格小于到期收益率≥0 时的价格	风险极低，基本可以保证本金安全
低于 130 元/张	有一定风险，赚触发强赎条款的钱
高于 130 元/张	有很大风险，有投机成分，风险大于收益

从表 5-3 中可以看到，在到期收益率大于或等于 0 的时候买入可转债是比较靠谱的，并且买入的价格越低，安全区间越大，想要扩展一下安全区间的投资者需要以低于 130 元/张的价格买入可转债。前面举例的 A 转债目前到期收益率大于 0，价格为 105 元/张，也就是说，投资者以 105 元/张到 130 元/张之间的价格买入可转债赚的就是可转债触发强赎条款的钱，此时有一定的风险，但是风险也不是很大，因为绝大部分的可转债都是以强赎的方式退市的。

而如果可转债的价格高于 130 元/张，此时就不建议投资者买入了，因为此时可转债的强赎条款已经不具有保护投资者利益的功能了，此时可转债的股性很强，其价格波动很大，已经不适合新手投资者进行投资了。

从集思录网站中可以看到已退市的可转债的情况，笔者将已经退市的可转债进行了整理（截至 2021 年 11 月 30 日），部分内容如图 5-2 所示。

转债代码	转债名称	最后交易价格	存续年限	退市原因
123095	日升转债	100	撤销发行	撤销发行
128057	博彦转债	142.5	2.7	强赎
123028	清水转债	321	2.4	强赎
113603	东缆转债	239.44	1.2	强赎
113580	康隆转债	156.27	1.6	强赎
123102	华自转债	263	0.7	强赎
123069	金诺转债	185.554	1.1	强赎
110041	蒙电转债	145.03	3.9	强赎
110033	国贸转债	101.64	5.8	强赎
128018	时达转债	101.155	4	强赎

图 5-2 已退市可转债统计（部分内容）

截至 2021 年 11 月 30 日，已退市的可转债一共有 214 只，经过筛选可以看到退市原因为强赎的可转债的占比为 89.7%，如图 5-3 所示，这个比例还是相当高的。

总结一下，当投资者买入可转债的价格在 130 元/张以下的时候，赚钱的概率还是很大的，而且在低风险投资组合的卖出时机中触发强赎条款也是一个非常重要的卖出参考点。

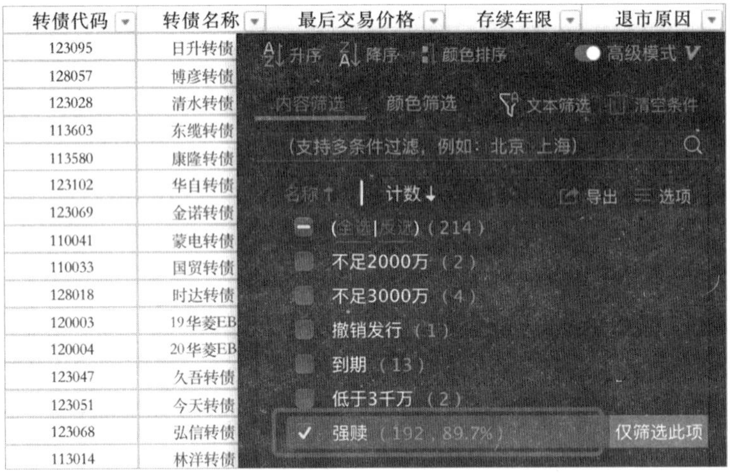

图 5-3　因为强赎原因退市的可转债占比

5.2.3　借鉴优秀的投资策略

投资者在进行投资的时候可以借鉴一些比较知名的投资机构或优秀的投资者的投资策略和投资方式，俗称"抄作业""站在巨人的肩膀上"，投资者在进行可转债的筛选的时候可以参考优秀的投资者的持仓情况。

为什么要参考这些比较知名的投资机构的持仓情况呢？机构投资者拥有比较专业的分析团队，专业的金融人士对市场进行分析，虽然不能 100%保证盈利，但是与我们普通投资者相比还是更为专业的，在这种情况下，我们就可以参考比较知名的投资机构的投资方式，了解它们的投资风格，选择适合自己的投资方法。

如果投资者经过一系列筛选，选出了几只可转债，想要再对其进行进一步筛选，那么可以看可转债十大持有人中有没有比较知名的投资机构的身影，如果有，就说明知名的投资机构也是看好这只可转债的。在可转债的投资者中，知名的投资机构越多，说明该可转债越被看好，这时投资者就可以考虑持有这只可转债。

相反，如果某只可转债的十大持有人中基本没有知名投资机构的身影，有可能这些知名的投资机构以前持有这只可转债，现在已经进行清仓操作了，要么就是知名的投资机构目前还是不看好这只可转债，这时投资者就应该慎重考虑了。

我们普通投资者去哪里查询可转债的持有人信息呢？

笔者习惯在集思录网站中进行查询，在集思录网站中查询可转债的十大持有人信息是需要付费的，非会员25元/半年，会员15元/半年，但是集思录网站更新信息比较及时，基本上可以显示可转债十大持有人的最新信息。

另外在一些券商App中也是可以看到可转债的持有人信息的。投资者在东方财富App和国泰君安App中是可以查看相关信息的，不过在有些情况下，在券商App中查到的可转债的十大持有人信息可能会延迟更新，有可能延迟半年，也有延迟一年的情况出现，这样就没有太大的参考意义了。

以精研转债为例。投资者要想在集思录网站中查看精研转债的十大持有人信息，可以从集思录网站中找到精研转债，进入精研转债的详情页面，然后往下滑在偏右侧的地方可以看到可转债的十大持有人信息，精研转债的十大持有人信息如图5-4所示。

图中持有人信息是截至2021年6月30日精研转债的十大持有人信息，等下次更新十大持有人信息时可能会有所不同。

在东方财富App中同样也可以看到精研转债十大持有人信息。在东方财富App中找到精研转债，然后点击下面的"资料"，点击"持有人"，就可以看到精研转债的十大持有人信息。如图5-5所示，我们可以看到东方财富App显示的截止日期是2021年6月30日，同时可以看到精研转债十大持有人的最新信息。

同样地，在国泰君安App中也可以查看精研转债十大持有人信息。找到精研转债，点击"精研转债"进入详情页面，然后点击"F10"，选择"简况"，在打开的页面中可以看到精研转债十大持有人信息。如图5-6所示，我们可以看到国泰君安App中的精研转债的十大持有人信息的更新时间是2020年12月31日，比较滞后，已经没有多少参考价值了。

持有人	持有数量（万张）	数量变化（万张）	持有比例	比例变化
上海浦东发展银行股份有限公司-易方达裕祥回报债券型证券投资基金	27.59	4.28	4.84%	0.75%
MERRILL LYNCH INTERNATIONAL	26.96	-	4.73%	
中国民生银行股份有限公司-安信稳健增值灵活配置混合型证券投资基金	25.77		4.52%	
招商银行股份有限公司-安信稳健增利混合型证券投资基金	20.86		3.66%	
中国国际金融香港资产管理有限公司-客户资金	16.40	4.40	2.88%	0.77%
中国工商银行股份有限公司-兴全可转债混合型证券投资基金	14.98	-2.11	2.63%	-0.37%
平安银行股份有限公司-长信可转债债券型证券投资基金	13.45	-10.05	2.36%	-1.76%
兴业银行股份有限公司-兴全有机增长灵活配置混合型证券投资基金	13.00		2.28%	
翊安（上海）投资有限公司-翊安投资可转债3号私募证券投资基金	12.00		2.11%	
易方达稳健回报债券固定收益型养老金产品-交通银行股份有限公司	11.76	-7.61	2.06%	-1.34%
本期10大持有合计			32.07%	
上期10大持有合计			30.34%	
两期10大持有变化			1.73%	

图 5-4 精研转债十大持有人信息

图 5-5 在东方财富 App 中查看精研转债十大持有人信息

图 5-6 在国泰君安 App 中查看精研转债十大持有人信息

现在我们已经掌握了怎样查询可转债的持有人信息，那么问题来了，什么样的机构或投资者才算是比较优秀的呢？

可转债的投资者一般有外资机构，私募机构，公募机构和个人投资者，其中公募机构一般注重求稳，其所投资的可转债短期基本见不到太大的波动，如果投资者看到可转债的持有人中有很多公募机构，这种可转债一般是比较靠谱的。

第 5 章 组建低风险投资组合

公募机构一般包含全国社保基金组合、一些证券基金等。以后投资者也会在可转债的持有人中经常见到它们。

接下来介绍一下知名的外资机构、私募机构、个人投资者。

1．外资机构

比较有名的外资机构有瑞银集团（UBS AG）、美林银行（MERRILL LYNCH INTERNATIONAL）、法国巴黎银行、摩根大通（JPMORGAN CHASE BANK,NATIONAL ASSOCIATION）、贝莱德（新加坡）有限公司。

其中瑞银集团，美林银行和法国巴黎银行目前是在可转债市场中比较活跃的、持有可转债的数量比较多的外资机构。如果要单独查询某个机构所持有的可转债有哪些，可以直接在任意一只可转债的详情页面的转债十大持有人的搜索栏中搜索自己想要查找的机构名称。

以瑞银集团为例，想要查询瑞银集团持有的可转债有哪些，直接在查询十大持有人搜索框中输入 UBS AG，搜索即可，如图 5-7 所示。瑞银集团当前持有可转债的情况，如图 5-8 所示。

图 5-7　查询瑞银集团持有转债

序号	代码	名称	报告期	排名	数量(万张)	数量变化(万张)	比例	比例变化
1	110047	山鹰转债	2021-06-30	6	46.72	-	2.08%	-
2	110051	中天转债	2021-06-30	6	60.43	-2.09	1.52%	-0.06%
3	110052	贵广转债	2021-06-30	3	58.49	-6.16	3.83%	-0.41%
4	110056	亨通转债	2021-06-30	4	75.38	-3.31	4.41%	-0.19%
5	110063	鹰19转债	2021-06-30	7	42.69	5.00	2.31%	0.28%
6	110067	华安转债	2021-06-30	3	118.11	42.37	4.22%	1.51%
7	110068	龙净转债	2021-06-30	5	60.74	-2.19	3.04%	-0.11%
8	110071	湖盐转债	2021-06-30	2	64.00	-3.20	8.89%	-0.44%
9	110072	广汇转债	2021-06-30	2	165.70	-11.02	4.92%	-0.32%
10	113014	林洋转债	2021-06-30	2	147.99	12.99	4.93%	0.43%
11	113036	宁建转债	2021-06-30	2	46.40	-	8.59%	-

图 5-8　瑞银集团持有的可转债

141

2. 私募机构

比较有名的私募机构有深圳市林园投资管理有限责任公司、上海宁泉资产管理有限公司、上海睿郡资产管理有限公司、上海明汯投资管理有限公司、深圳市平石资产管理有限公司、上海迎水投资管理有限公司。

前文提到的是一些比较活跃的私募机构，如果投资者在某只可转债的十大持有人中能看到上述一些机构的身影，投资者是可以考虑将这只可转债加入自己的投资组合的。关于私募机构作为可转债十大持有人的查询方法和外资机构作为可转债十大持有人的查询方法是一样的。深圳市林园投资管理有限责任公司旗下有很多基金，如图 5-9 所示。

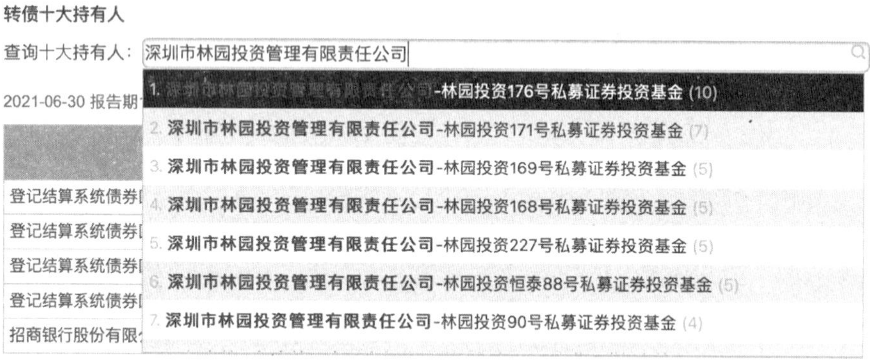

图 5-9　深圳市林园投资管理有限责任公司旗下的基金列表

选取第一只基金，深圳市林园投资管理有限责任公司—林园投资 176 号私募证券投资基金当前持有可转债的情况，如图 5-10 所示。

【深圳市林园投资管理有限责任公司–林园投资176号私募证券投资基金】持有转债

2021-06-30　2020-12-31

序号	代码	名称	报告期	排名	数量（万张）	数量变化（万张）	比例	比例变化
1	110070	凌钢转债	2021-06-30	7	3.70	-2.66	1.70%	0.25%
2	113502	嘉澳转债	2021-06-30	5	4.00	-3.11	2.17%	-1.68%
3	113573	纵横转债	2021-06-30	1	14.74	0.00	5.46%	0.00%
4	113574	华体转债	2021-06-30	4	7.70	-1.03	3.69%	-0.49%
5	128072	翔鹭转债	2021-06-30	10	3.95	-	1.31%	-

图 5-10　林园投资持有转债列表

3. 个人投资者

个人投资者就是比较厉害的散户，可以将其称为牛散，也可以将其称为游资。如果投资者看到牛散持有的可转债，也是可以考虑的。关于个人投资者作为可转债的十大持有人的可转债的查询方法和外资机构作为可转债的十大持有人的可转债的查询方法是一样的。

介绍完了投资者在投资可转债的时候可以参考的指标后，这里要提一下需要注意的地方。细心的投资者应该已经发现了，可转债十大持有人的变动信息的公布在时间方面是有延迟的，如前面提到的精研转债的十大持有人是 2021 年 6 月 30 日公布的，在 2021 年 11 月 30 日查询的时候仍然是这样显示的，在这段时间内，我们不知道精研转债的十大持有人是否进行了卖出操作和加仓操作，这段时间内可转债的持有变动情况是不确定的。

那么投资者该怎样判断从 2021 年 8 月 30 日至 2021 年 11 月 30 日精研转债的持有人有没有进行卖出操作呢，有一个办法就是看从公布十大持有人信息到查询十大持有人信息这段时间内可转债的价格有没有达到 130 元/张。如果可转债的价格没有达到 130 元/张，可转债原持有者大概率是不会进行卖出操作的，很可能继续持有可转债等到其价格突破 130 元/张或者触发强赎条款；而如果在这段时间内可转债的价格达到过 130 元/张甚至 130 元/张以上，那么可转债的持有者很可能就进行过卖出操作。以上分析只是为投资者提供一个参考，投资者可以根据自己的情况进行判断。

5.2.4　寻找合适位置的可转债

合适位置的可转债指的是合适的价格、合适的价值、能获取合适的收益，在这里需要用价格和价值对可转债进行全方位的筛选，选出适合自己的可转债。

以价格为筛选条件，如果仅仅是可转债的价格低于 130 元/张或者以可转债的到期价值为 0 以下的价格为筛选条件，这只能说明可转债的价格是合适的，可转债的价格合适并不代表可转债的价值也是合适的，可转债的价格可能大于其价值，也可能等于其价值，还可能小于其价值。针对可转债的价格和正股价格的偏离程度可以用一个指标进行衡量，这个指标就是可转债的转股溢价率。

前面已经提到过，转股溢价率可以用来衡量可转债的价格和正股价格的偏离程度。转股溢价率越低越好，转股溢价率越低说明可转债的价格和正股的价格的偏离程度越小，正股的价格上涨时，可转债的价格也很容易随之上涨；如果转股溢价率为负数，投资者还可以考虑进行转股套利操作。

如果某只可转债的转股溢价率很高，说明可转债的价格和正股价格的偏离程度比较大，如果正股的价格上涨，可转债的价格可能不涨甚至下跌，只是转股溢价率会变低。如果我们投资的时候一开始就选择转股溢价率比较低的可转债，那么正股价格上涨，可转债的价格很容易随之上涨，也就没有中间高转股溢价率趋于 0 的过程了。

在前面的内容中提到过关于可转债的不同状态，这里进行一下回顾，如图 5-11 所示。

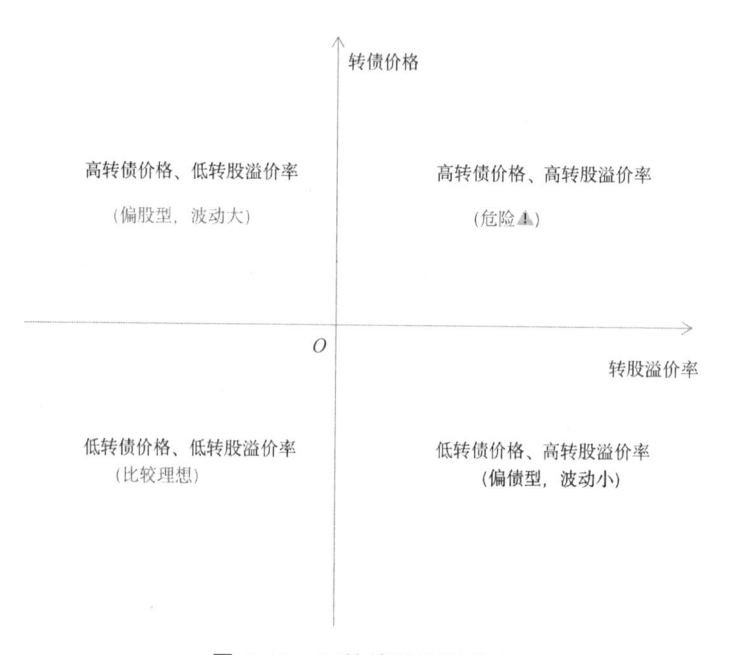

图 5-11 可转债的不同状态

前面在为低风险投资组合筛选可转债的时候已经决定了要筛选低价格的可转债，可转债的价格小于 130 元/张，那么在低价格的情况下可转债还有低转股溢价率和高转股溢价率的区别，具体内容请查看本书第 2 章，在这里就不再赘述了。在这里重点介绍一下低转债价格、低转股溢价率的可转债和低转债价格、高转股溢价率的可转债的区别。

第 5 章　组建低风险投资组合

首先来看在第四象限的低转债价格、高转股溢价率的可转债。这类可转债所对应的正股的走势很不好，一般都需要一个很长的周期进行缓解，正股价格上升，可转债的价格不一定会上升，很可能是转股溢价率从高得离谱的位置慢慢地回落到正常水平。

但这个时间周期没有人能确定是多久，有可能是几天，有可能是几个月，也有可能是几年。虽然在可转债不违约的情况下最后也是可以保本的，但是谁又愿意花一个不确定的时间成本获得一个可能仅仅保本的结果呢，这不符合投资利益最大化的原则。

而且如果第四象限中的可转债因为正股价格上涨或者可转债价格下跌使得可转债的转股溢价率从高位回到了正常水平，这是可转债的状态从第四象限向第三象限过渡的过程，最终可转债买卖的合适区间还是在第三象限中。

接下来再来看第三象限中低转债价格、低转股溢价率的可转债，前文提到过，高转股溢价率存在回落的情况，也就是说，高转股溢价率会回到一个合理的范围内，然后等到正股价格上涨的时候，可转债的价格就会随之上涨，可转债的状态会变为高转债价格、低转股溢价率，再加上一些投机或炒作的人或机构进场，可转债又被炒得火热，其转股溢价率也就上升了，可转债的状态会变为高转债价格、高转股溢价率。

在第三象限中的可转债相对来说是最适合进行投资的。低转债价格、低转股溢价率的可转债也被称为"双低"可转债，这种可转债可以说是性价比较高的可转债。可转债的双低值的计算公式如下。

$$可转债的双低值=可转债的价格+100\times 转股溢价率$$

投资者在对可转债进行筛选的时候可以将可转债的双低值从低到高进行排序，优先选择双低值比较低的可转债。

现在我们已经知道几个不同的筛选可转债的方法，根据到期收益率进行筛选，根据可转债的价格进行筛选，根据可转债的双低值进行筛选。这些筛选指标可以单独使用，也可以两两结合使用，还可以将三种筛选指标结合起来，不过如果筛选条件多了，满足条件的可转债自然就少了，这时就需要投资者自行斟酌了。

小明打算进行可转债的筛选，他打算筛选出 30 只可转债进行低风险投资组合的组建。小明为了保证自己的本金安全，他选择了到期收益率大于 0 这个条件对可转债进行筛选，假如初步筛选后发现有 80 只可转债满足条件，这时该怎么办呢？

这时小明可以将可转债的到期收益率从高到低进行排序，优先选择到期收益率比较高，可转债的评级比较好的 30 只可转债，这样就组成了一个以到期收益率为筛选条件的低风险投资组合。

小明还可以将到期收益率大于 0 的 80 只可转债初步筛选出来以后，进行二次筛选，小明可以将可转债的价格从低到高排序，优先选择价格低的 30 只可转债，一般可转债的价格是不会超过 130 元/张的，这样组成了以可转债的价格和可转债的到期收益率为筛选条件的低风险的投资组合。

还可以将到期收益率大于 0 的 80 只可转债筛选出来以后用转股溢价率这个指标对可转债进行二次筛选，将 80 只可转债的转股溢价率从低到高进行排序，优先选择转股溢价率比较低的 30 只可转债，这样就组成了以到期收益率和低转股溢价率为筛选条件的低风险投资组合。

还可以将到期收益率大于 0 的 80 只可转债筛选出来后用"双低"值对可转债进行二次筛选，将筛选出来的 80 只可转债的"双低"值从低到高进行排序，优先选择"双低"值比较低的可转债，这样就组成了以可转债的双低值和可转债的到期收益率为筛选条件的低风险投资组合。

这些筛选条件可以灵活运用，以便投资者灵活地配置自己的低风险投资组合。可以说，可转债的筛选是很重要的一步操作，投资者一定要弄清楚自己的筛选条件是什么，什么样的可转债是满足自己的需求的，有了明确的目标才能更好地对可转债进行筛选，也就是圈定一个范围，当可转债进入投资者圈定的这个范围时就可以考虑将其加入自己的低风险投资组合。

在筛选可转债的时候需要注意几个问题。将那些已经发布强赎公告、发行可转债的公司宣布要强赎的可转债进行剔除，这样的可转债对于组建低风险投资组合来说是没有意义的。因为在低风险投资组合中，卖出时机中比较重要的一个时机就是等待可转债触发强赎条款后将其卖出。如果可转债已经触发了强赎条款，就没有进行投资的必要了。

要剔除可交换债。在筛选可转债的时候不要把可交换债选中，可转债和可交换债严格来说属于两个种类，可交换债属于股东发行的一种债券，这里就不多介绍了，投资者只需要记得在筛选可转债的时候不要把可交换债选中即可。

另外，到期剩余时间小于一年的可转债也建议剔除，因为这样的可转债的投资价值不高。如果可转债的到期剩余时间小于一年，那么其触发强赎条款的概率就不是很高了，很可能会到期赎回，因此建议投资者将到期剩余时间小于一年的可转债剔除。

5.2.5 资金的合理分配

在完成了可转债的筛选之后，接下来就开始进行实际操作了，前面所有的工作都是为了此刻做准备，只有做好充分的准备，我们才能将自己的血汗钱投入到市场中。有句话是这样说的，"做很简单，做之前的准备很难"。前面所做的工作就是为了了解市场，了解可转债，让自己的资金尽可能地安全；如果投资者贸然地将资金投入到市场中，就很容易成为市场浪潮中的一叶扁舟，很容易被市场的浪潮吞没。

在做好了准备之后，投资者就需要为自己的资金做规划了，打算用多少资金进行可转债的投资，投资多少只可转债，每只可转债投资多少资金都是需要进行提前规划的，提前做好投资规划就可以尽可能地避免投资者被人性的弱点所驱使。如果投资者没有对资金进行规划，那么投资者很容易出现追涨杀跌、情绪盖过理智的情况，如果在投资过程中投资者的情绪占了上风，那么离亏钱就不远了。

1. 平均分配

非常简单的资金规划方法就是平均分配，如果投资者需要投资 20 只可转债，那么每只可转债中的资金占总资金量的 100%÷20=5%；如果投资者要投资 25 只可转债，那么每只可转债中的资金占总资金量的 100%÷25=4%；如果投资者要投资 30 只可转债，那么每只可转债中的资金占总资金量的 100%÷30=3.33%。

这种将资金平均分配到每一只可转债中的操作是非常容易的，也是很多投资者都在使用的办法。如果资金总量不是很多，投资者可以直接考虑使用这种办法。例如，投资者用 3 万元投资 30 只可转债，将 3 万元平均分配，一只可转债投资 1,000 元。

假如进行加权分配，A 转债的权重为 1.3，B 转债的权重为 0.7，那么 A 转债的投资金额为 1,300 元，B 转债的投资金额为 700 元，一般情况下，1,300 元能买一手可转债，如果运气好，用 700 元也是可以买一手可转债的。

如果投资者的资金少，将资金平均分配就好了，这样操作省时省力，投资者不用想着哪些可转债的权重该大一些，哪些可转债的权重该小一些，也不用计算加权的结果。

小明将30万元投资到30只可转债中，平均分配，每只可转债投资1万元就可以了，简单粗暴地组成了一个低风险的投资组合。

2．加权分配

与将资金平均分配相比，加权分配就更加灵活了，但前文也提到过，这种投资办法在资金量少的情况下是不太适合的。

加权分配有多种灵活的配置方法，投资者可以根据可转债的价格进行加权分配，可以根据到期收益率进行加权分配，也可以根据转股溢价率或者双低值做加权分配。

根据可转债的价格进行加权分配，投资者可以考虑将价格低的可转债的权重加得大一些，将价格高的可转债的权重减小一些。例如，价格低于80元/张的可转债，投资者可以将权重加得大一些。可转债的价格低于80元/张的情况是相当少见的，权重大一些，投资在这只可转债中的资金就可以多一些。

例如，可转债的价格在80元/张以下的给的权重是1.5，价格在80元/张至90元/张的给的权重可以是1.3，价格在90元/张至100元/张的给的权重可以是1.1，价格在100元/张至110元/张的给的权重可以是0.9，价格在110元/张至120元/张的给的权重可以是0.7，价格在120元/张至130元/张的给的权重可以是0.5。

小明将30万元投资到30只可转债中，每只可转债平均投资1万元，最终每只可转债上投资的金额就是10,000×权重。假设某只可转债的权重是1.5，投资金额就是15,000元；假设某只可转债的权重是1.3，投资金额就是13,000元。

如果按照可转债的到期收益率进行加权分配也是类似的，投资者可以根据自己的情况划定收益率的范围、进行权重的分配。例如，某只可转债的收益率大于4%，我们可以给的权重大一些，如权重为1.3；收益率在2%～4%的可转债权重为1；收益率大于0且小于2%的可转债的权重为0.7。权重给多少，在什么区间内进行分配，是投资者视情况而定的，这里给出的权重只是作为一种参考。

第 5 章 组建低风险投资组合

根据转股溢价率和双低值进行权重分配也是类似的，找到一个区间范围，将权重进行合理分配即可。

关于可转债不同价格区间的不同权重如表 5-4 所示，仅供参考。

表 5-4 可转债不同价格区间的不同权重

可转债价格	权重
低于 80 元	15
80 元至 90 元	1.3
90 元至 100 元	1.1
100 元至 110 元	0.9
110 元至 120 元	0.7
120 元至 130 元	0.5

5.2.6 注意市场机构动向

投资者进行投资后，就需要开始关注自己所投可转债的状态了，如果投资者是以那些优秀机构和个人投资者的持仓情况做参考的，就需要关注这些机构或者个人投资者的动向了。

一般来说，优秀的机构或者个人投资者所持仓的可转债，是他们比较看好的可转债，不然他们也不会买入不是吗？如果投资者当初参考了他们的持仓情况，从而进行可转债的买入，就需要关注这些机构和个人投资者的动向，看这些机构和个人投资者所持的可转债中还有没有自己的目标可转债。如果有，投资者可以考虑继续持有；如果没有，投资者就可以考虑卖出。

不过这里需要注意的是，相关网站公布机构的持仓情况也是有滞后性的，一般来说，机构的持仓信息是每个季度或者半年公布一次。因此，在这期间我们是不知道机构所持可转债的情况的，需要投资者根据可转债价格的变动进行判断。

以凌钢转债为例，2020 年 12 月 31 日，凌钢转债的十大持有人如图 5-12 所示，可以看到此时林园投资 176 号私募证券投资基金现在持有凌钢转债的数量为 6.36 万张。

2021 年 6 月 30 日，凌钢转债的十大持有人如图 5-13 所示，可以看到此时林园投资 176 号私募证券投资基金持有凌钢转债的数量为 3.7 万张。从 2020 年 12 月 31 日至 2021 年 6 月 30 日，林园投资 176 号私募证券投资基金持有的凌钢转债的数量减少了 2.66 万张。

2020-12-31 报告期十大持有人

持有人	持有数量（万张）	数量变化（万张）	持有比例	比例变化
凌源钢铁集团有限责任公司	151.36	-	34.41%	-
中国建设银行股份有限公司-易方达双债增强债券型证券投资基金	26.90	-	6.12%	-
全国社保基金一零零二组合	18.45	-	4.19%	-
易方达基金-建设银行-易方达基金建信稳健养老1号集合资产管理计划	13.08	-	2.97%	-
易方达基金-民生银行-杭州银行股份有限公司	12.71	-	2.89%	-
中国光大银行股份有限公司-易方达裕景添利6个月定期开放债券型证券投资基金	12.02	-	2.73%	-
中航信托股份有限公司-中航信托·天玑睿盈可转债投资集合资金信托计划	11.84	-	2.69%	-
易方达基金-广发银行-易方达资产管理有限公司	6.55	-	1.49%	-
深圳市林园投资管理有限责任公司-林园投资176号私募证券投资基金	6.36	-	1.45%	-
中国工商银行股份有限公司-富国天盈债券型证券投资基金(LOF)	6.09	-	1.38%	-
本期10大持有合计			60.32%	
上期10大持有合计			68.26%	
两期10大持有变化			-7.94%	

图 5-12　凌钢转债 2020 年 12 月 31 日十大持有人情况

2021-06-30 报告期十大持有人

持有人	持有数量（万张）	数量变化（万张）	持有比例	比例变化
中国农业银行股份有限公司-富国可转换债券证券投资基金	10.00	-	4.61%	-
中国建设银行股份有限公司-国泰双利债券型证券投资基金	8.12	-	3.74%	-
华夏基金延年益寿4号固定收益型养老金产品-中国农业银行股份有限公司	7.32	-	3.37%	-
国元证券-浦发银行-国元元赢3号债券分级集合资产管理计划	5.47	-	2.52%	-
海南希瓦私募基金管理有限公司-希瓦散夜股债平衡1号私募证券投资基金	5.00	-	2.30%	-
中国建设银行股份有限公司-华商信用增强债券型证券投资基金	4.64	-	2.14%	-
深圳市林园投资管理有限责任公司-林园投资176号私募证券投资基金	3.70	-2.66	1.70%	0.25%
深圳快快中融资产管理有限公司	3.52	-	1.62%	-
九坤投资(北京)有限公司-九坤稳盈1号私募投资基金	3.50	-	1.61%	-
张金山	3.48	-	1.60%	-
本期10大持有合计			25.21%	
上期10大持有合计			60.32%	
两期10大持有变化			-35.11%	

图 5-13　凌钢转债 2021 年 6 月 30 日十大持有人情况

从 2020 年 12 月 31 日至 2021 年 6 月 30 日，林园投资 176 号私募证券投资基金持有的凌钢转债的数量从 6.36 万张减少到了 3.7 万张，半年的时间减持了 2.66 万张，中间发生了什么，投资者是不清楚的。

有可能在这半年的时间内林园投资 176 号私募证券投资基金已经进行过高位卖出操作，然后在低位进行过买入操作，这样进行低买高卖套利的操作在定期的持仓情况展示中是不会显示出来的。可转债十大持有人的结果只能展现可转债最终的十大持有人，中间的变动情况是没有办法展现出来的。

如果投资者想要时时跟踪这些机构的操作是一件很耗费精力的事情，而且普通投资者也不能和机构投资者相比，普通投资者没有那么多精力，没有那么多资金，也没有专业的团队，因此普通投资者最好不要像投资机构那样做频繁交易的套利操作。普通投资者如果想在两次十大持有人信息发布间隙查看机构的持仓情况也不是很容易的，这就需要投资者根据可转债的价格变动和自己的经验进行操作了。

在两次可转债的十大持有人信息发布的间隙，投资者可以关注自己持仓的可转债的价格有没有到自己设置的卖点或者其价格是否超过了 130 元/张，达到强赎触发价。如果可转债的价格到了 130 元/张或者其价格到了自己设置的卖点，那么投资者就可以考虑将可转债卖出而不用参考投资机构的动向了。

而且如果可转债的价格达到 130 元/张，投资机构也很可能将其卖出，之后等可转债的价格降下来的时候再继续买入，进行套利操作。如果可转债的价格没有到 130 元/张，投资者是可以考虑继续持有的，因为此时投资机构将其卖出的可能性比较小，等到可转债的价格达到 130 元/张以后再考虑将其卖出也来得及。

5.2.7 留意公告动向

可转债的公告也需要留意，如关于可转债的一些重要事项的变动公告、可转债的强赎公告、转股价下修的公告或者可转债回售的公告，这些公告都不能忽视，尤其是自己正在持有的可转债的公告更不能忽视。如果错过了某些公告，很可能会给自己带来不必要的亏损，尤其是错过了可转债的强赎公告，损失就相当大了。

不过，投资者同时管理低风险投资组合中的几十只可转债，要看每只可转债的公告确实有些麻烦，需要进入每只可转债的详情页查看最近有没有新的公告发布，相当费时费力。

当可转债触发强赎条款，发行可转债的公司发布强赎公告的时候，一般券商的 App 都会推送提醒通知。虽然券商 App 会推送提醒通知，但毕竟是自己的真金白银，过分依赖券商 App 的提醒通知还是不行的，万一券商 App 没有推送提醒通知或者券商 App 推送的提醒通知被投资者忽略了，很容易造成亏损。

为了方便投资者查询可转债的相关公告，也为了让投资者养成查看可转债的相关公告的习惯而避免过分依赖券商 App 推送的提醒通知，集思录网站拥有对投资者所持有的可转债的相关公告进行统一整理的功能，而不用投资者对每只可转债的相关公告逐一进行查看。在集思录网站的首页，选择可转债，然后选择"最新公告"选项，如图 5-14 所示。

图 5-14　在集思录网站中查询可转债的最新公告

进入最新公告页面后，投资者可以查看所有可转债最近一周的公告，输入股票或可转债的代码可查询其最近一年的相关公告，最多显示 1,000 条。投资者每天直接在这里查看可转债的相关公告就可以了。如果没有那么多时间，每周平均看两三次也可以，尽量不要错过可转债的重要公告。截至 2021 年 12 月 6 日，集思录网站中最新公告列表如图 5-15 所示。

转债代码	转债名称	公告
113534	鼎胜转债	江苏鼎胜新能源材料股份有限公司关于公司副总经理辞职的公告
123063	大禹转债	关于收到1.4亿元湖南省永顺县水系连通及水美乡村建设试点点项目中标通知书的公告
123063	大禹转债	关于收到0.6亿元甘肃省临泽县2021年高标准玉米制种基地建设项目（EPC+O）中标通知书的公告
123063	大禹转债	关于控股股东、实际控制人、董事长股份质押展期的公告
128140	润建转债	关于中标候选人公示的提示性公告
113532	海环转债	海峡环保2021年度第三期绿色超短期融资券发行情况公告
128022	众信转债	关于终止凯撒同盛发展股份有限公司换股吸收合并众信旅游集团股份有限公司并募集配套资金暨关联交易的公告
128022	众信转债	关于对深圳证券交易所重组问询函的回复公告
128022	众信转债	关于第四届监事会第三十二次会议决议公告
128022	众信转债	关于第四届董事会第四十三次会议决议公告
128022	众信转债	独立董事关于第四届董事会第四十三次会议相关事项的独立意见
128022	众信转债	独立董事关于第四届董事会第四十三次会议相关事项的事前认可意见
123086	海兰信	海兰信：可转换公司债券付息公告
127025	冀东转债	关于吸收合并金隅冀东水泥（唐山）有限责任公司并募集配套资金现金选择权实施的第三次提示性公告
123084	高澜转债	关于"高澜转债"2021年付息的公告
127033	中装转2	关于实际控制人部分股份解除质押及质押的公告
127033	中装转2	重大工程项目中标公告
118001	金博转债	天职国际会计师事务所（特殊普通合伙）关于湖南金博碳素股份有限公司2021年度向特定对象发行股票的财务报表及审计报告
118001	金博转债	湖南启元律师事务所关于湖南金博碳素股份有限公司2021年度向特定对象发行股票并在科创板上市的法律意见书
118001	金博转债	湖南金博碳素股份有限公司向特定对象发行股票募集说明书（申报稿）

图 5-15　集思录网站中最新公告列表

第 5 章　组建低风险投资组合

一般在公告列表中可以查看近七天所有可转债的相关公告信息。因此，投资者每周看两次公告信息，一般是不会错过可转债重要的公告信息的，而且还可以搜索关键词信息，这样投资者就不会轻易错过可转债的重要公告了。

如果条件允许，投资者每天晚上浏览一下当天的公告信息比较好，因为每天浏览当天的公告信息，公告信息的数量不会很多，这样查阅起来也不会显得特别费力。如果每周看一次或者两次，公告信息的数量就有些多了，投资者在看的时候难免会有些耗时费神，不如每天将当天的公告信息都看一遍，今日事今日毕。

投资者可以在关键词搜索框中对自己想要搜索的关键词进行搜索，这对于查询自己所持可转债的公告信息相当方便，如搜索"赎回"，可以看到搜索结果如图 5-16 所示。

序号	公告时间	股票代码	股票名称	转债代码	转债名称	公告
1	2021-12-04	300709	精研科技	123081	精研转债	关于精研转债赎回实施的第十次提示性公告
2	2021-12-04	603897	长城科技	113528	长城转债	浙江长城电工科技股份有限公司关于"长城转债"可能满足赎回条件的提示性公告
3	2021-12-04	603707	健友股份	113579	健友转债	南京健友生化制药股份有限公司关于实施"健20转债"赎回的第二次提示性公告
4	2021-12-04	603707	健友股份	113614	健20转债	南京健友生化制药股份有限公司关于实施"健20转债"赎回的第二次提示性公告
5	2021-12-04	600885	宏发股份	110082	宏发转债	宏发股份：自有资金购买理财产品到期赎回的公告
6	2021-12-04	600522	中天科技	110051	中天转债	江苏中天科技股份有限公司关于实施"中天转债"赎回的第一次提示公告
7	2021-12-03 19:17	300752	隆利科技	123074	隆利转债	关于隆利转债赎回实施的第七次提示性公告
8	2021-12-03 17:41	300682	朗新科技	123083	朗新转债	关于不提前赎回朗新转债的公告
9	2021-12-03	002953	日丰股份	128145	日丰转债	关于日丰转债可能满足赎回条件的提示性公告
10	2021-12-03	603035	常熟汽饰	113550	常汽转债	江苏常熟汽饰集团股份有限公司关于不提前赎回"常汽转债"的提示性公告
11	2021-12-02 17:56	300752	隆利科技	123074	隆利转债	关于隆利转债赎回实施的第六次提示性公告
12	2021-12-02	300709	精研科技	123081	精研转债	关于精研转债赎回实施的第九次提示性公告
13	2021-12-02	603208	江山欧派	113625	江山转债	江山欧派关于公司使用闲置募集资金进行现金管理到期赎回的公告
14	2021-12-02	603707	健友股份	113579	健友转债	南京健友生化制药股份有限公司关于实施"健20转债"赎回的第一次提示性公告
15	2021-12-02	603707	健友股份	113614	健20转债	南京健友生化制药股份有限公司关于实施"健20转债"赎回的第一次提示性公告

图 5-16　集思录网站中的关键词搜索结果

可以看到搜索结果都是关于赎回可转债的提示性公告，对于同时投资多只可转债的投资者来说，这样查询最新的公告信息的效率非常高，投资者对可转债公告进行密切关注也不是一件很难的事情了。

5.2.8 把握卖出时机

如果将买入可转债作为投资的阶段性起点，那么卖出操作就是投资的阶段性终点，那么什么时候是可转债的卖出时机呢？

对于可转债来说，卖出的时机包括当可转债的价格超过130元/张的时候、触发强赎条款的时候、其价格达到投资者心理预期的时候，或者每次在实施轮动策略的时候。

如果要在可转债的价格到130元/张的时候将其卖出，这是一个比较有计划的卖出方法，因为对于可转债未来的价格，没有人可以预测，我们不知道可转债的价格会在什么时候涨到最高，最高的价格又是多少。不过我们知道，在一般情况下，可转债触发强赎条款，那么它的价格就一定会达到130元/张，因此将可转债的价格达到130元/张设为一个卖出点，是一个比较不错的卖出时机。

另外就是再定一个小目标，在可转债快触发强赎条款的时候设置一个卖出点。投资者持有可转债一直等到可转债快触发强赎条款的时候进行卖出，这样的优势就是能够尽可能地赚取更多的利润，尽可能地避免卖飞的情况出现。不过这种操作也是有风险的，投资者需斟酌。

投资者还可以在可转债的价格达到自己心理预期的时候对其进行卖出操作。投资者在买入可转债的时候就针对目标可转债设置一个合理的卖出价格，注意设置的卖出价格一定要合理。买入一只可转债后，投资者想盈利100%以后再进行卖出操作，不能说这种情况一定没有，但是一般情况下这样的概率是比较低的。一般将可转债的卖出价格设置为120元/张至150元/张算是比较合理的，很有可能达到。

还有一种操作办法就是针对可转债的轮动操作进行卖出操作。假如每个月实施两次双低可转债的低风险轮动策略，每半个月查看一次，将双低值较高的可转债卖出，重新买入双低值较低的可转债，这样的卖出策略有着很强的计划性，既可以做到低买高卖，也能避免人性和情绪的干扰。

如果已经决定了要卖出，那就不要犹豫，买卖要果断。

5.2.9 如何卖出收益最高

相信每一位投资者都希望买在低点、卖在高点，每次都能完成低买高卖的操作。不过没有人能够预测可转债的价格，因此没有人能够每次都买在最低点、卖在最高点，只能尽可能地做到买在相对的低点、卖在相对的高点。现在有很多投资者最后都会进行反向操作，低卖高买，俗称追涨杀跌。

前面提到了关于可转债的卖出时机，现在来分析一下如果到了卖出时机，投资者需要进行怎样的卖出操作才能让自己的收益最大化。

可转债到了卖出时机，是全部卖出的收益高还是分批卖出的收益高，这是需要投资者考虑的问题。如果一次性全部卖出，投资者是省心了，但也有可能出现卖出以后可转债的价格继续上涨的情况，这样可转债就被卖飞了。

还有一种办法是将可转债分批卖出，如可转债的价格达到了130元/张，投资者将其卖出一部分，然后可转债的价格每上涨一些就将手中的可转债卖出一半，以此类推，如可转债的价格每上涨10%或者15%就将手中的可转债卖出一半。

可转债的价格也会有下跌的情况。当可转债的价格下跌时，投资者也是可以考虑将其分批卖出的，可转债的价格每下跌一些，就将手中的可转债卖出一半，等其价格下跌到一定程度就全部卖出，给自己设置一个止损点。

例如，投资者所持有的可转债的价格每下跌10%，就卖出所持可转债的一半，如果可转债的价格下跌了30%就全部清仓卖出，及时止损。

分批卖出策略的优势是投资者能够尽可能地得到可转债价格上涨后的收益；但是分批卖出策略也有不足的地方，如果在可转债的价格下跌后，将其进行分批卖出与一次性全部卖出相比，收益就少了很多。

例如，小明在其低风险投资组合的每只可转债中投资了10,000元，其中A转债是以100元/张的价格买入的，现在A转债的价格已经达到了130元/张，此时如果小明选择一次性将其所持有的A转债全部卖出，相当于赚了30%，也就是3,000元，之后A转债的价格是继续上涨还是下跌就和小明没有关系了。

如果小明采用的是分批卖出策略，当A转债的价格为130元/张的时候，小明将其所持有的 A 转债卖出一半，也就是卖出 50 张，此时小明获取的收益是 1,500 元，小明继续持有剩余的 A 转债；等到 A 转债的价格继续上涨 10%，达到 140 元/张以后，再次卖出所持 A 转债的一半——25 张，因为可转债的交易数量只能是 10 的整数倍，假设小明此时卖出 30 张，也就是盈利了 1,200 元；等到 A 转债的价格又上涨了 10%，达到 150 元，小明选择将所持 A 转债全部卖出。小明一共盈利了 1,500+1,200+1,000=3,700 元，与一次性全部卖出相比，盈利还是多一些的。

如果小明选择将所持可转债分批卖出，当 A 转债的价格为 130 元/张时，小明将所持 A 转债卖出一半，盈利了 1,500 元，此时 A 转债的价格开始下跌，当 A 转债的价格跌到 117 元/张以后，小明选择卖出 30 张可转债，此时盈利为 30×17=510 元；之后 A 转债的价格又开始下跌，等到 A 转债的价格跌到 104 元/张后，到达了小明的止损点，小明选择将所持 A 转债全部卖出，这时小明的盈利为 4×20=80 元。小明一共盈利了 1,500+510+80=2,090 元，与一次性将 A 转债全部卖出所得盈利相比，少了 910 元。

每种卖出方法都有其优势和劣势，除了上面两种卖出方法，还有很多不同的卖出方法。不同的投资者可以根据自己的投资习惯选择不同的卖出方法。另外上面关于分批卖出提到的上涨 10%或者下跌 10%都是需要投资者根据自己的情况确定的。

5.3　组建低风险投资组合的步骤

本节将会对可转债的低风险投资组合进行系统的梳理和归纳，将前面零散的内容进行串联，让读者对可转债的低风险投资组合有一个系统全面的了解。

组建低风险投资组合有三个重要的步骤：筛选并买入可转债，观察所持可转债的状态，卖出可转债后继续投资或落袋为安。

以上三个步骤就是可转债低风险投资组合的重要内容，在这里统一进行梳理，低风险投资组合的思维导图如图 5-17 所示。

第 5 章 组建低风险投资组合

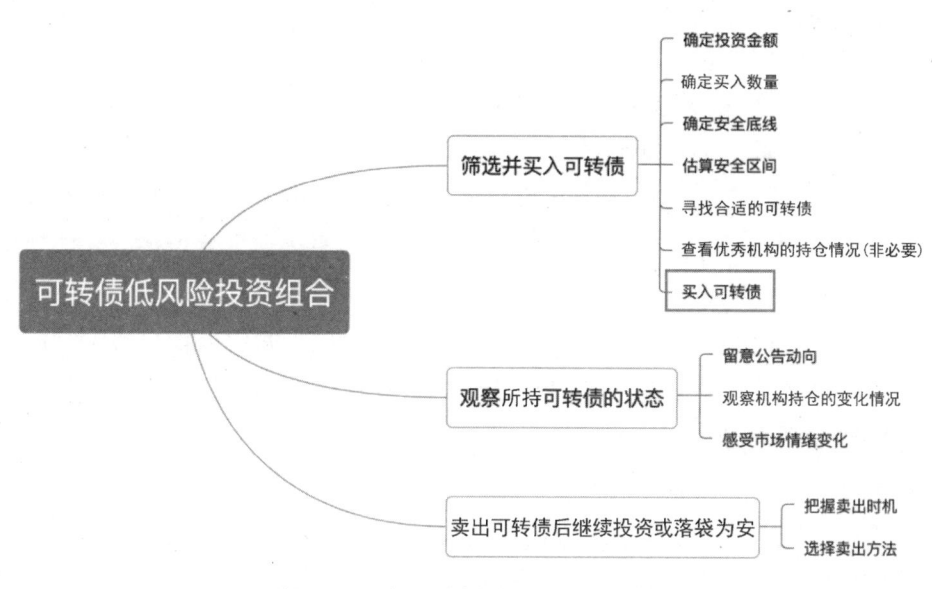

图 5-17 低风险投资组合思维导图

5.3.1 筛选并买入可转债

这是构建低风险投资组合的第一步，也是非常重要的一步，是打仗前的准备阶段，这个阶段看似简单和轻松，其实容错率是相当低的，并不允许产生很多失误。如果投资者前期筛选并且买入的可转债是一只状态不是很好的可转债，如可转债的价格比较高、转股溢价率比较高或者可转债的剩余年限不到一年，买入这种可转债就犹如在战斗开始前花钱买了一堆锈迹斑斑的武器，虽然能用，但是不好用，扔了还心疼，毕竟花钱了。

言归正传，在筛选并买入可转债的时候，需要注意以下几点。

第一，投资者要看自己用于投资的资金量。

第二，确定自己想要组建的可转债低风险投资组合中有多少只可转债，计算一下每只可转债中大概要投入多少资金。

第三，确定自己投资的底线，是保证本金安全，还是能接受一定的亏损，针对不同的安全底线选用不同的投资方法，这种安全底线也可以称作个人的风险偏好。

第四，开始估算投资可转债的安全区间，看看买入哪个区间的可转债大概率是能赚钱的。例如，可转债在没有被强赎之前，其价格低于 130 元/张都是相对安全的；在可转债的到期收益率大于 0 的情况下进行买入操作是可以保证本金的安全的，此时可转债的安全区间就是到期收益率大于 0。同理，根据不同筛选条件进行安全区间的筛选，筛选条件不同，安全区间也不同。

第五，寻找合适的可转债并将其列为投资备选可转债，对安全区间内的可转债也要进行排序，哪些安全性相对高一些，哪些安全性相对低一些，优先将那些安全性相对较高的可转债加入低风险投资组合。

第六，可以参考知名机构的持仓情况进行辅助判断，但这一步不是必要的。优秀的机构投资者的持仓情况确实有参考价值，但有些优秀的机构投资者的风格就是快进快出、暴力拉升，这样的机构持有的可转债很容易触发强赎条款。

第七，买入筛选出来的可转债。买入可转债时，投资者需要考虑是将资金平均分配，还是对可转债进行加权操作，这就需要投资者根据实际情况确定了，从这里开始就是涉及真金白银的操作了。

以上就是组建可转债低风险投资组合的第一步，这个阶段的内容是前期的准备和铺垫，是为了让后面的操作更简单、更轻松，使投资者获得更多的收益，每一点都很重要，对于涉及自己钱的事情，还是建议投资者打起十二分精神。

5.3.2　观察所持可转债的状态

投资者需要观察所持可转债的状态，这一阶段就相当于守护打仗使用的武器，保证它们不被破坏并且还要定期保养，也可以形象地理解为把鲜花的种子种下去以后，接下来就是看护和浇水的阶段。

在这个阶段，最重要的就是关注自己所持可转债的最新公告，关注自己持仓中的可转债有没有涉及强赎、回售、转股价下修或者重大人事变动等信息，关注这些公告一方面是为了掌握可转债的动态，另一方面是为了避免错过发行可转债的公司发布的强赎公告，从而避免本金的亏损。

接下来，投资者应继续关注那些知名投资机构的持仓信息，关注机构投资者的持仓情况的变化。优秀的机构投资者的行为可能成为一种风向标，投资者如果在筛选可转债的时候参考了机构投资者的持仓信息，那么此时投资者也可以参考机构投资者的持仓变动,对自己的可转债持仓进行调整。

之后投资者可以感受可转债市场的情绪变动,感受市场正处于什么样的状态,是情绪高涨的大牛市,还是情绪波动的震荡市,或者情绪惨淡的熊市。

如果是情绪高涨的大牛市,那么投资品的价格整体上涨的概率就比较大,一般大部分投资品都会有一定的涨幅;如果是情绪波动的震荡市,那么投资品的价格就有涨有跌了,有的涨得厉害,有的跌得惨淡,此时投资者就要留心观察自己投资的可转债的价格是否有两极分化的情况;如果是情绪惨淡的大熊市,那么市场整体就会显得比较惨淡,投资品的价格基本上是整体下跌的,在这种情况下投资者可以考虑继续持有手中的可转债,也可以暂时先抽出本金,继续等待合适的机会。

以上是组建可转债低风险投资组合的第二步,投资者要关注可转债的动向和市场的变动,保证本金的安全。

5.3.3 卖出可转债后继续投资或落袋为安

这一阶段主要是阶段性的收尾工作,将达到卖出条件的可转债卖出,得到的收益可以选择继续投资可转债,补上刚刚卖出可转债造成的低风险投资组合中可转债的数量缺口,使投资组合中的可转债的数量保持稳定;当然也可以选择卖出以后不再采用低风险投资组合的方式进行投资,落袋为安。

如果低风险投资组合中的可转债达到了卖出条件,就不要犹豫,要果断进行卖出操作,减少因为个人情绪造成的影响。这里要注意,卖出条件是投资者根据自身的投资风格和风险偏好灵活设置的。

如果低风险组合中的可转债达到了卖出条件,投资者决定将其卖出,那么也要注意选择卖出方法,可以考虑将达到卖出条件的可转债一次性全部卖出,省时省力;也可以考虑将达到卖出条件的可转债分批卖出,尽可能地获取更多的收益。

以上就是组建低风险投资组合流程的梳理过程,笔者将低风险投资组合中需要注意的问题和一些情况进行了简单的说明,希望能够对投资者有所帮助,能够为投资者组建低风险投资组合做一个简单的参考。

5.4 实操演示

通过前文的学习，相信读者已经对可转债低风险投资组合的理论有了清晰的了解，本节的主要内容就是带领读者进行可转债低风险投资组合组建的实操，让读者能够更加容易地掌握低风险投资组合的组建方法。

5.4.1 确定投资金额和买入数量

假如现在小明想要用 30 万元组建一个可转债的低风险投资组合，他打算将 30 万元平均分配到 30 只可转债中，每只可转债投资 10,000 元。

5.4.2 确定安全底线

小明想尽可能地保证本金的安全，那么安全底线就是可转债的到期收益率大于 0。因为在集思录网站中只能查询到期税前收益率这个指标，所以筛选的时候要把最终的税率也加上，一般在集思录网站中搜索到期税前收益率大于 1% 即可，最终在安全底线之上的可转债有 63 只，如图 5-18 所示。这里需要注意，在不同的时间进行筛选，筛选结果可能不一样，因此图示结果和投资者筛选的结果有偏差属于正常现象。

	代码	转债名称	现价	转股价	转股价值	溢价率	债券评级	剩余年限	剩余规模(亿元)	到期税前收益	双低
2	128062	亚药转债	95.269	16.25	25.05	280.37%	B	3.321	9.63	7.17%	375.64
3	128127	文科转债	99.37	4.88	73.16	35.83%	AA-	4.701	9.497	4.34%	135.2
4	128138	侨银转债	111.1	25.33	56.97	95.02%	AA-	4.945	4.199	4.27%	206.12
5	113596	城地转债	95.35	24.26	31.16	205.98%	AA-	4.638	11.995	3.83%	301.33
6	113569	科达转债	103.19	14.8	42.7	141.65%	AA-	4.255	5.157	3.76%	244.84
7	110052	贵广转债	105.11	7.94	56.3	86.71%	AA+	3.244	15.265	3.63%	191.82
8	110072	广汇转债	98.41	4.03	63.03	56.14%	AA+	4.696	33.67	3.29%	154.55
9	113589	天创转债	100.93	12.29	46.54	116.86%	AA	4.545	5.996	2.95%	217.79
10	110059	浦发转债	104.8	13.97	61.56	70.24%	AAA	3.89	499.987	2.91%	175.04
11	113042	上银转债	104.99	10.63	67.45	55.65%	AAA	5.134	199.98	2.88%	160.64
12	113519	长久转债	109.1	11.04	58.06	87.90%	AA	2.921	6.969	2.85%	197
13	113021	中信转债	108.6	6.73	67.31	61.34%	AAA	3.238	399.997	2.69%	169.94
14	123056	雪榕转债	107.4	11.77	60.32	78.04%	AA-	4.545	5.841	2.66%	185.44
15	128118	濮通转债	108.639	21.24	56.73	91.49%	AA-	4.567	2.998	2.58%	200.13
16	128573	纵横转债	111.66	49.15	102.22%	A+	4.359	2.698	2.53%	213.88
17	113595	花王转债	111.52	6.92	51.01	118.62%	BBB+	4.619	3.299	2.52%	230.14
18	113578	全筑转债	106.05	5.25	66.29	59.99%	AA	4.367	3.839	2.51%	166.04
19	110064	建工转债	108.82	4.53	36.93%	AA+	4.036	16.598	2.48%	145.75
20	128117	道恩转债	110.3	28.83	62.43	76.66%	AA-	4.567	3.599	2.48%	186.96
21	127034	绿茵转债	105.31	12.38	76.74	37.24%	AA-	5.395	7.119	2.34%	142.55
22	128125	华阳转债	106.703	25.39	57.74	84.80%	AA-	4.644	4.499	2.25%	191.5
23	128100	搜特转债	106.67	1.62	95.68	11.49%	A	4.26	7.993	2.22%	118.16
24	113584	家悦转债	104.7	37.53	38.9	169.14%	AA	4.493	6.449	2.13%	273.84
25	128063	未来转债	119.22	8.6	87.45	36.25%	AA	3.323	6.294	2.11%	155.47
26	123096	思创转债	111.655	8.27	80.17	39.27%	AA-	5.137	8.17	2.11%	150.93
27	127007	湖广转债	105.7	5.58	62.9	68.04%	AA+	2.559	12.184	2.07%	173.74
28	128132	交建转债	106.3	18.85	64.27	65.39%	AA	4.773	8.491	2.05%	171.69
29	123049	维尔转债	114.12	7.38	78.18	45.96%	AA-	4.348	9.17	2.04%	160.08

图 5-18 到期税前收益率大于 1% 的可转债列表

	代码	转债名称	现价	转股价	转股价值	溢价率	债券评级	剩余年限	剩余规模(亿元)	到期税前收益	双低
30	128069	华森转债	111.269	18.01	70.41	58.04%	AA-	3.548	2.998	2.02%	169.31
31	113604	多伦转债	106.43	10.4	63.75	66.95%	AA-	4.849	6.399	1.99%	173.38
32	113037	紫银转债	106.05	4.05	79.01	34.22%	AA+	4.625	44.995	1.93%	140.27
33	123076	强力转债	107.611	18.94	65.15	65.17%	AA-	4.951	8.499	1.93%	172.78
34	113033	利群转债	106.34	7.01	85.45	24.45%	AA	4.315	17.998	1.85%	130.79
35	113530	大丰转债	114.03	16.3	70.4	61.06%	AA-	3.301	6.297	1.85%	175.09
36	113597	佳力转债	114.21	23.15	63.76	79.13%	AA-	4.644	2.998	1.83%	193.34
37	123093	金陵转债	118.401	49.19	54.54	117.08%	A+	5.118	2.485	1.79%	235.48
38	127016	鲁泰转债	107.59	8.71	69.58	54.64%	AA+	4.337	13.999	1.77%	162.23
39	127019	国城转债	106.162	21.06	66.9	58.68%	AA-	4.603	8.498	1.75%	164.84
40	128015	久期转债	106.74	6.97	63.56	67.94%	A+	1.501	7.795	1.73%	174.68
41	113601	塞力转债	111.98	16.98	85.51	30.95%	AA-	4.704	5.429	1.66%	142.93
42	113036	宁建转债	108.69	4.76	76.05	42.92%	AA	4.578	5.399	1.64%	151.61
43	128105	长集转债	107.38	7.91	72.19	48.75%	AA-	4.337	7.995	1.61%	156.13
44	113625	江山转债	113.78	96.33	57.23	98.81%	AA-	5.51	5.83	1.61%	212.59
45	127018	本钢转债	119.444	4.55	92.75	28.78%	AAA	4.559	56.312	1.58%	148.22
46	123077	汉得转债	115.999	9.69	78.43	47.90%	AA-	4.964	9.368	1.56%	163.9
47	123126	瑞丰转债	118.9	17.8	85.67	38.78%	A+	5.759	3.4	1.55%	157.68
48	128114	正邦转债	107.4	14.77	64.93	65.41%	AA	4.526	15.962	1.53%	172.81
49	110068	龙净转债	107.78	10.55	79.24	36.01%	AA+	4.293	19.998	1.51%	143.79
50	123044	红相转债	117.643	15.87	74.13	58.70%	AA-	4.26	5.496	1.47%	176.34
51	128066	亚泰转债	111.55	9.27	93.2	19.68%	AA-	3.362	4.798	1.38%	131.23
52	113563	柳药转债	106.89	23.87	66.61	60.47%	AA	4.11	8.018	1.37%	167.36
53	128049	华源转债	109.17	7.37	76.8	42.15%	AA-	2.975	3.632	1.34%	151.32
54	113624	正川转债	113.35	46.69	74.15	52.87%	A+	5.389	4.05	1.34%	166.22
55	113044	大秦转债	106.99	7.18	86.49	23.70%	AAA	5.019	319.992	1.32%	130.69
56	123106	正丹转债	117.265	7.5	91.73	27.83%	AA-	5.293	3.2	1.32%	145.1
57	123059	银信转债	116.715	9.72	86.21	35.38%	AA-	4.603	3.913	1.32%	152.1
58	128123	国光转债	109.2	13.49	65.68	66.27%	AA-	4.636	3.2	1.28%	175.47
59	128083	新北转债	109.583	11.45	76.24	43.73%	AA	4.016	8.769	1.21%	153.31
60	113566	翔港转债	118.01	10.77	76.14	55.00%	A+	4.227	1.614	1.21%	173.01
61	123065	宝莱转债	114.77	40.14	43.97	161.01%	A+	4.742	2.189	1.15%	275.78
62	113532	海环转债	108.24	7.63	76.41	41.66%	AA	3.318	4.587	1.14%	149.9
63	123082	北陆转债	115.13	8.81	88.54	30.04%	A+	5	4.993	1.06%	145.17

图 5-18 到期税前收益率大于 1% 的可转债列表（续）

5.4.3 进一步筛选可转债

经过初步筛选后，上面的 63 只可转债都是可以满足买入以后在不违约的情况下保证本金安全这一条件的，接下来就要进一步筛选更适合小明的可转债。

如果想要追求更低的风险，可以筛选债券评级在 A 以上的可转债，将债券评级达不到 A 级的可转债剔除，然后将剩余到期时间不到 1 年的可转债剔除，接下来再将可转债按照到期收益率进行降序排序，优先选择到期收益率较高的 28 只可转债组成低风险投资组合，如图 5-19 所示。

另外还可以根据可转债的价格进行升序排序，优先选择可转债价格比较低的前 28 只可转债，如图 5-20 所示。

代码	转债名称	现价	转股价	转股价值	溢价率	债券评级	剩余年限	剩余规模(亿元)	到期税前收益	双低
128127	文科转债	99.37	4.88	73.16	35.83%	AA-	4.701	9.497	4.34%	135.2
128138	侨银转债	111.1	25.33	56.97	95.02%	AA-	4.945	4.199	4.27%	206.12
113596	城地转债	95.35	24.26	31.16	205.98%	AA-	4.638	11.995	3.83%	301.33
113569	科达转债	103.19	14.8	42.7	141.65%	AA-	4.255	5.157	3.76%	244.84
110052	贵广转债	105.11	7.94	56.3	86.71%	AA+	3.244	15.265	3.63%	191.82
110072	广汇转债	98.41	4.03	63.03	56.14%	AA+	4.696	33.67	3.29%	154.55
113589	天创转债	100.93	12.29	46.54	116.86%	AA	4.545	5.996	2.95%	217.79
110059	浦发转债	104.8	13.97	61.56	70.24%	AAA	3.89	499.987	2.91%	175.04
113042	上银转债	104.99	10.63	67.45	55.65%	AAA	5.134	199.98	2.88%	160.64
113519	长久转债	109.1	11.04	58.06	87.90%	AA	2.921	6.969	2.85%	197
113021	中信转债	108.6	6.73	67.31	61.34%	AAA	3.238	399.997	2.69%	169.94
123056	雪榕转债	107.4	11.77	60.32	78.04%	AA-	4.545	5.841	2.66%	185.44
128118	嬴通转债	108.639	21.24	56.73	91.49%	AA-	4.567	2.998	2.58%	200.13
113573	纵横转债	111.66	18.78	55.22	102.22%	A+	4.359	2.698	2.53%	213.88
113578	全筑转债	106.05	5.25	66.29	59.99%	AA	4.367	3.839	2.51%	166.04
128117	道恩转债	110.3	28.83	62.43	76.66%	AA-	4.567	3.599	2.48%	186.96
110064	建工转债	108.82	4.53	79.47	36.93%	AA+	4.036	16.59	2.48%	145.75
127034	绿茵转债	105.31	12.38	76.74	37.24%	AA-	5.395	7.119	2.34%	142.55
128125	华阳转债	106.703	25.39	57.74	84.80%	AA-	4.644	4.499	2.25%	191.5
128100	搜特转债	106.67	1.62	95.68	11.49%	A	4.26	7.993	2.22%	118.16
113584	家悦转债	104.7	37.53	38.9	169.14%	AA	4.493	6.449	2.13%	273.84
128063	未来转债	119.22	8.64	87.5	36.25%	AA-	3.323	6.294	2.11%	155.47
123096	具创转债	111.655	8.27	80.17	39.27%	AA-	5.137	2.698	2.11%	150.93
127007	湖广转债	105.7	5.58	62.9	68.04%	AA+	2.559	12.184	2.07%	173.74
128132	交建转债	106.3	18.53	64.27	65.39%	AA	4.773	8.491	2.05%	171.69
123049	维尔转债	114.12	7.38	78.18	45.96%	AA-	4.348	9.17	2.04%	160.08
128069	华森转债	111.269	18.01	70.41	58.04%	AA-	3.548	2.998	2.02%	169.31
113604	多伦转债	106.43	10.4	63.75	66.95%	AA-	4.849	6.399	1.99%	173.38

图 5-19 到期收益率降序排列

代码	转债名称	现价	转股价	转股价值	溢价率	债券评级	剩余年限	剩余规模(亿元)	到期税前收益	双低
113596	城地转债	95.35	24.26	31.16	205.98%	AA-	4.638	11.995	3.83%	301.33
110072	广汇转债	98.41	4.03	63.03	56.14%	AA+	4.696	33.67	3.29%	154.55
128127	文科转债	99.37	4.88	73.16	35.83%	AA-	4.701	9.497	4.34%	135.2
113589	天创转债	100.93	12.29	46.54	116.86%	AA	4.545	5.996	2.95%	217.79
113569	科达转债	103.19	14.8	42.7	141.65%	AA-	4.255	5.157	3.76%	244.84
113584	家悦转债	104.7	37.53	38.9	169.14%	AA	4.493	6.449	2.13%	273.84
110059	浦发转债	104.8	13.97	61.56	70.24%	AAA	3.89	499.987	2.91%	175.04
113042	上银转债	104.99	10.63	67.45	55.65%	AAA	5.134	199.98	2.88%	160.64
110052	贵广转债	105.11	7.94	56.3	86.71%	AA+	3.244	15.265	3.63%	191.82
127034	绿茵转债	105.31	12.38	76.74	37.24%	AA-	5.395	7.119	2.34%	142.55
127007	湖广转债	105.7	5.58	62.9	68.04%	AA+	2.559	12.184	2.07%	173.74
113578	全筑转债	106.05	5.25	66.29	59.99%	AA	4.367	3.839	2.51%	166.04
113037	紫银转债	106.05	4.05	79.01	34.22%	AA+	4.625	44.995	1.93%	140.27
127019	国银转债	106.162	21.06	66.9	58.68%	AA	4.603	8.498	1.75%	164.84
128132	交建转债	106.3	18.53	64.27	65.39%	AA	4.773	8.491	2.05%	171.69
113033	利群转债	106.34	7.01	85.45	24.45%	AA	4.315	17.998	1.85%	130.79
113604	多伦转债	106.43	10.4	63.75	66.95%	AA-	4.849	6.399	1.99%	173.38
128100	搜特转债	106.67	1.62	95.68	11.49%	A	4.26	7.993	2.22%	118.16
128125	华阳转债	106.703	25.39	57.74	84.80%	AA-	4.644	4.499	2.25%	191.5
128015	久期转债	106.74	6.97	63.56	67.94%	A+	1.501	7.795	1.73%	174.68
113563	柳药转债	106.89	23.87	66.61	60.47%	AA	4.11	8.018	1.37%	167.36
113044	大秦转债	106.99	7.18	86.49	23.70%	AAA	5.019	319.992	1.32%	130.69
128105	长集转债	107.38	7.91	72.19	48.75%	AA	4.337	7.995	1.61%	156.13
123056	雪榕转债	107.4	11.77	60.32	78.04%	AA-	4.545	5.841	2.66%	185.44
128114	正邦转债	107.4	14.77	64.93	65.41%	AA	4.526	15.962	1.53%	172.81
127016	鲁泰转债	107.59	8.71	69.58	54.64%	AA+	4.337	13.999	1.77%	162.23
123076	强力转债	107.611	18.94	65.15	65.17%	AA	4.951	8.499	1.93%	172.78
110068	龙净转债	107.78	10.55	79.24	36.01%	AA+	4.293	19.998	1.51%	143.79

图 5-20 可转债价格升序排列

还可以根据可转债的转股溢价率进行升序排序，优先选择转股溢价率低的前 28 只可转债进行组合投资，如图 5-21 所示。

第5章 组建低风险投资组合

代码	转债名称	现价	转股价	转股价值	溢价率	债券评级	剩余年限	剩余规模(亿元)	到期税前收益	双低
128066	亚泰转债	111.55	9.27	93.2	19.68%	AA-	3.362	4.798	1.38%	131.23
113044	大秦转债	106.99	7.18	86.49	23.70%	AAA	5.019	319.992	1.32%	130.69
113033	利群转债	106.34	7.01	85.45	24.45%	AA	4.315	17.998	1.85%	130.79
123106	正丹转债	117.265	7.5	91.73	27.83%	AA-	5.293	3.2	1.32%	145.1
127018	本钢转债	119.444	4.55	92.75	28.78%	AAA	4.559	56.312	1.58%	148.22
123082	北陆转债	115.13	8.81	88.54	30.04%	A+	5	4.993	1.06%	145.17
113601	塞力转债	111.98	16.98	85.51	30.95%	AA-	4.704	5.429	1.66%	142.93
113037	紫银转债	106.05	4.05	79.01	34.22%	AA+	4.625	44.995	1.93%	140.27
123059	银信转债	116.715	9.72	86.21	35.38%	AA-	4.603	3.913	1.30%	152.1
128127	文科转债	99.37	4.88	73.16	35.83%	AA-	4.701	9.497	4.34%	135.2
110068	龙净转债	107.78	10.55	79.24	36.01%	AA+	4.293	19.998	1.51%	143.79
128063	未来转债	119.22	8.64	87.5	36.25%	AA-	3.323	6.294	2.11%	155.47
110064	建工转债	108.82	4.53	79.47	36.93%	AA+	4.036	16.598	2.48%	145.75
127034	绿茵转债	105.31	12.38	76.74	37.24%	AA-	5.395	7.119	2.34%	142.55
123126	瑞丰转债	118.9	17.8	85.67	38.78%	A+	5.759	3.4	1.55%	157.68
123096	思创转债	111.655	8.27	80.17	39.27%	AA-	5.137	8.17	2.11%	150.93
113532	海环转债	108.24	7.63	76.41	41.66%	AA	3.318	4.587	1.14%	149.9
128049	华源转债	109.17	7.37	76.8	42.15%	AA	2.975	3.632	1.34%	151.32
113036	宁建转债	108.69	4.76	76.05	42.92%	AA	4.578	5.399	1.64%	151.61
128083	新北转债	109.583	11.45	76.24	43.73%	AA-	4.016	8.769	1.21%	153.31
123049	维尔转债	114.12	7.38	78.18	45.96%	AA-	4.348	9.17	2.04%	160.08
123077	汉得转债	115.999	9.69	78.43	47.90%	AA	4.964	9.368	1.56%	163.9
128105	长集转债	107.38	7.91	72.19	48.75%	AA	4.337	7.995	1.61%	156.13
113624	正川转债	113.35	46.69	74.15	52.87%	A+	5.389	4.05	1.34%	166.22
127016	鲁泰转债	107.59	8.71	69.58	54.64%	AA+	4.337	13.999	1.77%	162.23
113566	翔港转债	118.01	10.77	76.14	55.00%	A+	4.227	1.614	1.21%	173.01
113042	上银转债	104.99	10.63	67.45	55.65%	AAA	5.134	199.98	2.88%	160.64

图 5-21 可转债转股溢价率升序排列

还可以将可转债的双低值进行升序排序，优先选择可转债双低值比较低的 28 只可转债进行组合投资，如图 5-22 所示。

代码	转债名称	现价	转股价	转股价值	溢价率	债券评级	剩余年限	剩余规模(亿元)	到期税前收益	双低
128100	搜特转债	106.67	1.62	95.68	11.49%	A	4.26	7.993	2.22%	118.16
113044	大秦转债	106.99	7.18	86.49	23.70%	AAA	5.019	319.992	1.32%	130.69
113033	利群转债	106.34	7.01	85.45	24.45%	AA	4.315	17.998	1.85%	130.79
128066	亚泰转债	111.55	9.27	93.2	19.68%	AA-	3.362	4.798	1.38%	131.23
128127	文科转债	99.37	4.88	73.16	35.83%	AA-	4.701	9.497	4.34%	135.2
113037	紫银转债	106.05	4.05	79.01	34.22%	AA+	4.625	44.995	1.93%	140.27
127034	绿茵转债	105.31	12.38	76.74	37.24%	AA-	5.395	7.119	2.34%	142.55
113601	塞力转债	111.98	16.98	85.51	30.95%	AA-	4.704	5.429	1.66%	142.93
110068	龙净转债	107.78	10.55	79.24	36.01%	AA+	4.293	19.998	1.51%	143.79
123106	正丹转债	117.265	7.5	91.73	27.83%	AA-	5.293	3.2	1.32%	145.1
123082	北陆转债	115.13	8.81	88.54	30.04%	A+	5	4.993	1.06%	145.17
110064	建工转债	108.82	4.53	79.47	36.93%	AA+	4.036	16.598	2.48%	145.75
127018	本钢转债	119.444	4.55	92.75	28.78%	AAA	4.559	56.312	1.58%	148.22
113532	海环转债	108.24	7.63	76.41	41.66%	AA	3.318	4.587	1.14%	149.9
123096	思创转债	111.655	8.27	80.17	39.27%	AA-	5.137	8.17	2.11%	150.93
128049	华源转债	109.17	7.37	76.8	42.15%	AA-	2.975	3.632	1.34%	151.32
113036	宁建转债	108.69	4.76	76.05	42.92%	AA-	4.578	5.399	1.64%	151.61
123059	银信转债	116.715	9.72	86.21	35.38%	AA-	4.603	3.913	1.30%	152.1
128083	新北转债	109.583	11.45	76.24	43.73%	AA-	4.016	8.769	1.21%	153.31
110072	广汇转债	98.41	4.03	63.03	56.14%	AA+	4.696	33.67	3.29%	154.55
128063	未来转债	119.22	8.64	87.5	36.25%	AA-	3.323	6.294	2.11%	155.47
128105	长集转债	107.38	7.91	72.19	48.75%	AA	4.337	7.995	1.61%	156.13
123126	瑞丰转债	118.9	17.8	85.67	38.78%	A+	5.759	3.4	1.55%	157.68
123049	维尔转债	114.12	7.38	78.18	45.96%	AA-	4.348	9.17	2.04%	160.08
113042	上银转债	104.99	10.63	67.45	55.65%	AAA	5.134	199.98	2.88%	160.64
127016	鲁泰转债	107.59	8.71	69.58	54.64%	AA+	4.337	13.999	1.77%	162.23
123077	汉得转债	115.999	9.69	78.43	47.90%	AA	4.964	9.368	1.56%	163.9
127019	国城转债	106.162	21.06	66.9	58.68%	AA	4.603	8.498	1.75%	164.84

图 5-22 可转债双低值升序排列

将低风险投资组合中的可转债筛选出来后，投资者可以查看一下每只可转债的十大持有人，如果在可转债的持有人里面有优秀的机构投资者，可以作为可转债的加分项；如果可转债的十大持有人里面没有优秀的机构投资者，也不至于减分。2021 年 6 月 30 日公布的文科转债十大持有人信息如图 5-23 所示。

持有人	持有数量（万张）	数量变化（万张）	持有比例	比例变化
红塔证券股份有限公司	139.05	11.14	14.64%	1.18%
中国建设银行股份有限公司-易方达双债增强债券型证券投资基金	27.82	-11.55	2.93%	-1.21%
中国光大银行股份有限公司-易方达裕景添利6个月定期开放债券型证券投资基金	26.82	-3.00	2.82%	-0.32%
陈敏华	24.03	-	2.53%	-
卢秀文	15.94	-	1.68%	-
国寿养老红义固定收益型养老金产品-中国工商银行股份有限公司	15.00	0.00	1.58%	0.00%
上海合晟资产管理股份有限公司-合晟同阵7号私募证券投资基金	13.95	-	1.47%	-
中国建设银行-易方达增强回报债券型证券投资基金	13.23	-	1.39%	-
深圳市前海盖德尔资产管理股份有限公司-雪币2号稳收私募基金	11.50	-	1.21%	-
郑淑芬	10.46	-	1.10%	-
本期10大持有合计			31.35%	
上期10大持有合计			55.29%	
两期10大持有变化			-23.94%	

图 5-23　文科转债十大持有人信息

5.4.4　买入可转债

对可转债进行筛选后，接下来就是投入资金进行可转债的买入。小明为了方便，选择将资金平均分配，每只可转债投资 10,000 元，将可转债的到期收益率从高到低排序，选择前 28 只可转债，如图 5-24 所示。

小明打算每只可转债投资 10,000 元，但由于可转债的价格是有差别的，基本上买入可转债时不能将 10,000 元正好用完。以文科转债为例，因为可转债的交易张数是 10 的倍数，所以 10,000 元可以买入 100 张文科转债，花费 9,937 元，还剩余 63 元；再以侨银转债为例，10,000 元可以买入 90 张侨银转债，剩余 1,000 元。

第 5 章 组建低风险投资组合

代码	转债名称	现价	转股价	转股价值	溢价率	债券评级	剩余年限	剩余规模(亿元)	到期税前收益	双低
128127	文科转债	99.37	4.88	73.16	35.83%	AA-	4.701	9.497	4.34%	135.2
128138	侨银转债	111.1	25.33	56.97	95.02%	AA-	4.945	4.199	4.27%	206.12
113596	城地转债	95.35	24.26	31.16	205.98%	AA-	4.638	11.995	3.83%	301.33
113569	科达转债	103.19	14.8	42.7	141.65%	AA-	4.255	5.157	3.76%	244.84
110052	贵广转债	105.11	7.94	56.3	86.71%	AA+	3.244	15.265	3.63%	191.82
110072	广汇转债	98.41	4.03	63.03	56.14%	AA+	4.696	33.67	3.29%	154.55
113589	天创转债	100.93	12.29	46.54	116.86%	AA-	4.545	5.996	2.95%	217.79
110059	浦发转债	104.8	13.97	61.56	70.24%	AAA	3.89	499.987	2.91%	175.04
113042	上银转债	104.99	10.63	67.45	55.65%	AAA	5.134	199.98	2.88%	160.64
113519	长久转债	109.1	11.04	58.06	87.90%	AA	2.921	6.969	2.85%	197
113021	中信转债	108.6	6.73	67.31	61.34%	AAA	3.238	399.997	2.69%	169.94
123056	雪榕转债	107.4	11.77	60.32	78.04%	AA-	4.545	2.998	2.66%	185.44
128118	濮通转债	108.639	21.24	56.73	91.49%	AA-	4.567	2.998	2.58%	200.13
113573	纵横转债	111.66	18.78	55.22	102.22%	A+	4.359	2.698	2.53%	213.88
113578	全筑转债	106.05	5.25	66.29	59.99%	AA	4.367	3.839	2.51%	166.04
128117	道恩转债	110.3	28.83	62.43	76.66%	AA-	4.567	3.599	2.48%	186.96
110064	建工转债	108.82	4.53	79.47	36.93%	AA+	4.036	16.598	2.48%	145.75
127034	绿茵转债	105.31	12.38	76.74	37.24%	AA-	5.395	7.119	2.34%	142.55
128156	华阳转债	106.703	25.39	57.74	84.80%	AA-	4.644	4.499	2.25%	191.5
128100	搜特转债	106.67	1.62	95.68	11.49%	A	4.26	7.993	2.22%	118.16
113584	家悦转债	104.7	37.53	38.9	169.14%	AA-	4.493	6.294	2.13%	273.84
128063	未来转债	119.22	8.64	87.5	36.25%	AA-	3.323	6.294	2.11%	155.47
123029	思创转债	111.655	8.27	80.17	39.27%	AA-	5.137	2.77	2.11%	150.93
127007	湖广转债	105.7	5.58	62.9	68.04%	AA+	2.559	12.184	2.07%	173.74
128132	交建转债	106.3	18.53	64.27	65.39%	AA	4.773	8.491	2.04%	171.69
123049	维尔转债	114.12	7.38	78.18	45.96%	AA-	4.348	9.17	2.04%	160.08
128069	华森转债	111.269	18.01	70.41	58.04%	AA-	3.548	2.998	2.02%	169.31
113604	多伦转债	106.43	10.4	63.75	66.95%	AA-	4.849	6.399	1.99%	173.38

图 5-24 低风险投资组合可转债列表

5.4.5 关注所持可转债的相关信息

买入可转债后，接下来就是关注可转债的相关公告，看有没有强赎公告，如果有强赎公告，当前投资者所持有的可转债是时候进行卖出操作了。记得每天浏览一下可转债的最新公告信息。可转债最新公告列表如图 5-25 所示。

转债代码	转债名称	公告
127045	牧原转债	关于上海票据交易所《持续逾期名单（截至2021年11月30日）》涉及公司所开具部分商业承兑汇票的情况说明
128082	华锋转债	北京市竞天公诚律师事务所关于广东华锋新能源科技股份有限公司2021年第五次临时股东大会的法律意见书
128082	华锋转债	2021年第五次临时股东大会决议公告
127011	中鼎转2	关于中鼎转2可能满足赎回条件的提示性公告
127022	恒逸转债	中兴华会计师事务所（特殊普通合伙）关于恒逸石化股份有限公司公开发行可转换公司债券申请文件反馈意见回复之核查意见
127022	恒逸转债	浙江天册律师事务所关于恒逸石化股份有限公司公开发行A股可转换公司债券的补充法律意见书
127022	恒逸转债	恒逸石化股份有限公司公开发行可转换公司债券申请文件反馈意见之回复报告
127022	恒逸转债	关于可转换公司债券申请文件反馈意见回复的公告
127033	中装转2	关于与深圳润商智慧产业有限公司及华润智慧能源有限公司签署战略合作协议的公告
127045	牧原转债	北京市康达律师事务所关于牧原食品股份有限公司调整2019年限制性股票激励计划部分绩效考核指标的法律意见书
127045	牧原转债	关于调整2019年限制性股票激励计划部分绩效考核指标的公告
127045	牧原转债	2019年限制性股票激励计划实施考核管理办法（修订稿）
127045	牧原转债	2019年限制性股票激励计划（草案）摘要（修订稿）
127045	牧原转债	2019年限制性股票激励计划（草案）（修订稿）
127045	牧原转债	2021年11月份生猪销售简报
127045	牧原转债	关于召开2021年第五次临时股东大会的通知
127045	牧原转债	关于使用自有资金向公司子公司增资的公告
127045	牧原转债	关于在惠民县、通榆县、溧水区等地设立子公司的公告
127045	牧原转债	关于开展外汇衍生品交易的公告
127045	牧原转债	关于开展商品期货套期保值业务的公告

图 5-25 可转债最新公告列表

如果投资者想要查看某只可转债的信息，可以在相关网站中搜索可转债的代码。以侨银转债为例，搜索结果如图 5-26 所示。

转债代码	转债名称	公告
128138	侨银转债	关于可转换公司债券2021年付息公告
128138	侨银转债	关于变更保荐代表人的公告
128138	侨银转债	关于高级管理人员离职的公告
128138	侨银转债	2021年第三季度报告
128138	侨银转债	监事会决议公告
128138	侨银转债	董事会决议公告
128138	侨银转债	关于收到约3053万元广东省茂名市电白区中心城区第二期环卫服务外包市场化项目-电海街道标段成交通知书的公告
128138	侨银转债	关于被推荐为广东省江门市蓬江区城乡环卫一体化特许经营项目社会资本方招标（总金额不超过61亿元）第一中标候选人的公告
128138	侨银转债	2021年第三季度可转换公司债券转股情况公告
128138	侨银转债	关于收到约2.74亿元佛山市高明区中心城区核心区园林环卫服务项目（2021-2026年度）二标段中标通知书的公告
128138	侨银转债	关于联合预中标约2.74亿元佛山市高明区中心城区核心区园林环卫服务项目（2021-2026年度）二标段的提示性公告
128138	侨银转债	关于收到约3861万元广西壮族自治区北海市涠洲岛旅游区环境卫生绿化管护作业市场化服务公开招标采购项目中标通知书的公告
128138	侨银转债	关于公司及子公司广东侨银碳资源经营管理有限公司收到约1.16亿垃圾分类全覆盖服务项目中标通知书的公告
128138	侨银转债	关于联合全资子公司广东侨银碳资源经营管理有限公司预中标约1.16亿垃圾分类全覆盖服务项目的提示性公告
128138	侨银转债	关于收到约5099万元广东省广州市增城区荔城街新桥片区和金星村等6条行政村及公厕环卫作业一体化（2021-2023年）项目中标通知书的公告
128138	侨银转债	关于特定股东减持计划时间届满的公告
128138	侨银转债	关于中标项目签订合同的进展公告
128138	侨银转债	关于预中标约5099万元广东省广州市增城区荔城街新桥片区和金星村等 6 条行政村及公厕环卫作业一体化（2021-2023年）项目的提示性公告
128138	侨银转债	关于收到约11.08亿湖南省涟源市城乡生活垃圾收转运一体化建设PPP项目中标通知书的公告
128138	侨银转债	国泰君安证券股份有限公司关于侨银城市管理股份有限公司使用部分闲置募集资金暂时补充流动资金的核查意见

图 5-26　侨银转债公告列表

当然也可以输入关键词进行查询，如输入“赎回”，就可以看到关于可转债到期赎回的最新公告，如图 5-27 所示。

转债代码	转债名称	公告
127011	中鼎转2	关于中鼎转2可能满足赎回条件的提示性公告
113536	三星转债	浙江三星新材股份有限公司关于“三星转债”可能满足赎回条件的提示性公告
123081	精研转债	关于精研转债赎回实施的第十一次提示性公告
113607	伟20转债	伟明环保关于提前赎回“伟20转债”的提示性公告
113573	纵横转债	纵横通信关于使用暂时闲置募集资金购买理财产品赎回的公告
113579	健友转债	南京健友生化制药股份有限公司关于实施“健20转债”赎回的第三次提示性公告
113614	健20转债	南京健友生化制药股份有限公司关于实施“健20转债”赎回的第三次提示性公告
123034	通光转债	关于不提前赎回通光转债的提示性公告
123074	隆利转债	关于隆利转债赎回实施的第八次提示性公告
123057	美联转债	关于美联转债可能满足赎回条件的提示性公告
128107	交科转债	关于使用闲置募集资金购买银行结构性存款产品到期赎回的进展公告
123081	精研转债	关于精研转债赎回实施的第十次提示性公告
113528	长城转债	浙江长城电工科技股份有限公司关于“长城转债”可能满足赎回条件的提示性公告
113579	健友转债	南京健友生化制药股份有限公司关于实施“健20转债”赎回的第二次提示性公告
113614	健20转债	南京健友生化制药股份有限公司关于实施“健20转债”赎回的第二次提示性公告
110082	宏发转债	宏发股份：自有资金购买理财产品到期赎回的公告
110051	中天转债	江苏中天科技股份有限公司关于实施“中天转债”赎回的第一次提示公告
123074	隆利转债	关于隆利转债赎回实施的第七次提示性公告
123083	朗新转债	关于不提前赎回朗新转债的公告
128145	日丰转债	关于日丰转债可能满足赎回条件的提示性公告

图 5-27　可转债到期赎回公告列表

第 5 章 组建低风险投资组合

如果持有可转债的时间比较长，投资者就要看一下自己所持可转债的十大持有人的变动信息，看看自己所持有的可转债是否仍然被优秀的投资机构所持有。以纵横转债为例，2020 年 12 月 31 日纵横转债的十大持有人信息如图 5-28 所示。

持有人	持有数量（万张）	数量变化（万张）	持有比例	比例变化
深圳市林园投资管理有限责任公司-林园投资176号私募证券投资基金	14.74	-	5.46%	-
深圳市林园投资管理有限责任公司-林园投资168号私募证券投资基金	13.81	-	5.12%	-
MERRILL LYNCH INTERNATIONAL	6.80	-	2.52%	-
袁玉玲	5.83	-	2.16%	-
深圳市林园投资管理有限责任公司-林园投资171号私募证券投资基金	5.11	-	1.89%	-
中融国际信托有限公司-中融-墨砺15号证券投资集合资金信托计划	4.91	-	1.82%	-
倪士英	4.87	-	1.80%	-
深圳市林园投资管理有限责任公司-林园投资119号私募证券投资基金	4.75	-	1.76%	-
深圳市林园投资管理有限责任公司-林园投资148号私募证券投资基金	3.35	-	1.24%	-
深圳市林园投资管理有限责任公司-林园投资142号私募证券投资基金	3.13	-	1.16%	-
本期10大持有合计			24.93%	
上期10大持有合计			57.83%	
两期10大持有变化			-32.90%	

图 5-28　纵横转债 2020 年 12 月 31 日十大持有人信息

2021 年 6 月 30 日纵横转债公布的十大持有人信息如图 5-29 所示。

持有人	持有数量（万张）	数量变化（万张）	持有比例	比例变化
深圳市林园投资管理有限责任公司-林园投资176号私募证券投资基金	14.74	0.00	5.46%	0.00%
深圳市林园投资管理有限责任公司-林园投资168号私募证券投资基金	13.81	0.00	5.12%	0.00%
袁玉玲	8.12	2.29	3.01%	0.85%
中融国际信托有限公司-中融-墨砺15号证券投资集合资金信托计划	5.17	0.26	1.91%	0.09%
深圳市林园投资管理有限责任公司-林园投资171号私募证券投资基金	5.11	0.00	1.89%	0.00%
深圳市林园投资管理有限责任公司-林园投资119号私募证券投资基金	4.75	0.00	1.76%	0.00%
中融国际信托有限公司-中融-墨砺29号证券投资集合资金信托计划	4.66	-	1.73%	-
深圳市林园投资管理有限责任公司-林园投资148号私募证券投资基金	4.04	0.69	1.50%	0.26%
中国工商银行股份有限公司-天弘添利债券型证券投资基金(LOF)	3.50	-	1.30%	-
深圳市林园投资管理有限责任公司-林园投资166号私募证券投资基金	3.40	-	1.26%	-
本期10大持有合计			24.94%	
上期10大持有合计			24.93%	
两期10大持有变化			0.01%	

图 5-29　纵横转债 2021 年 6 月 30 日十大持有人信息

从图 5-28 和图 5-29 中可以看到深圳市林园投资管理有限责任公司对于纵横转债是增持的，这就说明深圳林园投资管理有限责任公司还是比较看好纵横转债的，投资者可以考虑继续持有。

接下来可以对可转债市场的整体热度进行了解，在可转债的首页可以看到目前可转债市场的一些指标，如图 5-30 所示。

图 5-30　可转债市场的指标

点击"可转债等权指数"，进入"可转债等权指数"的详细信息页面，如图 5-31 所示。

图 5-31　可转债等权指数信息

从图 5-31 中可以看到，可转债的平均价格是 144.569 元/张，转股溢价率为 36%，到期收益率为-4.12%，中位数价格为 122.900 元/张，可转债市场目前已经处于比较火热的状态，投资者需要做好市场回调的准备。

5.4.6　卖出可转债

等到可转债达到卖出条件时就可以准备将其卖出了，小明打算等到可转债满足强赎条件后就进行卖出操作。在集思录网站的首页，点击"强赎"可以看到可转债强赎天计数，投资者在看到可转债马上触发强赎条款时就可以将所持可转债卖出了，如图 5-32 所示。

第 5 章　组建低风险投资组合

代码	名称	现价	强赎触发比	强赎触发价	正股价	强赎价	强赎天计数
128017	金禾转债!	250.996	130%	28.56	49.80	-	已满足强赎条件!
128029	太阳转债!	160.400	130%	10.98	11.59	-	已满足强赎条件!
128095	恩捷转债!	441.998	130%	84.40	239.20	-	已满足强赎条件!
128050	钧达转债!	423.000	130%	19.25	60.60	-	已满足强赎条件!
128085	鸿达转债!	153.411	130%	5.08	5.95	-	已满足强赎条件!
123022	长信转债!	221.510	130%	7.87	11.30	-	已满足强赎条件!
132018	G三峡EB1!	130.280	120%	20.09	19.53	-	已满足强赎条件!
123053	宝通转债	142.546	130%	26.95	24.77		13/30
128145	日丰转债	137.686	130%	17.76	17.84		12/30
123098	一品转债	139.883	130%	33.12	31.55		11/30
113528	长城转债	270.720	130%	29.05	59.63		11/30
123057	美联转债	152.981	130%	12.35	12.52		10/30
127011	中鼎转2	202.098	130%	14.81	20.86		10/30
113536	三星转债	143.970	130%	17.89	18.30		10/30
113579	健友转债	135.880	130%	41.86	40.65		8/30
123100	朗科转债	132.999	130%	15.09	13.86		7/30
128030	天康转债	199.098	130%	9.61	9.03		7/30
113504	艾华转债	195.500	130%	27.05	38.35		7/30
123018	溢利转债	204.600	130%	10.72	10.32		6/30
128081	海亮转债	131.400	130%	12.60	12.30		6/30
123114	三角转债	172.060	130%	41.37	47.59		5/30
113030	东风转债	147.090	130%	8.32	7.88		5/30
113047	旗滨转债	176.850	130%	16.64	19.45		5/30

图 5-32　可转债强赎信息列表

到这里，利用低风险投资组合进行可转债投资的实操就已经结束了。投资者可以采用前文中提到的那些筛选方法进行可转债的筛选、买入操作。

5.4.7　注意事项

如果在筛选的时候对可转债的债券评级没有特别的要求，投资者也能承担一些风险，那么就可以将可转债债券评级不是 A 的可转债也加入低风险投资组合。

如果时间允许，投资者可以按可转债的所属行业对可转债进行筛选，一般投资 30 只可转债，使其分属 5 个以上行业比较合适。现在可转债市场中每个行业的可转债并不是很多，因此可以暂时忽略可转债所属行业的筛选。

想要了解可转债市场的整体情况，投资者应对可转债的等权指数进行重点关注，通过对可转债的等权指数的分析可以判断可转债市场目前的状态，可转债等权指数的历史情况如图 5-33 所示。

日期	指数	涨跌	涨幅	平均价格(元)	中位数价格(元)	平均双低	平均溢价率	平均收益率
2021-12-06	2035.065	-32.187	-1.56%	149.643	126.000	187.65	38.00%	-5.07%
2021-12-03	2067.252	7.600	0.37%	152.232	127.800	190.09	37.85%	-5.47%
2021-12-02	2059.652	0.288	0.01%	151.700	126.949	189.81	38.11%	-5.42%
2021-12-01	2059.364	13.198	0.65%	151.728	128.124	188.64	36.91%	-5.40%
2021-11-30	2046.166	10.180	0.50%	150.729	127.452	188.33	37.60%	-5.23%
2021-11-29	2035.986	13.410	0.66%	150.728	126.805	188.69	37.97%	-5.16%
2021-11-26	2022.576	3.372	0.17%	149.393	126.520	186.69	37.30%	-5.09%
2021-11-25	2019.204	-2.365	-0.12%	148.893	126.380	185.85	36.96%	-5.01%
2021-11-24	2021.569	3.149	0.16%	149.524	126.200	186.54	37.01%	-5.06%
2021-11-23	2018.420	1.553	0.08%	149.418	125.664	186.27	36.85%	-5.03%
2021-11-22	2016.867	24.919	1.25%	149.422	125.499	186.36	36.94%	-5.01%
2021-11-19	1991.948	21.829	1.11%	147.169	125.169	183.79	36.62%	-4.71%

图 5-33 可转债等权指数历史情况

从图 5-33 中可以看到，最近可转债市场的整体价格处于高位，整体看是有些被高估了，小于 90 元/张的可转债目前一个都没有，小于 100 元/张的可转债只有 4 只。

5.5 小结

本章的重点内容是针对可转债的低风险投资组合进行介绍，从低风险投资组合的概念，到低风险投资组合的优点和缺点，再到组建低风险投资组合时需要注意的一些问题都进行了整理和说明。

先对低风险投资组合的内容进行了梳理。低风险投资组合中可转债的数

第 5 章　组建低风险投资组合

量的确定、投资金额的确定、可转债的筛选、买入并持有可转债、关注所持可转债的相关信息，达到卖出条件就卖出可转债，在这一系列操作中都有一些需要注意的事项。

之后带领读者利用可转债的低风险投资组合进行可转债投资的实操，让读者对低风险投资组合有一个更加立体的了解，也希望能够为读者筛选低风险投资组合中的可转债提供一个参考。

第 6 章
可转债的精选投资策略

可转债的低风险投资组合的重点内容就是将资金尽可能地分散，用几十只可转债进行投资风险的分摊。不过可转债的低风险投资组合中需要有几十只可转债，就算一只可转债中投资1,000元，30只可转债就要投资3万元，而且最好是一次性配置完，也就是说，需要投资者一次性投资3万元。

3万元对于普通投资者来说不算是一个小数目，而且关注几十只可转债是需要投资者投入很多精力的，对于上班族或者工作比较忙的投资者来说，组建低风险投资组合可能显得力不从心。

这时精选投资策略就是一个比较好的选择，可转债的精选投资策略可以减少投资者在资金和时间方面的压力，用数量不多的可转债组成一个更加精简的低风险投资组合，可以说，精选投资策略是可转债低风险投资组合的一种变形。

第 6 章　可转债的精选投资策略

本章主要涉及的知识点如下。

- 精选投资策略的概念：了解精选投资策略的概念及其优点和缺点。
- 精选投资策略的重点内容：掌握重点内容，快速理解精选投资策略。
- 精选投资策略的实施：实际操作，巩固知识。

通过本章的学习，了解并掌握可转债精选投资策略的概念、重点内容和可转债精选投资策略的实施。

注意：本章重点掌握精选投资策略的重点内容和注意事项，组建属于自己的精选投资策略组合。

6.1　认识精选投资策略

可转债的精选投资策略同样是用多只可转债组成一个投资组合的操作，但和低风险投资组合有所不同，精选投资策略对组合中单只可转债的要求更高，资金门槛更低，需要投资者花费的时间和精力更少，我们可以将精选投资策略理解为低风险投资组合的精简版。

6.1.1　精选投资策略的概念

精选投资策略是用少量债券评级和到期收益率都比较高的可转债组成一个投资组合，在可转债的价格满足强赎条件或者达到投资者收益预期的时候，将可转债进行卖出的一种投资方法。

如果低风险投资组合是将鸡蛋分装到很多篮子里进行风险分散，那么精选投资策略就是用更少并且更结实的篮子装鸡蛋，这同样可以达到分散风险的目的；低风险投资组合对"篮子"可能没有很高的要求，而对于精选投资策略来说，"篮子"的质量一定要非常不错才可以，这样才能保证"篮子"里的"鸡蛋"不会因为"篮子"质量的问题被打碎，最大限度地保证了"鸡蛋"的安全。

精选投资策略是在低风险投资组合的基础上精益求精、稳中求稳的一种操作，如果组建可转债的低风险投资组合需要30只比较不错的可转债，那么精选投资策略就是要筛选10只特别优秀的可转债。

举个例子，在一间咖啡厅里，小黑和小白在讨论投资的事情，小黑每天工作轻松，闲暇时间很多，而且资金比较充足，准备投资30万元到可转债中。小黑准备筛选30只可转债组建一个可转债的低风险投资组合，每只可转债平均投资1万元。

小黑想采用低风险投资组合的方式获取比较好的投资收益，同时，他可以承受一些风险，因此小黑筛选可转债时对可转债的债券评级不是很在意，他认为可转债以前没有出现过违约的情况，可转债违约的概率就比较小，即使自己投资的可转债有违约的情况出现，自己投资了30只可转债，有一两只可转债违约自己也是可以承受的。小黑决定不再筛选可转债的债券评级，而是直接将可转债的到期收益率从高到低进行排序，优先选择到期收益率高的30只可转债组成低风险投资组合。

在小黑的低风险投资组合中，可转债的债券评级可能一般，因为债券评级低的可转债的利息会多一些，这也是发行可转债的公司补偿投资者的一种方式。债券评级低表示可转债的风险相对高一些，利息多一些也正常；如果是债券评级比较高的可转债，其发行公司的实力比较雄厚，可转债违约的风险就会小一些，给的利息就相对低一些。小黑直接将可转债的到期收益率从高到低排序，以进行可转债的筛选，就会有很多债券评级不是很好的可转债进入备选范围。

小白和小黑的情况不一样，小白刚刚步入社会，工作比较忙，闲暇时间不多，而且资金紧张，小白想要组建一个低风险的投资组合，但是资金不够，这时，小黑建议小白采用精选投资策略，这样小白就可以不用投资30只可转债了。小白可以将持有可转债的数量减少到10只左右。可转债的数量减少了，相应地，就需要提升可转债的质量。精选投资策略对可转债的债券评级要求要高一些，债券评级高的可转债违约的风险就会低一些，最大限度地保证了投资组合的稳定性。

精选投资策略对资金的要求不是很高，门槛比较低，10只可转债平均每只投资1,000元，拥有1万元左右的资金就差不多了，而且小白不用同时关注几十只可转债的动向，这样的投资策略对于小白这样的投资者来说是相当合适的。

6.1.2 精选投资策略的优势

精选投资策略的特点是少而精，优势在于资金门槛低，投资者花费的时间成本低，投资风险小，是一个比较稳定的且具有抗风险能力的投资策略。

1．资金门槛低

精选投资策略的资金门槛在组合投资中算是比较低的了，一般来说，组建一个可转债的精选投资策略的投资组合需要 10 只以上的可转债，以 10 只可转债为例，假设每只可转债都是以 100 元/张的价格买入的，每只可转债都买入一手，10 只可转债需要投资 1 万元左右。

而低风险投资组合所包含的可转债一般是 25 只到 30 只，按照 30 只可转债计算，假设每只可转债都是以 100 元/张的价格买入的，每只可转债都买入一手，30 只可转债就需要投资 3 万元，这还是按照最低的资金门槛计算的。

对于新手投资者来说，3 万元不是一个小数目，而且一下子拿出 3 万元资金进行可转债投资，新手投资者可能心里也没底——到底靠不靠谱，会不会出问题，资金会亏损多少，亏损了该怎么办？

如果投资者拿出 1 万元进行投资，投资者抵触和担心的情绪应该会小很多，1 万元的起步资金，即使在投资过程中操作失误，亏损也不至于很严重，就算亏损 100%也只是亏损了 1 万元，而且在可转债市场中做组合投资时亏损100%的情况几乎是见不到的，当然，前提是在正常操作的情况下。拿出 1 万元资金进行可转债市场的"试水"相信大部分人还是可以做到的。

2．时间成本低

投资也是需要时间成本的，前期的筛选工作，买入可转债后对其进行密切关注都是需要时间的，不能前期随便选一选，买入以后不管不顾。在股票投资中可能存在买入以后很长一段时间没关注，当投资者回头看的时候，股票的价格涨了很多的情况，但是在可转债投资中如果投资者长时间没有对所持可转债进行关注，很可能错过可转债的强赎，最后颗粒无收甚至亏损。

低风险投资组合中需要筛选并且关注的可转债有几十只，想要了解每只可转债对应的正股的情况及其发行公司的情况是否正常，是一项比较费时费力的事情，即使花费了大量的时间，投资者在可转债的筛选或买入/卖出操作过程中出现疏忽也是很正常的情况。

采用精选投资策略的投资组合中的可转债的数量比较少，相应地，前期的筛选工作和买入可转债并持续关注其动态的工作量就相对小了很多，而且由于采用精选投资策略的投资组合对可转债的债券评级要求更高一些，也说明发行可转债的公司更优秀一些，会让投资者更踏实一些。

而且在所需可转债的数量比较少的情况下，投资者筛选的工作量就小，可以将更多的精力集中在目标可转债上，这样投资者在每只可转债中花费的精力相对会更多一些，出现失误或者疏忽的情况就会少一些。

投资者在对所持可转债进行跟踪的时候，因为可转债的数量少，跟踪起来也比较方便，每天将每只可转债的相关情况都看一遍也费不了多少时间，这样就可以避免错过所持可转债的重要公告。

3. 投资风险小

由于采用精选投资策略的投资组合对可转债的债券评级要求比较严格，因此能够入选采用精选投资策略的投资组合的可转债都是债券评级比较高的可转债，这样的发行可转债的公司也是比较优秀的，这样的可转债出现违约的可能性很低，如果投资者在可转债到期收益率大于 0 的时候买入这样的可转债，基本能够保证本金的安全。

采用精选投资策略组建投资组合所需要的可转债不多，资金门槛比较低，一般投资的资金量不多，如果整个可转债市场出现了变动或者受到了影响，相比资金门槛高或者投资体量比较大的操作来说，采用精选投资策略受到的影响就显得比较小。整个可转债市场受到影响就属于系统性风险，届时所有可转债都会受到影响。既然都跑不掉，在可转债市场中谁的资金少，谁亏损的比例小，谁就是赢家。

假设小明和小红想要投资一些可转债，想要做一些可转债的投资组合，小明将可转债的到期收益率从高到低进行排序，然后选择到期收益率高的前10只可转债。小明心想，反正可转债以前没有出现过违约的情况，那就不用在意可转债的债券评级了，相信这种极小概率事件是不会发生在自己身上的，还是到期收益率较高来得实在，可转债的到期收益率越高，就说明可转债的利息越高。最终小明用10万元配置精选投资策略组合。

小红将到期收益率从高到低进行排序，并没有着急着直接买入到期收益率高的几只可转债,而是将到期收益率大于 0 的可转债的债券评级进行筛选,只选择了债券评级为 AAA 的可转债,小红认为债券评级越高的可转债越安全,这种可转债出现违约的情况比较少,然后小红将其筛选出来的可转债组成了精选投资策略组合。

过了一阵子,小明组建的可转债投资组合中有一只可转债出现了违约的情况,这是一只债券评级为 B 级的可转债,其发行公司因为出现了经营问题而造成了可转债的违约,这就给小明造成了不小的亏损,小明的本金还剩 9 万元了,这令他心疼不已。

又过了一阵子,可转债市场突然传来坏消息,可转债市场的规则有变动,随之而来的是整个可转债市场的震动,小明当然不例外,这次市场的变动又让小明直接亏损了 10%,也就是亏损了 9,000 元。小红也没有躲过去,虽然小红所持有的可转债的质量比较高,但对于系统性风险还是没有太大的抵抗力,小红也同样因为可转债市场规则的变动亏损了 5%,小红的本金亏损了 500 元。

这种影响比较广泛的系统性风险几乎是没办法避开的,在投资的过程中投资者只能尽可能地规避非系统性风险,选择优秀的可转债,争取能够在系统性风险来临的时候受到的影响小一些。

精选投资策略对资金量比较少或者空闲时间不多的投资者来说确实是一个比较不错的选择,投资本该是一件使自己的闲散资金保值、增值的事情,不应该有太大的压力。

6.1.3 精选投资策略的不足

精选投资策略有着资金门槛低、时间成本低、投资风险小的优点,但同时也有着一些不足之处,没有完美的投资品,也没有完美的投资方法。精选投资策略的主要不足之处在于风险分散不彻底,不适合用大量资金进行投资。

1. 风险分散不彻底

在前文提到过将资金分散投资到不同数量的可转债中,当可转债违约后,投资者本金出现亏损的情况。

我们知道,投资组合中可转债的数量越少,可转债违约对投资组合的影响越大,而精选投资策略组合是用 10 只以上的债券评级较高的可转债组成的。假设精选投资策略组合就是由 10 只可转债组成的,如果有一只可转债违约,整个投资组合的亏损比例就是 10%。

为了降低可转债违约的概率,精选投资策略组合对可转债的质量提出了要求,优秀的可转债违约的可能性自然就会低一些,但是这并不代表投资优秀的可转债就没有风险,即使债券评级非常好的可转债也存在着违约的可能。

而可转债一旦违约,就代表投资者在这只可转债的投资中出现了亏损。如果为了达到分散风险的目的,投资组合中的可转债的数量还是多一些为好。

虽然精选投资策略组合中的可转债的债券评级都是比较高的,但是毕竟可转债的数量比较少,还是存在一定的风险隐患的。

2. 不适合用大量资金进行投资

精选投资策略适合资金量比较少、空闲时间不多和追求稳健的投资者,对资金量比较大的投资者来说并不适用。读到这里有人可能有疑问了,资金量大一些,每只可转债多投一些资金不好吗,或者可以多投几只可转债,为什么说不适合呢?

首先,如果每只可转债投资的资金量很多,万一真的出现可转债违约的情况,投资者的损失是很大的。如果每只可转债投资 50 万元,那么万一出现可转债违约的情况,投资者的本金就非常危险了。再次提醒,虽然精选投资策略中可转债的债券评级较高,意味着其发行公司实力雄厚,但并不代表可转债没有违约的可能。

其次,如果投资者投资的可转债多了,不就相当于组建低风险投资组合了吗,比较费时费力;组建精选投资策略组合需要的可转债是那种到期收益率大于 0 并且可转债的债券评级是 AAA 的可转债,同时满足这两个条件的可转债一般没有那么多,这样投资者也就可以打消将资金分散在多只可转债中的念头了。

6.2 组建精选投资策略组合的步骤

介绍了可转债精选投资策略的概念,接下来一起了解一下精选投资策略

第 6 章　可转债的精选投资策略

组合的组建和一些注意事项。如果读者掌握了低风险投资组合的组建及其注意事项，对精选投资策略组合的组建应该很容易理解，流程差不多，只是在细节方面有一些区别。

6.2.1　确定买入数量

在建立精选投资策略组合的时候，投资者首先要确定自己要投入多少资金，投资组合中有多少只可转债，这是投资者在投资前需要做的规划。例如，投资 10 万元，投资组合中有 10 只可转债，或者投资 20 万元，投资组合中有 12 只可转债。

6.2.2　筛选可转债

进行精选投资策略组合中的可转债的筛选是比较关键的一步，精选投资策略组合中的可转债要满足两个条件：第一，可转债的到期收益率大于 0；第二，可转债的债券评级是 AAA。

要求可转债的到期收益率大于 0，就是为了保证可转债在不违约的情况下能够保证投资者本金的安全，不至于让投资者在买入可转债以后，不仅没有等到可转债触发强赎条款，而且在以到期价格被赎回的时候连本金都保不住。并不是所有可转债都能够触发强赎条款。

要求可转债的债券评级是 AAA，是因为组建精选投资策略组合与组建低风险投资组合相比，投资者持有的可转债少了，单只可转债的质量就要高一些，所以投资者在组建精选投资策略组合时要优先选择债券评级为 AAA 的可转债。如果债券评级为 AAA 的可转债的数量不够，投资者也可以考虑债券评级为 AA+的可转债。

以上两个条件同时满足的可转债才是符合精选投资策略的可转债，如果仅仅满足其中一个条件是不能将其纳入精选投资策略组合的。

6.2.3　分档建仓

分档建仓的目的是降低投资者的持仓成本，降低持仓成本也是有原因的。一方面，债券评级为 AAA 的可转债的价格很少低于 100 元/张；另一方面，投资者可以获取更多的收益。

债券评级为 AAA 的可转债的价格一般很少低于 100 元/张，如果可转债的卖出时机是在可转债触发强赎条款的时候，那么投资者的收益空间就是可转债的买入价格到触发强赎价格的区间。

假如 A 转债的买入价格是 120 元/张，当 A 转债的价格为 130 元/张时就会触发可转债的强赎条款。如果等到 A 转债触发强赎条款时将其卖出，此时投资者的收益为 130-120=10 元/张，也就是每张可转债有 10 元的收益。

如果可转债的买入价格可以降低到 100 元/张，那么投资者的收益就是 30 元/张了，可转债的买入价格越低，投资者的收益越高。但债券评级为 AAA 的可转债的价格一般不会低于 100 元/张，如果投资者以比较高的价格买入可转债，等到可转债的价格降低一些以后再次进行买入，这样可以摊薄一些持仓成本，以获取更多的收益。

例如，B 转债是小黑的目标转债，此时 B 转债的价格为 120 元/张，B 转债的强赎触发价为 130 元/张，如果小黑此时买入两手 B 转债花费 120×10×2=2,400 元，每张可转债的持仓成本为 120 元/张，等到 B 转债达到强赎触发价也就是 130 元/张的时候将其卖出，此时小黑的收益为（130-120）×10×2=200 元。

如果小黑没有直接买入两手 B 转债，而是先以 120 元/张的价格买入一手 B 转债，然后等到 B 转债的价格降低到 110 元/张的时候再买入一手 B 转债，此时小黑买入两手 B 转债的花费为 120×10+110×10=2,300 元，而此时每张可转债的持仓成本为 2,300÷20=115 元，同样等到 B 转债达到强赎触发价 130 元/张的时候将其卖出，此时投资者的收益为（130-115）×10×2=300 元。

从上文可以看出，采用分档建仓的方式进行操作，既可以减少买入成本，也可以获取更多的收益。

不过采用分档建仓的方式进行操作也存在一些问题。如果可转债的价格一直居高不下，甚至一路飙升，直接触发强赎条款，那么此时采用分档建仓策略就不如一次性买入可转债的收益高了。

继续以 B 转债为例，如果小黑以 120 元/张买入一手 B 转债后，B 转债的价格一直没有降下来，反而一路飙升，最后直接触发了强赎条款，小黑最终选择了在可转债的价格达到强赎触发价的时候将其卖出，此时小黑的收益为（130-120）×10×1=100 元，与一次性以 120 元/张的价格买入两手可转债相比，少了一半收益，并且在这段时间内还有一部分资金处于空闲状态，没有产生收益。

采用分档建仓的操作方式需要等待时机。在市场震荡的情况下比较适合采用分仓建档操作方式；在市场行情冷淡的时候也可以考虑采用分档建仓操作方式。在可转债市场火热的时候，如果采用分档建仓操作方式就要考虑可转债的价格是否会回落到自己第二档的预期价格了。

分档建仓一般分两档建仓，第一档是在可转债的价格小于强赎触发价的时候可以考虑进行建仓。这里有一个前提，就是可转债的到期收益率一定要大于 0，这样可以保证本金安全；第二档是在可转债的价格跌到其面值以下的时候进行建仓，也就是可转债价格低于 100 元/张的时候进行二次建仓，这时投资者需要买入和第一次相同数量的可转债以摊薄持仓成本。

在这里还需要注意一点，债券评级为 AAA 的可转债的价格一般不会跌破 100 元/张，如果债券评级为 AAA 的可转债的价格在 100 元/张至 105 元/张之间，可以考虑进行二次建仓。

最后关于可转债分档建仓的买入时机和买入数量如图 6-1 所示。

买入时机	买入数量
可转债的价格小于强赎触发价并且到期收益率大于0	预期买入数量的一半
可转债的价格低于其面值	预期买入数量的一半

图 6-1 分档建仓的买入时机和买入数量

6.2.4 跟踪观察可转债

投资者在买入可转债以后需要对可转债进行跟踪观察。如果发行可转债的公司有什么重大的公告或者投资者所持可转债的价格达到了强赎触发价，就可以对其进行卖出操作了。

对于可转债的重大公告，投资者可以在集思录网站中的最新公告模块进行查看，当然也可以在券商 App 的相关公告中进行查看。集思录网站中的公告情况如图 6-2 所示。

转债代码	转债名称	公告
128137	洁美转债	关于离型膜基膜项目暨年产36,000吨光学级BOPET膜（一期）项目投产的自愿性信息披露公告
128137	洁美转债	监事会关于公司2021年限制性股票激励计划激励对象名单的公示情况说明及核查意见
128073	哈尔转债	关于控股股东、实际控制人倡议员工增持公司股票承诺事项履行完毕的公告
127038	国微转债	简式权益变动报告书
128143	锋龙转债	关于公司及部分子公司受新型冠状病毒肺炎疫情影响有序临时停产的公告
128140	润建转债	关于中标信息网络管维项目的公告
127050	麒麟转债	关于召开2021年第一次临时股东大会的通知
127050	麒麟转债	关于使用自有资金进行证券投资的公告
127050	麒麟转债	关于监事会换届选举的公告
127050	麒麟转债	关于董事会换届选举的公告
127050	麒麟转债	海通证券股份有限公司关于青岛森麒麟轮胎股份有限公司使用自有资金进行证券投资的核查意见
127050	麒麟转债	海通证券股份有限公司关于青岛森麒麟轮胎股份有限公司调整2021年度自有资金投资理财额度的核查意见
127050	麒麟转债	公司章程
127050	麒麟转债	独立董事候选人关于参加独立董事培训并取得独立董事资格证书的承诺函
127050	麒麟转债	独立董事关于公司第二届董事会第三十一次会议相关事项的独立意见
127050	麒麟转债	独立董事提名人声明（李鑫）
127050	麒麟转债	独立董事提名人声明（宋希亮）
127050	麒麟转债	独立董事提名人声明（徐文英）
127050	麒麟转债	独立董事候选人声明（李鑫）
127050	麒麟转债	独立董事候选人声明（宋希亮）
127050	麒麟转债	独立董事候选人声明（徐文英）
127050	麒麟转债	关于调整2021年度以自有资金投资理财额度的公告
127050	麒麟转债	关于修改公司章程的公告

图 6-2　集思录网站中的最新公告列表

另外，在券商 App 中也可以看到目标可转债的一些公告信息，以麒麟转债为例，麒麟转债的相关公告如图 6-3 所示。

图 6-3　麒麟转债的相关公告

6.2.5 达到卖出条件时卖出

精选投资策略组合的卖出条件和低风险投资组合的卖出条件是一样的，都是在可转债达到强赎触发价的时候对可转债进行卖出操作，或者当可转债的价格达到投资者预期的时候对可转债进行卖出操作也是可以的，这就要看投资者自己的实际情况了。

当然，卖出时可以参考低风险投资组合的卖出操作方法，可以考虑对可转债进行分批卖出，也可以直接一次性将所持可转债全部卖出。

总结一下，精选投资策略的思维导图如图 6-4 所示，在这里要注意的问题就是要选择债券评级非常好的可转债组建精选投资策略组合，债券评级为 AAA 的可转债是首选，在债券评级为 AAA 的可转债数量不足时，选几只债券评级为 AA+ 的可转债也是可以的，但是债券评级低于 AA+ 的可转债就不建议纳入精选投资策略组合了。

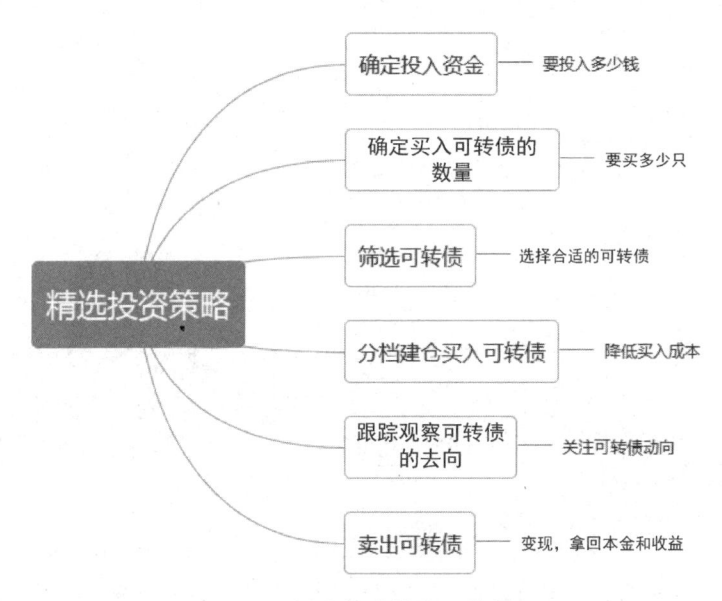

图 6-4 精选投资策略思维导图

还有就是在采用分档建仓操作时要注意可转债的价格是否会降下来，给投资者二次建仓买入的机会。

6.3 精选投资策略的实操演示

在了解了精选投资策略的概念和精选投资策略组合的组建以后，接下来就对可转债的精选投资策略进行实操演示，因为筛选时间的不同，筛选结果可能会和投资者自己筛选的结果存在偏差，这是正常现象。

6.3.1 确定筛选条件

关于精选投资策略组合中可转债的筛选条件前面已经介绍过了，两个条件：一个是可转债的到期收益率大于 0，另一个是可转债的债券评级为 AAA。如果到期收益率大于 0 的且债券评级为 AAA 的可转债的数量不足 10 只，投资者可以选择几只债券评级为 AA+ 的可转债，债券评级在 AA+ 以下的可转债不予考虑。

6.3.2 筛选并确定可转债

我们在前文提到过，在集思录网站中显示的可转债的到期收益率通常是到期税前收益率，因为计算收益的时候会进行扣税，而且不同可转债的计税方式可能不一样，所以到期税前收益率一般会比到期税后收益率要高 0.3%～1%，投资者在进行筛选的时候，将筛选条件设置为到期税前收益率等于或者大于 1% 会保险一些，如图 6-5 所示。

满足到期税前收益率 ≥ 1% 的可转债有 62 只，注意在筛选的时候要把可交换债剔除。

接下来就从这 62 只可转债中进行二次筛选，选出 10 只适合投资的可转债。为了方便查看，笔者将部分数据整理到了表格中，如图 6-6 所示。

接下来就是将可转债的到期收益率进行由高到低的排序，如图 6-7 所示。

第 6 章 可转债的精选投资策略

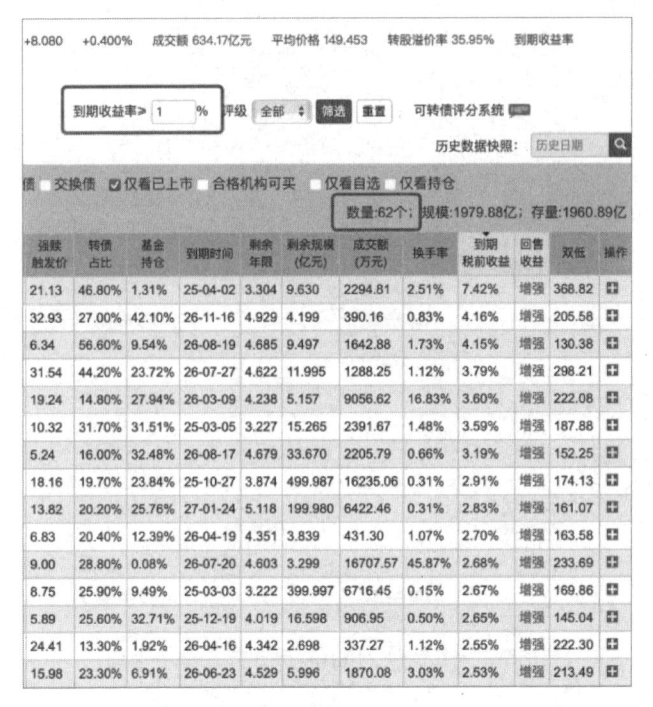

强赎触发价	转债占比	基金持仓	到期时间	剩余年限	剩余规模(亿元)	成交额(万元)	换手率	到期税前收益	回售收益	双低	操作
21.13	46.80%	1.31%	25-04-02	3.304	9.630	2294.81	2.51%	7.42%	增强	368.82	
32.93	27.00%	42.10%	26-11-16	4.929	4.199	390.16	0.83%	4.16%	增强	205.58	
6.34	56.60%	9.54%	26-08-19	4.685	9.497	1642.88	1.73%	4.15%	增强	130.38	
31.54	44.20%	23.72%	26-07-27	4.622	11.995	1288.25	1.12%	3.79%	增强	298.21	
19.24	14.80%	27.94%	26-03-09	4.238	5.157	9056.62	16.83%	3.60%	增强	222.08	
10.32	31.70%	31.51%	25-03-05	3.227	15.265	2391.67	1.48%	3.59%	增强	187.88	
5.24	16.00%	32.48%	26-08-17	4.679	33.670	2205.79	0.66%	3.19%	增强	152.25	
18.16	19.70%	23.84%	25-10-27	3.874	499.987	16235.06	0.31%	2.91%	增强	174.13	
13.82	20.20%	25.76%	27-01-24	5.118	199.980	6422.46	0.31%	2.83%	增强	161.07	
6.83	20.40%	12.39%	26-04-19	4.351	3.839	431.30	1.07%	2.70%	增强	163.58	
9.00	28.80%	0.08%	26-07-20	4.603	3.299	16707.57	45.87%	2.68%	增强	233.69	
8.75	25.90%	9.49%	25-03-03	3.222	399.997	6716.45	0.15%	2.67%	增强	169.86	
5.89	25.60%	32.71%	25-12-19	4.019	16.598	906.95	0.50%	2.65%	增强	145.04	
24.41	13.30%	1.92%	26-04-16	4.342	2.698	337.27	1.12%	2.55%	增强	222.30	
15.98	23.30%	6.91%	26-06-23	4.529	5.996	1870.08	3.03%	2.53%	增强	213.49	

图 6-5 到期税前收益率≥1%的可转债列表（部分）

代码	转债名称	现价	转股价	转股价值	溢价率	债券评级	剩余年限	到期税前收益	双低
128138	侨银转债	111.733	25.33	57.64	93.85%	AA-	4.929	4.16%	205.58
128132	交建转债	106.466	18.53	63.36	68.04%	AA	4.756	2.02%	174.51
128127	文科转债	100.26	4.88	77.05	30.12%	AA-	4.685	4.15%	130.38
128125	华阳转债	108.2	25.39	58.21	85.87%	AA	4.627	1.95%	194.07
128123	国光转债	109.039	13.49	66.05	65.09%	AA-	4.619	1.32%	174.13
128118	嬴通转债	109	21.24	55.74	95.54%	AA-	4.551	2.51%	204.54
128117	道恩转债	110.168	28.83	61.22	79.95%	AA-	4.551	2.52%	190.12
128114	正邦转债	106.974	14.77	65.34	63.73%	AA	4.51	1.63%	170.7
128105	长集转债	108	7.91	73.7	46.53%	AA-	4.321	1.48%	154.53
128100	搜特转债	107.195	1.62	95.68	12.04%	A	4.244	2.11%	119.24
128083	新北转债	108.9	11.45	75.55	44.15%	AA	4	1.24%	153.05
128069	华森转债	111.385	18.01	71.57	55.63%	AA-	3.532	2.00%	167.02
128063	未来转债	119.729	8.64	86.46	38.48%	AA-	3.307	1.98%	158.21
128062	亚药转债	94.64	16.25	25.29	274.18%	B	3.304	7.42%	368.82
128049	华源转债	109.87	7.37	77.88	41.07%	AA-	2.959	1.12%	150.94
128015	久其转债	106.908	6.97	64.42	65.96%	A+	1.485	1.64%	172.87
127034	绿茵转债	104.971	12.38	76.41	37.37%	AA-	5.378	2.41%	142.34
127019	国城转债	106.417	21.06	68.38	55.63%	AA	4.586	1.70%	162.05
127018	本钢转债	119.22	4.55	93.41	27.64%	AAA	4.542	1.63%	146.86
127016	鲁泰转债	106.6	8.71	68.89	54.75%	AA+	4.321	2.00%	161.35
127007	湖广转债	107.95	5.58	70.97	52.11%	AA+	2.542	1.23%	160.06
123126	瑞丰转债	117	17.8	78.09	49.83%	A+	5.742	1.85%	166.83
123106	正丹转债	118.71	7.5	92.53	28.29%	AA-	5.277	1.08%	147
123096	思创转债	113.137	8.27	81.62	38.61%	AA-	5.121	1.85%	151.75
123093	金陵转债	117.999	49.19	54.54	116.34%	A+	5.101	1.87%	234.34
123077	汉得转债	117.48	9.69	88.96	32.06%	AA	4.948	1.30%	149.54
123076	强联转债	107.93	18.94	64.63	67.01%	AA-	4.934	1.88%	174.94
123072	乐歌转债	123.2	49.24	60.72	102.89%	A+	4.855	1.00%	226.09
123065	宝莱转债	114.899	40.14	44.84	156.22%	AA-	4.726	1.13%	271.12
123056	雪榕转债	108.33	11.77	62.79	72.54%	AA-	4.529	2.47%	180.87

图 6-6 到期税前收益率≥1%的可转债列表（部分数据整理）

185

代码	转债名称	现价	转股价	转股价值	溢价率	债券评级	剩余年限	到期税前收益	双低
128062	亚药转债	94.64	16.25	25.29	274.18%	B	3.304	7.42%	368.82
128138	侨银转债	111.733	25.33	57.64	93.85%	AA-	4.929	4.16%	205.58
128127	文科转债	100.26	4.88	77.05	30.12%	AA-	4.685	4.15%	130.38
113596	城地转债	95.56	24.26	31.57	202.65%	AA-	4.622	3.79%	298.21
113569	科达转债	103.92	14.8	47.64	118.16%	AA-	4.238	3.60%	222.08
110052	贵广转债	105.31	7.94	57.68	82.57%	AA+	3.227	3.59%	187.88
110072	广汇转债	98.92	4.03	64.52	53.33%	AA+	4.679	3.19%	152.25
110059	浦发转债	104.83	13.97	61.92	69.30%	AAA	3.874	2.91%	174.13
113042	上银转债	105.25	10.63	67.54	55.82%	AAA	5.118	2.83%	161.07
113578	全筑转债	105.25	5.25	66.48	58.33%	AA	4.351	2.70%	163.58
113595	花王转债	110.8	6.92	49.71	122.89%	BBB+	4.603	2.68%	233.69
113021	中信转债	108.71	6.73	67.46	61.15%	AAA	3.222	2.67%	169.86
110064	建工转债	108.17	4.53	79.03	36.87%	AA+	4.019	2.65%	145.04
113573	纵横转债	111.62	18.78	52.98	110.65%	A+	4.342	2.55%	222.3
113589	天创转债	102.84	12.29	48.82	110.65%	AA-	4.529	2.53%	213.49
128117	道恩转债	110.168	28.83	61.22	79.95%	AA-	4.551	2.52%	190.12
128118	赢通转债	109	21.24	55.74	95.54%	AA-	4.551	2.51%	204.54
110034	九州转债	107.76	17.83	77.12	39.74%	AA+	0.09	2.48%	147.5
123056	雪榕转债	108.33	11.77	62.79	72.54%	AA	4.529	2.47%	180.87
127034	绿茵转债	104.971	12.38	76.41	37.37%	AA-	5.378	2.41%	142.34
113584	家悦转债	103.67	37.53	39.2	164.50%	AA	4.477	2.37%	268.17
113519	长久转债	110.64	11.04	66.85	65.51%	AA	2.904	2.37%	176.15
128100	搜特转债	107.195	1.62	95.68	12.04%	A	4.244	2.11%	119.24
123049	维尔转债	113.886	7.38	79.4	43.43%	AA-	4.332	2.09%	157.32
113601	寒力转债	109.99	16.98	84.1	30.79%	AA-	4.688	2.06%	140.78
128132	交建转债	106.466	18.53	63.36	68.04%	AA	4.756	2.02%	174.51
128069	华森转债	111.385	18.01	71.57	55.63%	AA-	3.532	2.00%	167.02
127016	鲁泰转债	106.6	8.71	68.89	54.75%	AA+	4.321	2.00%	161.35
128063	未来转债	119.729	8.64	86.46	38.48%	AA-	3.307	1.98%	158.21
128125	华阳转债	108.2	25.39	58.21	85.87%	AA-	4.627	1.95%	194.07

图 6-7 可转债到期税前收益率降序排列

接下来优先把债券评级为 AAA 的可转债筛选出来，债券评级为 AAA 的可转债筛选结果如图 6-8 所示。

代码	转债名称	现价	转股价	转股价值	溢价率	债券评级	剩余年限	到期税前收益	双低
110059	浦发转债	104.83	13.97	61.92	69.30%	AAA	3.874	2.91%	174.13
113042	上银转债	105.25	10.63	67.54	55.82%	AAA	5.118	2.83%	161.07
113021	中信转债	108.71	6.73	67.46	61.15%	AAA	3.222	2.67%	169.86
127018	本钢转债	119.22	4.55	93.41	27.64%	AAA	4.542	1.63%	146.86
113044	大秦转债	107.8	7.18	88.58	21.70%	AAA	5	1.13%	129.5

图 6-8 债券评级为 AAA 的可转债列表

从图 6-8 中可以看到，到期税前收益率≥1%且债券评级为 AAA 的可转债有 5 只，先将这 5 只可转债纳入精选投资策略组合，之后，投资者还需要选出 5 只债券评级为 AA+的可转债。

接下来筛选债券评级为 AA+的可转债，结果如图 6-9 所示。

从图 6-9 中可以看到，到期税前收益率≥1%且债券评级为 AA+的可转债有 8 只，而我们此时只需要 5 只债券评级为 AA+的可转债。将符合条件的 8 只可转债按照税前到期收益率从高到低排序，优先选择前 5 只可转债，最终确定的精选投资策略组合中的可转债如图 6-10 所示。

代码	转债名称	现价	转股价	转股价值	溢价率	债券评级	剩余年限	到期税前收益	双低
110052	贵广转债	105.31	7.94	57.68	82.57%	AA+	3.227	3.59%	187.88
110072	广汇转债	98.92	4.03	64.52	53.33%	AA+	4.679	3.19%	152.25
110064	建工转债	108.17	4.53	79.03	36.87%	AA+	4.019	2.65%	145.04
110034	九州转债	107.76	17.83	77.12	39.74%	AA+	0.09	2.48%	147.5
127016	鲁泰转债	106.6	8.71	68.89	54.75%	AA+	4.321	2.00%	161.35
113037	紫广转债	106.12	4.05	78.77	34.73%	AA+	4.608	1.92%	140.85
110068	龙净转债	107.55	10.55	77.54	38.71%	AA+	4.277	1.57%	146.26
127007	湖广转债	107.95	5.58	70.97	52.11%	AA+	2.542	1.23%	160.06

图 6-9 债券评级为 AA+的可转债列表

代码	转债名称	现价	转股价	转股价值	溢价率	债券评级	剩余年限	到期税前收益	双低
110059	浦发转债	104.83	13.97	61.92	69.30%	AAA	3.874	2.91%	174.13
113042	上银转债	105.25	10.63	67.54	55.82%	AAA	5.118	2.83%	161.07
113021	中信转债	108.71	6.73	67.46	61.15%	AAA	3.222	2.67%	169.86
127018	本钢转债	119.22	4.55	93.41	27.64%	AAA	4.542	1.63%	146.86
113044	大秦转债	107.8	7.18	88.58	21.70%	AAA	5	1.13%	129.5
110052	贵广转债	105.31	7.94	57.68	82.57%	AA+	3.227	3.59%	187.88
110072	广汇转债	98.92	4.03	64.52	53.33%	AA+	4.679	3.19%	152.25
110064	建工转债	108.17	4.53	79.03	36.87%	AA+	4.019	2.65%	145.04
110034	九州转债	107.76	17.83	77.12	39.74%	AA+	0.09	2.48%	147.5
127016	鲁泰转债	106.6	8.71	68.89	54.75%	AA+	4.321	2.00%	161.35

图 6-10 精选投资策略组合中的可转债

接下来投资者就可以考虑进行买入操作了。

这里要提一点，如果筛选出来的债券评级为 AAA 和 AA+的可转债不足 10 只，投资者就可以考虑不投资可转债了，因为这时没有合适的可转债供投资者组建精选投资策略组合。如果以债券评级在 AA+以下的可转债进行补充，就失去了筛选高质量可转债的意义，不如观望一段时间。

6.3.3 分档建仓买入

当可转债筛选完毕，接下来，投资者就可以进行买入操作了。投资者在进行买入操作时建议采用分档建仓策略。

当债券评级为 AAA 的可转债的价格低于 105 元/张的时候，投资者可以考虑不采用分档建仓策略，而是直接买入可转债；如果债券评级为 AAA 的可转债的价格高于 105 元/张，投资者可以考虑先买入一部分，然后等可转债的价格降到 105 元/张以下的时候，再买入剩余的可转债。

当债券评级为 AA+的可转债的价格低于 100 元/张的时候，投资者可以考虑直接买入；如果债券评级为 AA+的可转债的价格高于 100 元/张，投资者可以考虑先买入一部分，等债券评级为 AA+的可转债的价格低于 100 元/张以后再买入另外一部分。

可以一次性买入的可转债如图 6-11 所示。

代码	转债名称	现价	转股价	转股价值	溢价率	债券评级	剩余年限	到期税前收益	双低
110059	浦发转债	104.83	13.97	61.92	69.30%	AAA	3.874	2.91%	174.13
110072	广汇转债	98.92	4.03	64.52	53.33%	AA+	4.679	3.19%	152.25

图 6-11 可以一次性买入的可转债

需要采用分档建仓策略买入的可转债如图 6-12 所示。

代码	转债名称	现价	转股价	转股价值	溢价率	债券评级	剩余年限	到期税前收益	双低
113042	上银转债	105.25	10.63	67.54	55.82%	AAA	5.118	2.83%	161.07
113021	中信转债	108.71	6.73	67.46	61.15%	AAA	3.222	2.67%	169.86
127018	本钢转债	119.22	4.55	93.41	27.64%	AAA	4.542	1.63%	146.86
113044	大秦转债	107.8	7.18	88.58	21.70%	AAA	5	1.13%	129.5
110052	贵广转债	105.31	7.94	57.68	82.57%	AA+	3.227	3.59%	187.88
110064	建工转债	108.17	4.53	79.03	36.87%	AA+	4.019	2.65%	145.04
110034	九州转债	107.76	17.83	77.12	39.74%	AA+	0.09	2.48%	147.5
127016	鲁泰转债	106.6	8.71	68.89	54.75%	AA+	4.321	2.00%	161.35

图 6-12 分档建仓买入可转债

6.3.4 跟踪观察所持可转债的动态

当投资者组建好精选投资策略组合以后，接下来就是对所持可转债进行跟踪和关注了，在集思录网站中的最新公告列表中可以看到发行可转债的公司的一些公告信息。以上银转债为例，投资者可以在相关网站中搜索上银转债的代码或者名称，从而看到其发行公司相关的公告信息，如图 6-13 所示。

转债代码	转债名称	公告
113042	上银转债	上海银行优先股股息发放实施公告
113042	上银转债	上海银行2021年第二次临时股东大会法律意见书
113042	上银转债	上海银行2021年第二次临时股东大会决议公告
113042	上银转债	上海银行独立董事独立意见
113042	上银转债	上海银行董事会六届九次会议决议公告
113042	上银转债	国泰君安证券股份有限公司关于上海银行股份有限公司关联交易事项的专项核查意见
113042	上银转债	上海银行独立董事关于关联交易的独立意见
113042	上银转债	上海银行独立董事关于关联交易的事前认可声明
113042	上银转债	上海银行关于关联交易事项的公告
113042	上银转债	上海银行首次公开发行限售股上市流通公告
113042	上银转债	上海银行2021年第二次临时股东大会会议材料
113042	上银转债	国泰君安证券股份有限公司关于上海银行股份有限公司首次公开发行部分限售股解禁上市流通的核查意见
113042	上银转债	上海银行关于副行长辞任的公告
113042	上银转债	上海银行股份有限公司内幕信息知情人登记管理办法
113042	上银转债	上海银行股份有限公司信息披露事务管理制度

图 6-13 上银转债公告信息

第 6 章 可转债的精选投资策略

因为精选投资策略组合的卖出条件是可转债的价格达到强赎触发价或者达到投资者的预期,而一般可转债的强赎触发价是 130 元/张,相关公告中一般公布的是当可转债触发强赎条款后发行公司的反应。发行可转债的公司发布的公告具有一定的滞后性,而我们的卖出条件是可转债的价格达到强赎触发价,因此不一定要等到发行可转债的公司强赎可转债。

这时投资者可以关注可转债的价格是否达到了 130 元/张,当可转债的价格达到 130 元/张的时候,投资者就可以考虑将所持可转债卖出了。投资者要想查看可转债的价格是否达到了强赎触发价,可以在集思录网站中的强赎页面中查询相关信息,如果强赎天计数一栏中的数字不是 0/30,就说明可转债的价格已经达到强赎触发价了,如图 6-14 所示。

代码	名称	现价	正股名称	规模(亿)	剩余规模	转股起始日	转股价	强赎触发比	强赎触发价	正股价	强赎价	强赎天计数
113034	滨化转债	206.810	滨化股份 R	24.000	4.682	2020-10-16	4.58	130%	5.95	8.70	-	9/30
113036	宁建转债	109.540	宁波建工 R	5.400	5.399	2021-01-11	4.76	130%	6.19	3.61	-	0/30
113037	紫银转债	106.120	紫金银行 R	45.000	44.995	2021-01-29	4.05	130%	5.26	3.19	-	0/30
113039	嘉泽转债!	170.530	嘉泽新能	13.000	2.887	2021-03-01	3.46	130%	4.50	5.56		公告不强赎!
113042	上银转债	105.250	上海银行 R	200.000	199.980	2021-07-29	10.63	130%	13.82	7.18	-	0/30
113043	财通转债	118.910	财通证券	38.000	37.996	2021-06-16	13.13	130%	17.07	10.96	-	0/30
113044	大秦转债	107.800	大秦铁路	320.000	319.992	2021-06-18	7.18	120%	8.62	6.36	-	0/30
113045	环旭转债	121.830	环旭电子 R	34.500	34.500	2021-12-10	19.75	130%	25.68	16.10	-	0/30
113046	金田转债	118.380	金田铜业	15.000	14.998	2021-09-27	10.75	130%	13.97	8.96	-	0/30

图 6-14 上银转债强赎信息

在这里提醒各位读者,在集思录网站的强赎模块中,目前的查找功能不是很便捷,投资者可以进行排序查找,如对代码进行排序,点击"代码"就可以进行升序或者降序排列,然后按照代码查找相关的可转债就可以了。

还有一种方式就是直接进入可转债的详情页面,查看可转债的强赎条件,如图 6-15 所示。

从上银转债的详情页面中可以看到上银转债的强赎条件,重点看的是在持续的一段时间内正股收盘价格不低于当期转股价格的百分比,如果是130%,那就说明可转债的强赎触发价是 130 元/张。

上银转债 - 113042 (正股：上海银行R - 601229 行业：银行-银行Ⅱ-银行Ⅲ)							+自选
价格：105.250		转股价值：67.55		税前收益：2.83%		成交(万)：6422.46	
涨幅：0.07%		溢价率：55.82%		税后收益：2.10%		当日换手：0.31%	
转股起始日	2021-07-29	回售起始日	-	到期日	2027-01-24	发行规模(亿)	200.000
转股价	10.63	回售价	-	剩余年限	5.118	剩余规模(亿)	199.980
股东配售率	35.81%	转股代码	113042	到期赎回价	112.00	转债占比[1]	20.17%
网上中签率	0.1091%	已转股比例	0.01%	正股波动率	15.33%	转债占比[2]	19.61%
折算率	0.700	质押代码	113042	主体评级	AAA	债券评级	AAA
担保	无						
募资用途	补充本行核心一级资本						
转股价下修	当公司A股普通股股票在任意连续三十个交易日中有十五个交易日的收盘价低于当期转股价格的80%时 注：转股价不得低于每股净资产（以招募说明书为准）						
转股价调整历史	股东大会	生效日期	新转股价	原转股价	调整类型	状态	说明
		2021-07-06	10.630	11.030	其他	成功	2020年每10股派4元
强制赎回	如果公司 A 股普通股股票连续三十个交易 日中至少有十五个交易日的收盘价不低于当期转股价格的 130%(含 130%)						
回售	无						
利率	第一年为 0.30%、第二年为 0.80%、第三年为 1.50%、第四年为 2.80%、第五年为 3.50%、第六年为 4.00%						
税前YTM计算公式	3.50/(1+x)^4.118 + 2.80/(1+x)^3.118 + 1.50/(1+x)^2.118 + 0.80/(1+x)^1.118 + 0.30/(1+x)^0.118 + 112.000/(1+x)^5.118 - 105.2500 = 0						
我的备注	暂无备注，点击添加						

图 6-15 上银转债详情信息

以大秦转债为例，从图 6-16 中可以看到大秦转债的强赎触发价不是 130 元/张，而是 120 元/张。大秦转债详情信息如图 6-16 所示。

大秦转债 - 113044 (正股：大秦铁路R - 601006 行业：交通运输-铁路运输Ⅱ-铁路运输Ⅲ)							+自选
价格：107.800		转股价值：88.58		税前收益：1.13%		成交(万)：29122.28	
涨幅：0.56%		溢价率：21.70%		税后收益：0.62%		当日换手：0.84%	
转股起始日	2021-06-18	回售起始日	2024-12-13	到期日	2026-12-13	发行规模(亿)	320.000
转股价	7.18	回售价	100.00+利息	剩余年限	5.000	剩余规模(亿)	319.992
股东配售率	72.46%	转股代码	113044	到期赎回价	108.00	转债占比[1]	33.84%
网上中签率	0.0565%	已转股比例	0.00%	正股波动率	12.49%	转债占比[2]	33.84%
折算率	0.700	质押代码	113044	主体评级	AAA	债券评级	AAA
担保	无担保						
募资用途	公司本次拟公开发行可转换公司债券不超过320亿元，扣除发行费用后将全部用于投资以下项目： 1、收购中国铁路太原局集团有限公司国有授权经营土地使用权； 2、收购中国铁路太原局集团有限公司持有的太原铁路枢纽西南环线有限责任公司51%股权；						
转股价下修	当公司股票在任何连续三十个交易日中至少有十五个交易日的收盘价低于当期转股价格的 85%时 注：转股价不得低于每股净资产（以招募说明书为准）						
转股价调整历史	股东大会	生效日期	新转股价	原转股价	调整类型	状态	说明
		2021-07-08	7.180	7.660	其他	成功	2020年每股派0.48元
强制赎回	如果公司股票在任何连续三十个交易日中至少有十五个交易日的收盘价格不低于当期转股价格的 120%(含 120%)						
回售	本次发行的可转债最后两个计息年度，如果公司股票在任何连续三十个交易日收盘价格低于当期转股价格的 70%时						
利率	第一年 0.20%、第二年 0.50%、第三年 1.00%、第四年 1.80%、第五年 2.60%、第六年 3.00%						
税前YTM计算公式	2.60/(1+x)^4.000 + 1.80/(1+x)^3.000 + 1.00/(1+x)^2.000 + 0.50/(1+x)^1.000 + 108.000/(1+x)^5.000 - 107.8000 = 0						
我的备注	暂无备注，点击添加						

图 6-16 大秦转债详情信息

也就是说，一般情况下，投资者可以不用对可转债的强赎触发价进行仔细查看，当可转债的价格达到 130 元/张时将其卖出就可以了，但是为了严谨一些，还是建议投资者在买入可转债后对所持可转债进行系统全面的查看，将特殊的强赎触发价标记一下，避免以后出现不必要的麻烦和亏损。

6.3.5 满足条件卖出

当可转债的价格达到强赎触发价的时候，投资者就可以考虑进行卖出操作了，这时有的读者可能会有疑问，可转债的价格到了 130 元/张就要将其卖出吗？如果所持可转债是一只比较优秀的可转债,其以后的价格肯定不止 130 元/张，可能还会涨，要是在可转债的价格达到 130 元/张将其卖出，后面可转债的价格上涨的收益就拿不到了，岂不是卖飞了，会后悔的。

有这样的疑问是很正常的，目前可转债市场中价格高于 130 元/张的可转债有很多，但是为了保护新手投资者的利益，这里还是建议当可转债的价格达到 130 元/张以后就进行卖出操作，落袋为安。

因为新手投资者还不会判断可转债的价格未来是否会大涨。可转债的价格和正股的价格关系紧密，等投资者掌握了更多的专业知识以后，能够对发行公司和正股进行准确的分析，那么投资者就可以根据自己的分析决定什么时候将可转债卖出更合适。到那时投资者就可以自由选择投资技巧进行操作了。

在这里还是建议投资者等到可转债的价格达到强赎触发价以后就进行卖出操作，卖飞了不怕，我们赚不到自己认知范围以外的钱，等以后自己的认知更为丰富了，未来还是有很多机会的，市场永远都不缺机会，缺的只是发现机会的眼睛。

可转债的价格达到强赎触发价的指标，如图 6-17 所示。

从图 6-17 中可以看到,如果所持可转债的强赎天计数一栏中出现如 1/30、2/30 等信息，就说明可转债的价格达到了强赎触发价，此时投资者就可以进行卖出操作了。

代码	名称	现价	正股名称	规模(亿)	剩余规模	转股起始日	转股价	强赎触发比	强赎触发价	正股价	强赎价	强赎天计数
110066	盛屯转债	266.910	盛屯矿业 R	23.860	3.834	2020-09-07	4.87	130%	6.33	11.94	-	6/30
123046	天铁转债	350.180	天铁股份	3.990	0.616	2020-09-25	6.73	130%	8.75	20.00	-	5/30
128137	洁美转债	158.200	洁美科技	6.000	5.994	2021-05-10	27.63	130%	35.92	37.07	-	5/30
113525	台华转债	234.910	台华新材	5.330	1.855	2019-06-21	7.78	130%	10.11	16.94	-	5/30
113030	东风转债	147.610	东风股份 R	2.950	2.949	2020-06-30	6.40	130%	8.32	7.58	-	5/30
113577	春秋转债	145.300	春秋电子 R	2.400	1.778	2020-10-20	10.85	130%	14.11	13.06	-	4/30
123097	美力转债	139.151	美力科技	3.000	2.999	2021-08-02	9.28	130%	12.06	12.08	-	4/30
113570	百达转债	131.580	百达精工	2.800	2.799	2020-09-17	11.34	130%	14.74	13.25	-	4/30
111000	起帆转债	146.110	起帆电缆	10.000	9.997	2021-11-29	20.10	130%	26.13	25.78	-	3/30
113591	胜达转债	123.700	大胜达	5.500	5.186	2021-01-08	8.76	130%	11.39	10.24	-	2/30
123050	聚飞转债	144.000	聚飞光电	7.050	3.746	2020-10-20	5.08	130%	6.60	6.25	-	2/30
128119	龙大转债	130.000	龙大肉食 R	9.500	9.461	2021-01-18	9.29	130%	12.08	10.30	-	1/15
113009	广汽转债	125.420	广汽集团 R	41.059	25.313	2016-07-22	13.92	130%	18.10	17.15	-	2/30
113621	彤程转债	180.400	彤程新材	8.000	5.368	2021-08-02	32.62	130%	42.41	53.72	-	1/30
113593	沪工转债	144.000	上海沪工	4.000	3.998	2021-01-25	21.12	130%	27.46	25.25	-	1/30
123087	明电转债	131.800	明阳电路 R	6.730	4.190	2021-06-21	16.32	130%	21.22	18.93	-	1/30

图 6-17 强赎天计数信息

6.4 小结

本章的主要内容是对可转债的精选投资策略进行了介绍和实操演示。精选投资策略组合相当于可转债低风险投资组合的一个精简版本，用数量更少、质量更高的可转债组成一个投资组合，其筛选条件与可转债低风险投资组合的筛选条件略有不同，但是卖出条件都是当可转债的价格达到强赎触发价或者达到投资者的预期的时候，对可转债进行卖出操作。

采用这种策略可以减少投资者的资金投入，对投资者的资金要求也相对

第 6 章　可转债的精选投资策略

比较低，也可以减少投资者的时间成本，比较适合空闲比较少的投资者。

另外，这种投资策略组合比较适合新手投资者，风险比较低，在可转债不违约的情况下能够保证投资者本金的安全；精选投资策略组合也有其缺点——等待的时间可能比较长，需要投资者有良好的心态和耐性。

第 7 章
可转债的博下修策略

前面介绍了可转债的低风险投资组合和精选投资策略组合两种风险相对较低的可转债投资策略，本章再来介绍一种可转债的投资策略——可转债的博下修策略。博下修策略是围绕可转债的转股价下修条款进行操作的一种投资技巧。

博下修策略简单来说不能算是一种可以随意使用的投资方法，这就像游戏中的一些技能一样，需要一定的触发条件或者在一定状态下才可以使用。可转债的博下修策略就是这样的"技能"，当可转债满足转股价下修的条件时使用一下博下修策略可能会有出其不意的效果。

对于已经组建好可转债低风险投资组合或者精选投资策略组合的投资者来说，想要在空闲之余尝试一些新的投资技巧，是可以考虑博下修策略的。另外对于那些资金量不多、无法组建可转债的精选投资策略组合的投资者，或者想要在可转债投资中寻找一些机会的投资者来说，都可以考虑可转债的博下修策略。

第 7 章 可转债的博下修策略

本章主要涉及的知识点如下。

- 博下修策略的概念：了解博下修策略的概念，掌握博下修策略的优点和缺点。
- 博下修策略的重点内容：掌握博下修策略的重点内容，快速理解博下修策略。
- 博下修策略组合的组建：实际操作，巩固知识。

通过本章的学习，读者可以了解并掌握可转债博下修策略的概念、重点内容和博下修策略组合的组建。

注意：本章重点掌握博下修策略的重点内容和注意事项，学会进行博下修操作。

7.1 认识博下修策略

博下修策略从字面意思来理解就是博取可转债的转股价下修，简单理解就是赌发行可转债的公司会下修转股价，转股价低了，可转债的转股价值就高了，可转债的价格就会上涨，这样投资者就可以获取可转债价格上涨的收益了。

7.1.1 博下修策略的概念

博下修策略通俗的解释就是等待发行可转债的公司下修转股价，下修转股价就会使可转债的转股价值提高，可转债的价格也会随之上涨，投资者的收益就会更多一些。博下修策略的买入点是在可转债满足下修条件但发行可转债的公司还没有发布转股价下修公告的时候，然后赌发行可转债的公司会进行转股价的下修操作，等可转债的转股价格下修以后，可转债的价格随之上涨，投资者就可以考虑将可转债卖出了。

再来复习一下为什么说可转债的转股价降低后可转债的转股价值会提

高。可转债转股价值的计算公式为：转股价值=面值/转股价×正股价，可转债的面值是 100 元，这一点是不会变的，那么在正股价不变的情况下，转股价降低了，也就是分母小了，最终的结果就变大了，也就是说，转股价下修以后会带动转股价值的提高，而可转债的价格是随着可转债转股价值的变动而变动的，可转债的转股价值提高了，可转债的价格就提高了。

再来解释一下为什么可转债的转股价值提高了会带动可转债价格的上涨。以洋丰转债为例，如图 7-1 所示，此时洋丰转债的转股价为 19.94 元/股，从图 7-2 中可以看到洋丰转债此时对应的正股价格为 17.74 元/股，此时洋丰转债的转股价值为 100÷19.94×17.74=88.97 元/股，和图 7-1 中洋丰转债的转股价值是一致的。

洋丰转债 – 127031 (正股：新洋丰^R – 000902　行业：化工–化学制品–复合肥)						+自选
价格	130.000	转股价值	88.97	税前收益	-2.00%	成交(万) 3253.74
涨幅	-0.95%	溢价率	46.12%	税后收益	-2.55%	当日换手 2.50%
转股起始日	2021-10-08	回售起始日	2025-03-24	到期日	2027-03-24	发行规模(亿) 10.000
转股价	19.94	回售价	100.00	剩余年限	5.277	剩余规模(亿) 10.000
股东配售率	75.62%	转债代码	127031	到期赎回价	112.00	转债占比^1 4.75%
网上中签率	0.0036%	已转股比例	0.00%	正股波动率	57.33%	转债占比^2 4.32%
折算率	0.000	质押代码	127031	主体评级	AA	债券评级 AA
担保	无					
募资用途	年产30万吨合成氨技改项目					
转股价下修	当公司股票在任意连续30个交易日中至少有15个交易日的收盘价低于当期转股价格的85%时 注：转股价不得低于每股净资产（以招募说明书为准）					
转股价调整历史	股东大会	生效日期	新转股价	原转股价	调整类型	状态	说明
	2021-12-20			19.940	下修	提议	
		2021-05-11	19.940	20.130	其他	成功	2020年权益分派每10股派2元
强制赎回	如果公司股票连续30个交易日中至少有15个交易日的收盘价格不低于当期转股价格的130%(含130%)					
回售	本次发行的可转债最后2个计息年度，如果公司股票在任意连续 30 交易日的收盘价格低于当期转股价格的 70%时					
利率	第一年 0.3%、第二年 0.5%、第三年 1.0%、第四年 1.5%、第五年 1.8%、第六年 2.0%					
税前YTM计算公式	1.80/(1+x)^4.277 + 1.50/(1+x)^3.277 + 1.00/(1+x)^2.277 + 0.50/(1+x)^1.277 + 0.30/(1+x)^0.277 + 112.000/(1+x)^5.277 – 130.0000 = 0					
我的备注	暂无备注，点击添加					

图 7-1　洋丰转债详情信息

代码	转债名称	现价	涨跌幅	正股名称	正股价	正股涨跌	正股PB	转股价	转股价值
127031	洋丰转债	130.000	-0.95%	新洋丰^R	17.74	-0.56%	2.97	19.94	88.97

图 7.2　洋丰转债正股价信息

如果洋丰转债的转股价格进行向下调整，假如洋丰转债的转股价下调到了 10 元/股，在正股价格不变的情况下，此时洋丰转债的转股价值为 100÷10×17.74=177.4 元/股，如果此时可转债的价格不变，还是 130 元/张，就意味着投资者花 130 元/张买入洋丰转债进行转股操作，是可以获取价值 177.4 元/股的正股股票的。

这其中每股有着 177.4-130=47.4 元的利润，投资者直接买入可转债并进行转股、忽略手续费，收益率可以达到 47.4÷130×100%=36.5%，这时会出现投资者或者投资机构疯狂买入然后进行转股套利操作的情况，最终会拉升可转债的价格直至其价格与可转债的转股价值基本相同。

可转债转股价值的上涨会带动可转债的价格上涨，否则就会出现转股套利的情况，投机者的嗅觉可是很敏锐的。

博下修策略的核心内容之一就是博取发行可转债的公司下修转股价，可转债的转股价值上升带动可转债的价格上升。

7.1.2 博下修策略的优势

博下修策略的优势还是比较明显的，其中主要的优势有使用资金少、投资周期短、收益可观、转股数量增加等。

1. 使用资金少

博下修策略和前面介绍的两种组合策略不同的地方就是在使用博下修策略时，投资者不需要将多只可转债进行组合，而是可以买入单只可转债并持有，这其中也有部分原因是因为满足博下修条件的可转债不是很常见，一般很难凑齐几只可转债进行组合投资操作。

基本的博下修条件就是当可转债满足转股价下修条件且发行可转债的公司还没有发布转股价的下修公告。一般这种中间状态持续的时间比较短，因此很难出现多只可转债同时处于这种状态的情况。并且博下修的操作多少有些赌的成分在里面，说白了还是有点投机操作的意思，因为下修转股价是发行可转债的公司的权利，发行可转债的公司可以选择进行转股价的下修，也可以选择不下修转股价。这种操作比较适合用少量资金参与一下，如果动用大部分资金参与可转债的博下修操作，万一发行可转债的公司选择不进行转股价的下修，就很可能造成投资者的资金被套牢，甚至还会出现资金亏损的情况。

2. 投资周期短

如果发行可转债的公司决定下修转股价，博下修操作的投资周期一般是比较短的，当然这是与中长期投资相比，具体下修转股价的时间还是以发行可转债的公司的公告为主。总的来说，如果发行可转债的公司决定下修转股价，那么从可转债满足转股价下修条件到发行可转债的公司发布转股价下修公告这段时间还是能令投资者接受的。

海印转债从满足转股价下修条件到发行海印转债的公司发布转股价下修公告的时间算是比较长的，差不多有一年半的时间，这算是一个比较特殊的情况，一般情况下是一个月或者几个月，因此相对一般的中长期投资来说，博下修操作的投资周期还是比较短的。

3. 收益可观

博下修操作的收益也是能够令人满意的。如果发行可转债的公司决定下修转股价，可转债的价格就会上涨，收益的多少取决于发行可转债的公司下修转股价幅度的大小，转股价下修幅度越大，博下修操作的收益就越高。

而发行可转债的公司之所以下修转股价，就是想促使可转债触发强赎条款，进而促使投资者进行转股操作，从而达到发行可转债的公司不用还钱的目的。如果转股价下修的幅度太小，发行可转债的公司还是会面临可转债回售的压力，发行可转债的公司为了不还钱，也会极力促使投资者进行转股操作，因此下修转股价的幅度一般不会很小。这样看来，博下修策略的收益还是比较可观的。

如果发行可转债的公司成功下修转股价，可转债的价格很有可能上涨，投资者可以实现可转债的低买高卖。

另外，发行可转债的公司成功下修转股价时，如果正股价格上涨就更容易触发可转债的强赎条款了，如果能够触发可转债的强赎条款，那么投资者就能看到胜利的曙光了。如果发行可转债的公司进行了转股价的下修，可转债的价格上涨，投资者将其卖出就可以获取收益了；如果可转债能够触发强赎条款，那么投资者在可转债的价格达到强赎触发价的时候将其卖出，收益相对就更高了。

4. 转股数量增加

如果可转债的转股价成功下修，那么可转债的转股数量就会增加。转股

第 7 章 可转债的博下修策略

数量=面值/转股价，转股价低了，转股数量就多了，以后投资者进行转股操作时所持有的正股数量就多了，如果正股价格上涨，投资者所获得的收益也就相对变多了。

7.1.3 博下修策略的不足

博下修策略同样也存在不足之处。例如，投资者想要完成博下修操作需要寻找并把握时机，另外，进行博下修操作也存在失败的风险。

1. 需要等待时机

采用博下修策略的前提是可转债已经满足转股价下修条件，但发行可转债的公司还没有发布转股价下修公告。如果可转债还没有满足转股价下修条件，那么博下修操作就没有办法进行了。

如果投资者提前买入可转债，然后等待发行可转债的公司进行转股价的下修，这种操作就有些主次颠倒了。如果投资者提前买入可转债，等待可转债的公司发布转股价下修公告，那么在可转债满足转股价下修条件的情况下，就意味着正股的价格还要继续下跌，可转债的价格也会随之继续下跌，这样一来，投资者就会持续亏损。

为了等待发行可转债的公司下修转股价而提前买入可转债，承受着持续的亏损，最终如果转股价成功下修了再好不过，如果发行可转债的公司决定不进行转股价的下修，投资者就可能会被套牢了。

投资者如果想采用博下修策略，需要等到可转债达到转股价下修条件且发行可转债的公司没有发布转股价下修公告的那段时间，如果投资者提前买入可转债，会有持续亏损的可能；如果等到发行可转债的公司发布转股价下修公告再买入可转债，那么转股价下修以后的收益都已经反映在了可转债的价格中，就不属于博下修操作了。

2. 存在转股价下修失败的风险

博下修策略就是赌发行可转债的公司会下修转股价，而下修转股价是发行可转债的公司的权利，而不是发行可转债的公司的义务，发行可转债的公司可以选择下修转股价，也可以选择不行使下修转股价的权利。下修转股价是需要召开股东大会的，并且需要持三分之二表决权的股东同意才能够成功下修转股价。

如果转股价下修失败，就意味着这次可转债的博下修策略失败了，并且如果发行可转债的公司没有成功下修转股价，很可能引起后面一系列的问题，如可转债价格的下跌，触发可转债的回售条款，可转债违约情况的出现等。

如果发行可转债的公司发布公告说明不进行转股价的下修，很有可能当时可转债的价格就下跌了，因为在可转债满足转股价下修条件并且发行可转债的公司没有发布公告的时候，也会有很多投资者采取博下修操作进行短期套利；如果发行可转债的公司发布公告说明不进行转股价的下修，那么第二天就会有很多投资者进行可转债的卖出操作，这样大批量的卖出就会造成可转债价格的下跌。

以杭叉转债为例，杭叉转债在 2021 年 12 月 16 日发公告说明不进行转股价的下修，如图 7-3 所示，2021 年 12 月 16 日杭叉转债的价格就比上一个交易日的价格有所下跌，如图 7-4 所示。发行可转债的公司发布不下修转股价公告以后并不是所有可转债的价格都会下跌，这是一个概率性事件，读者可以多多留意。

序号	公告时间	股票代码	股票名称	转债代码	转债名称	公告
1	2021-12-16	603298	杭叉集团	113622	杭叉转债	杭叉集团：关于不向下修正"杭叉转债"转股价格的公告
2	2021-12-15	000401	冀东水泥	127025	冀东转债	关于可转债转股价格调整的公告
3	2021-12-14	300601	康泰生物	123119	康泰转2	关于董事会提议向下修正可转换公司债券转股价格的公告
4	2021-12-14	000070	特发信息	127021	特发转2	关于向下修正可转换公司债券转股价格的公告
5	2021-12-13	002325	洪涛股份	128013	洪涛转债	关于可转债转股价格调整的公告

图 7-3　杭叉转债不下修转股价公告

如果发行可转债的公司没有下修转股价，那么可转债的价格很有可能继续下跌。因为能够满足下修转股价条件的可转债，一般来说其所对应的正股的状态不是很好。如果发行可转债的公司没有下修转股价，再加上正股走势没有什么起色，那么可转债的价格可能会继续下跌，对投资者来说，就会造成亏损了。

第 7 章 可转债的博下修策略

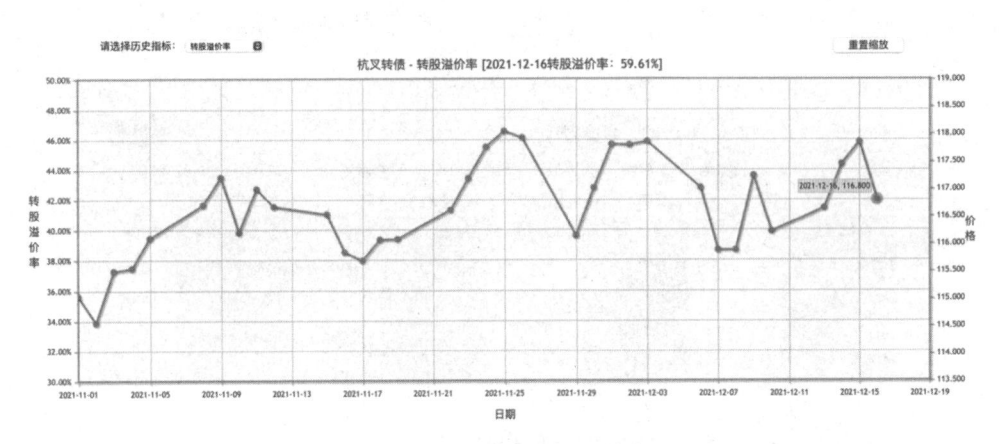

图 7-4 杭叉转债价格信息

如果可转债的价格没有上涨反而继续下跌，很有可能触发可转债的回售条款。在可转债触发回售条款后，如果发行可转债的公司还没有下修转股价的意思，很大可能就是发行可转债的公司选择了接受可转债的回售，发行可转债的公司不怕还钱，而且也已经做好了还钱的准备。

另外，还有一种概率比较小的情况，那就是可转债会违约，虽然概率比较小，但是投资者还是要保持警惕，如果可转债违约，那么投资者的损失还是相当大的。

7.2 实施博下修策略的步骤

实施博下修策略的重点及其步骤将会在接下来的内容中进行介绍。采用博下修策略确实存在风险，但这种风险也是可以控制的，这就需要投资者对可转债的博下修策略进行深入的理解，掌握可转债的重要条款。

7.2.1 看透转股价下修条款

博下修操作就是围绕可转债的转股价下修条款进行的，转股价下修条款是博下修策略的核心，前面介绍过可转债的转股价下修条款的查看方式，投资者可以在可转债的募集说明书或者集思录网站中进行查看。如图 7-5 所示，在洪涛转债的详情信息中可以看到关于洪涛转债的转股价下修条款的简单介绍。

洪涛转债 - 128013 (正股：洪涛股份R - 002325 行业：建筑装饰-装修装饰Ⅱ-装修装饰Ⅲ)							
价格	124.500	转股价值	124.67	税前收益	-21.50%	成交(万)	8447.34
涨幅	0.89%	溢价率	-0.15%	税后收益	-23.59%	当日换手	5.95%
转股起始日	2017-02-06	回售起始日	2020-07-29	到期日	2022-07-29	发行规模(亿)	12.000
转股价	2.31	回售价	100.00 +利息	剩余年限	0.616	剩余规模(亿)	11.414
股东配售率	-	转股代码	128013	到期赎回价	108.00	转债占比¹	40.93%
网上中签率	-	已转股比例	4.88%	正股波动率	30.96%	转债占比²	30.71%
折算率	0.000	质押代码	128013	主体评级	A-	债券评级	A-
担保	无担保						
募资用途	募集资金投入项目： 1、在线智能学习平台及教育网点建设项目； 2、职业教育云平台及大数据中心建设项目； 3、研发中心及教师培训中心建设项目。						
转股价下修	在本次发行的可转换公司债券存续期间,当公司股票在任意连续三十个交易日中至少有十五个交易日的收盘价低于当期转股价格的80%时,公司董事会有权提出转股价格向下修正方案并提交公司股东大会表决。 注：转股价或可以低于每股净资产（以招募说明书为准）						
转股价调整历史	股东大会	生效日期	新转股价	原转股价	调整类型	状态	说明
		2021-12-13	2.310	2.320	其他	成功	限制性股票激励计划
	2021-02-23	2021-02-24	2.320	3.100	下修	成功	
		2020-07-21	3.100	3.120	其他	成功	每10股派0.2元人民币现金
	2020-06-29	2020-06-30	3.120	8.000	下修	成功	
	2019-11-20	2019-11-21	8.000	9.970	下修	成功	
		2019-07-26	9.970	9.980	其他	成功	每10股派息0.1000元
		2018-07-13	9.980	10.000	其他	成功	10派0.2元
强制赎回	在本次发行的可转债转股期内,如果公司A股股票连续30个交易日中至少有15个交易日的收盘价格不低于当期转股价格的130%(含130%)						
回售	在本次发行的可转换公司债券最后两个计息年度,如果公司股票在任何连续三十个交易日的收盘价格低于当期转股价的70%时,可转换公司债券持有人有权将其持有的可转换公司债券全部或部分按面值加上当期应计利息的价格回售给公司						
利率	第一年0.4%、第二年0.6%、第三年1%、第四年1.5%、第五年1.8%、第六年2%						

图 7-5　洪涛转债详情信息

另外，不同可转债下修转股价所规定的连续天数，正股价低于转股价的百分比都可能是不一定的，具体的内容还是要以可转债的转股价下修公告或者可转债的募集说明书中的相关内容为准。

此外就是如何查看可转债的转股价是否进行过下修操作。要快速地查看一只可转债的转股价是否进行过下修操作，可以在集思录网站中进行查看，如图 7-6 所示。读者在集思录网站中可以看到有些可转债的转股价是被标记成蓝色的，并且转股价上面还有红色的*标。

第 7 章 可转债的博下修策略

代码	转债名称	现价	涨跌幅	正股名称	正股价	正股涨跌	正股PB	转股价	转股价值	溢价率	纯债价值	债券评级
128013	洪涛转债	124.500	0.89%	洪涛股份R	2.88	1.77%	1.28	2.31***	124.68	-0.14%	99.80	A-
113536	三星转债!	136.850	-0.32%	三星新材	18.83	0.05%	3.01	13.76	136.85	0.00%	100.00	AA
113528	长城转债!	264.800	0.23%	长城科技	59.16	0.10%	5.02	22.35	264.70	0.04%	100.00	AA-
113009	广汽转债	116.050	-2.36%	广汽集团R	16.11	-0.98%	1.90	13.92	115.73	0.28%	105.44	AAA
113541	荣晟转债!	185.080	0.05%	荣晟环保	19.96	-0.15%	2.98	10.84*	184.13	0.52%	91.91	AA-
123086	海兰转债!	272.800	0.44%	海兰信	19.68	-0.10%	6.95	7.27*	270.70	0.78%	90.06	AA-
128094	星帅转债!	192.829	1.02%	星帅尔	26.38	1.46%	4.46	13.80	191.16	0.87%	86.48	A+
128085	鸿达转债!	152.690	2.08%	鸿达兴业R	5.87	2.09%	1.75	3.91	150.13	1.71%	36.22	B
123081	精研转债!	152.810	-3.27%	精研科技	51.28	-4.83%	4.13	34.15*	150.16	1.76%	100.03	AA-
127029	中钢转债!	169.640	3.38%	中钢国际	9.56	4.82%	2.02	5.79	165.11	2.74%	98.02	AA+
128106	华统转债!	139.517	-1.40%	华统股份	12.72	-2.30%	3.27	9.37	135.75	2.77%	94.95	AA
113534	鼎胜转债!	272.830	-1.09%	鼎胜新材	40.25	-2.09%	4.13	15.18*	265.15	2.90%	93.77	AA-
123085	万顺转2!	153.330	-0.76%	万顺新材	9.22	-1.18%	1.75	6.20	148.71	3.11%	82.64	AA-
128128	齐翔转2!	194.210	-0.91%	齐翔腾达	10.71	-0.93%	2.44	5.69	188.22	3.18%	95.18	AA
128111	中矿转债!	450.057	-2.16%	中矿资源	67.20	-1.75%	5.85	15.42	435.80	3.27%	94.12	AA
128081	海亮转债!	131.802	2.29%	海亮股份R	12.31	3.10%	2.28	9.69	127.04	3.75%	97.82	AA
123092	天壕转债!	235.532	-1.61%	天壕环境	11.78	-1.17%	2.98	5.19	226.97	3.77%	79.99	A+
128050	钧达转2!	432.816	-2.78%	钧达股份	61.71	-3.71%	8.10	14.81*	416.68	3.87%	100.00	AA-
123111	东财转3!	170.500	-0.29%	东方财富R	38.32	-0.91%	9.65	23.35	164.11	3.89%	91.92	AA+
113016	小康转债!	455.870	-1.36%	小康股份R	74.29	-1.45%	13.94	16.96*	438.03	4.07%	97.28	AA-
123112	万讯转债!	154.720	2.26%	万讯自控	13.27	2.39%	3.30	8.93	148.60	4.12%	89.13	AA-
128082	华锋转债!	187.907	8.70%	华锋股份	16.47	10.02%	2.69	9.13**	180.39	4.17%	80.42	A

图 7-6　可转债转股价下修列表

可转债的转股价被标记成蓝色且有红色的*标，意味着可转债已经进行过转股价的下修，红色*标的数量就代表可转债转股价下修的次数。点击蓝色的转股价，可以看到可转债转股价下修的记录。以洪涛转债为例，洪涛转债转股价下修记录如图 7-7 所示。

洪涛转债[128013] 转股价下修记录

转债名称	股东大会日	下修前转股价	下修后转股价	新转股价生效日期	下修底价
洪涛转债	2021-02-23	3.100	2.320	2021-02-24	2.320
洪涛转债	2020-06-29	8.000	3.120	2020-06-30	3.120
洪涛转债	2019-11-20	9.970	8.000	2019-11-21	3.100

图 7-7　洪涛转债转股价下修记录

还有一种情况就是可转债的转股价只被标记成了蓝色，没有红色的*标。出现这种情况有两种可能性，一种可能性是可转债满足了转股价下修条件，发行可转债的公司也提出了转股价下修方案，但是还没有确定股东大会的时间，或者确定了股东大会召开的时间而没有开会进行决议。康泰转 2 的转股价下修记录如图 7-8 所示。

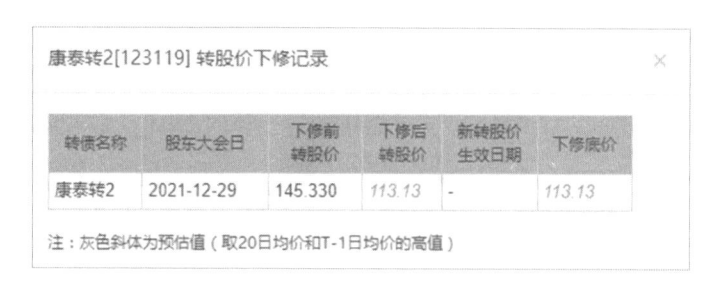

图 7-8　康泰转 2 转股价下修记录

另一种可能性是可转债满足了转股价下修条件，但是发行可转债的公司关于下修转股价的提案在股东大会上没有通过，众兴转债转股价下修记录如图 7-9 所示。

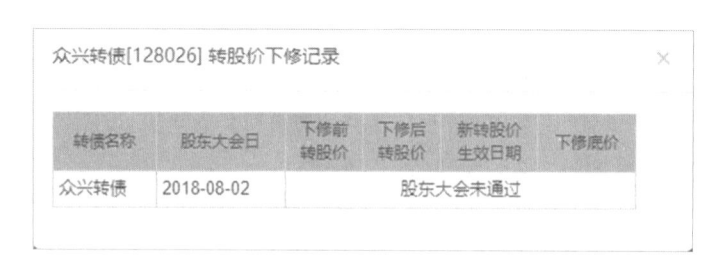

图 7-9　众兴转债转股价下修记录

我们知道，如果可转债成功下修转股价，对投资者来说是有利的，对发行可转债的公司来说其实也是有利的。对发行可转债的公司来说，积极下修转股价就是想让可转债触发强赎条款，然后促使投资者进行转股，这样发行可转债的公司就可以达到不还钱的目的。

没错，发行可转债的公司从投资者手中募集到了钱就不会再轻易地还回去。因此，发行可转债的公司积极下修转股价以促使可转债触发强赎条款就是为了让投资者进行转股，做公司的股东。

既然下修转股价对发行可转债的公司是有利的，为什么可转债的转股价下修会失败？因为如果可转债成功下修转股价对原本持有正股的股东来说是有影响的。

可转债的转股价下修以后，投资者将所持可转债进行转股，此时如果发行可转债的公司的总市值没有太大的变化，在可转债转股以后，股票的数量增加了，单位股票的价值就降低了，在原股东持有的股票数量没有变化的情况下，单位股票的价值下降了，原股东所持有的股票的总价值就下降了。

这也就是为什么有些可转债的转股价下修会失败，因为原有的公司股东为了自己的利益不会同意下修转股价。

7.2.2 降低博下修操作风险

想要完成可转债的博下修操作比较简单，就是寻找那些满足转股价下修条件并且发行可转债的公司还没有发布转股价下修公告的可转债，但如果想要把博下修操作的风险降下来，就需要增加一些条件筛选出合适的可转债。

能够降低博下修操作风险的四个辅助条件分别是可转债在回售期内、可转债近一年内没有因为满足下修条件而下修转股价、可转债的债券评级在 AA 以上、可转债的到期税后收益率大于 0。

1．可转债在回售期内

如果可转债出现满足转股价下修条件且可转债在回售期内，发行可转债的公司很有可能为了防止正股价格继续下跌导致可转债触发回售条款而下修转股价，因为如果可转债一旦触发回售条款，就避免不了投资者将可转债回售给发行可转债的公司，发行可转债的公司就得还钱了。发行可转债的公司当然是不想还钱的，而且如果回售量比较大，发行可转债的公司也会有资金方面的压力。

发行可转债的公司为了避免出现可转债回售的情况，很可能会选择下修转股价。注意，这也只是下修转股价的概率大一些，并不代表一定会成功下修转股价。

如果可转债不在回售期内，即使可转债满足了转股价下修条件，发行可转债的公司可能不会急于下修转股价。因为可转债不在回售期内，即使正股价格跌到了触发回售条款的地步，可转债也是不能回售的，那么发行可转债的公司就可能因为没有回售的压力而不会积极下修转股价，所以在可转债回售期内进行博下修操作对投资者来说是比较有利的。

2. 可转债近一年内没有因为满足下修条件而下修转股价

“可转债近一年内没有因为满足下修条件而下修转股价”也是一个概率性的条件，如果可转债在一年内下修过转股价，那么再次下修转股价的可能性就不是很高。前提是可转债是因为满足转股价下修条件而进行过转股价的下修，而不是因为正股的派息或者转增股本之类的操作而进行过转股价下修。

以济川转债为例，如图 7-10 所示，济川转债的转股价调整过 5 次，其中只有一次是因为可转债满足了转股价下修的条件而进行转股价的下修，其余 4 次都是因为其他原因而下修转股价。

济川转债 - 110038 (正股：济川药业R - 600566 行业：医药生物-中药Ⅱ-中药Ⅲ) +自选

价格：122.160	转股价值：93.85	税前收益：-14.59%	成交(万)：30008.82
涨幅：3.08%	溢价率：30.17%	税后收益：-15.67%	当日换手：39.26%

转股起始日	2018-05-17	回售起始日	2020-11-13	到期日	2022-11-12	发行规模(亿)	8.430
转股价	23.40	回售价	100.00+利息	剩余年限	0.907	剩余规模(亿)	6.303
股东配售率	15.92%	转股代码	110038	到期赎回价	100.00+6.00	转债占比[1]	3.23%
网上中签率	0.0115%	已转股比例	25.23%	正股波动率	31.43%	转债占比[2]	3.23%
折算率	0.000	质押代码	110038	主体评级	AA	债券评级	AA
担保	无担保						
募资用途	本次公开发行可转换公司债券拟募集资金不超过84,316万元，扣除发行费用后全部用于以下投资项目： 1、3号液体楼新建(含高架库)项目； 2、口服液塑瓶车间新建(含危化品库)项目； 3、杨凌医药生产基地建设项目； 4、综合原料药车间新建项目。						
转股价下修	在本次发行的可转债存续期间，当公司股票在任意连续三十个交易日中至少有十个交易日的收盘价低于当期转股价格的 80%时 注：转股价或可以低于每股净资产（以招募说明书为准）						

转股价调整历史

股东大会	生效日期	新转股价	原转股价	调整类型	状态	说明
	2021-05-26	23.400	23.850	其他	成功	2020年权益分派每10股派4.5元
	2020-11-06	23.850	24.270	其他	成功	非公开发行新增股份
	2020-04-24	24.270	25.500	其他	成功	每 10 股派发现金股利 12.30 元
2020-03-02	2020-03-04	25.500	38.810	下修	成功	
	2019-06-03	38.810	40.040	其他	成功	每10股派息12.3元

强制赎回	在本次发行的可转债转股期内，如果公司 A 股股票连续 30 个交易日中至少有 15 个交易日的收盘价格不低于当期转股价格的 125%（含 125%）

图 7-10 济川转债转股价调整记录

第 7 章　可转债的博下修策略

我们也可以从可转债详情中看到济川转债转股价下修记录,如图 7-11 所示,从集思录网站中可以看到,济川转债的转股价目前是蓝色的,后面有一个红色的*标,这就表示济川转债曾经进行过一次转股价的下修。

筛选的时候只需要将"可转债近一年内没有因为满足转股价下修条件而下修转股价"这个条件作为筛选条件就可以了,因为其他原因造成转股价调整的,可以忽略,这对可转债转股价下修的影响不是很大。

另外,"可转债近一年内没有因为满足下修条件而下修转股价"的这个条件也是为了增加可转债转股价成功下修的概率,从而提高博下修操作的成功率,也有一些可转债在一年之内多次进行过下修转股价。

代码	转债名称	现价	涨跌幅	正股名称	正股价	正股涨跌	正股PB	转股价	转股价值	溢价率	纯债价值	债券评级
110034	九州转债!	107.550	0.03%	九州通 R	13.71	-0.15%	1.10	17.83	76.89	39.87%	107.70	AA+
110038	济川转债	122.160	3.08%	济川药业 R	21.96	10.02%	2.25	23.40*	93.85	30.17%	102.89	AA

图 7-11　济川转债列表信息

3．可转债的债券评级在 AA 以上

万一转股价下修失败,正股走势仍然不好,那么可转债的价格很可能会继续下跌。如果再触发回售条款或者被到期赎回,万一发行可转债的公司承受不了造成违约就不好了。因此,选择债券评级在 AA 以上的可转债也是为了给自己"吃一颗定心丸"。

4．可转债的到期税后收益率大于 0

这个条件很明显也是为了防止转股价下修失败而设立的。万一转股价下修失败,投资者将可转债持有到期也是可以保证本金安全的,当然要在可转债不违约的前提下,这就是为什么要选择债券评级在 AA 以上的可转债。

要满足可转债的到期税后收益率大于 0 这个条件,我们也可以选择到期税前收益率大于 1%的可转债。到期税前收益率大于 1%是一个非常保守的筛选条件,如果筛选不出合适的可转债,可以选择到期税前收益率大于 0.8%的可转债。

以科达转债为例。在科达转债的详情页面中可以看到科达转债此时的到期税后收益率为 2.72%,如图 7-12 所示。如果觉得逐一查看可转债的到期税后收益率比较麻烦,也可以从可转债列表中查看可转债的到期税前收益率,如图 7-13 所示。

207

科达转债 - 113569（正股：苏州科达R - 603660	行业：计算机-计算机设备Ⅱ-计算机设备Ⅲ）		+自选
价格：104.000	转股价值：46.15	税前收益：3.59%	成交(万)：1265.24
涨幅：0.53%	溢价率：125.36%	税后收益：2.72%	当日换手：2.36%
转股起始日	2020-09-14	回售起始日	2024-03-08	到期日	2026-03-09	发行规模(亿)	5.160
转股价	14.80	回售价	100.00 利息	剩余年限	4.230	剩余规模(亿)	5.157
股东配售率	37.09%	转股代码	113569	到期赎回价	115.00	转债占比¹	15.28%
网上中签率	0.0080%	已转股比例	0.06%	正股波动率	28.15%	转债占比²	15.28%
折算率	0.000	质押代码	113569	主体评级	AA-	债券评级	AA-
担保	无担保						

图 7-12　科达转债到期税后收益率

到期时间	剩余年限	剩余规模(亿元)	成交额(万元)	换手率	到期税前收益
26-03-09	4.230	5.157	1265.24	2.36%	3.59%

图 7-13　科达转债到期税前收益率

降低博下修操作风险的四个辅助条件如图 7-14 所示。

降低博下修操作风险的四个辅助条件：
- 可转债在回售期内
- 可转债近一年内没有因为满足转股价下修条件而下修转股价
- 可转债的债券评级为AA以上
- 可转债的到期税后收益率大于0

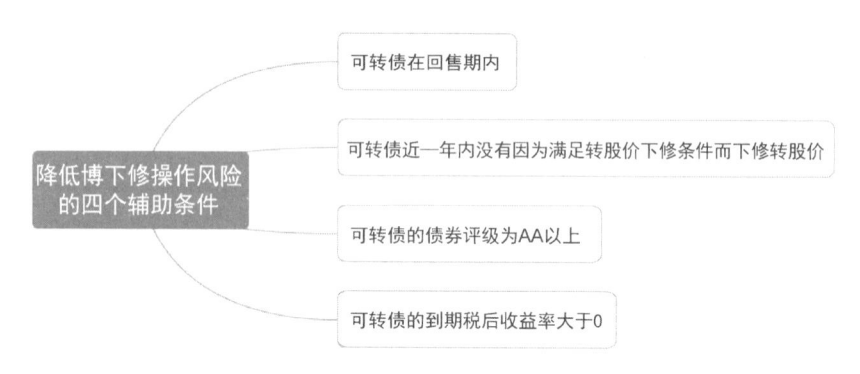

图 7-14　降低博下修操作风险的四个辅助条件

7.2.3　筛选目标可转债

现在可以考虑首先将筛选条件进行融合，然后进行系统的筛选操作，将博下修的四个辅助条件进行组合筛选，有可能会出现一种情况，那就是最终没有筛选到满足条件的可转债。这四个条件同时满足有些苛刻，当然这也是为了更好地降低博下修操作的风险，如果用这四个辅助条件对可转债进行筛选，能筛选到合适的可转债是最好的，如果筛选不到，在投资者多承担一些风险的前提下，是可以将辅助条件放宽一些的。

如何筛选满足博下修条件的可转债？先将在回售期内的可转债筛选出来，然后将一年内有过转股价下修记录的可转债剔除，再筛选出债券评级为 AA 以上的可转债，最后找到到期税后收益率大于 0 的可转债，经过这四个条件的筛选，再看看满足条件的可转债中有没有已经满足转股价下修条件且发行可转债的公司没有发布转股价下修公告的可转债，如果有以上条件均满足的可转债，那么这些可转债就是可以考虑采用博下修策略的可转债了。

如果利用以上四个辅助条件进行筛选后发现没有筛选到合适的可转债，这时投资者可以考虑放弃博下修操作，也可以选择将筛选条件放宽一些。投资者可以考虑不在回售期内的可转债，把"近一年内没有因满足转股价下修条件而下修转股价"这一条件放开，或者将针对可转债的债券评级要求降低一些，或者将可转债的到期税后收益率大于 0 的条件放开，如果投资者想要继续进行博下修操作，那么可以考虑根据博下修的四个辅助条件进行灵活的组合筛选。

7.2.4 达到卖出条件时卖出

博下修策略的卖出条件和其他投资组合的卖出条件略有不同，采用博下修策略进行可转债投资，不一定要等到可转债的价格达到强赎触发价才将其卖出，而是等到发行可转债的公司发布下修转股价的公告后就可将其卖出，可转债的价格上升以后，有盈利的时候就可以考虑进行卖出操作了。因为这时可转债的价格不一定能达到强赎触发价，所以对于可转债的博下修操作来说，见好就收、落袋为安才是重要的。

7.3 博下修策略的实操演示

为了方便读者直观地了解可转债的博下修策略，接下来进行博下修策略的实操演示，演示过程中的数据均来自集思录网站，由于查询时间不一样，和读者自己筛选的结果可能存在偏差。

7.3.1 确定筛选条件

为了把博下修策略的风险降到最低，就将筛选适用于博下修策略的可转债的四个辅助条件都用上，这样即使博下修操作失败了，也能保证投资者的本金安全。

博下修操作的筛选条件如下。

（1）可转债在回售期内。

（2）可转债近一年内没有因为满足下修条件而下修转股价。

（3）可转债的债券评级在 AA 以上。

（4）可转债的到期税后收益率大于 0。

7.3.2 筛选并确定可转债

进入集思录网站首页，为了方便后面的筛选操作，可以先将数据复制到一张表格中。在集思录网站首页，可转债列表的左上角有一个表格的标志，点击后就会提示"数据复制成功"，如图 7-15 所示。

代码	转债名称	现价	涨跌幅	正股名称	正股价	正股涨跌	正股PB	转股价
113607	伟20转债！	170.230	-0.88%	伟明环保 R	37.37	-0.05%	7.63	21.71
113528	长城转债！	247.650	-4.30%	长城科技	55.89	-3.24%	4.74	22.35
123081	精研转债！	149.000	-0.60%	精研科技	51.21	0.65%	4.28	34.15*
123053	宝通转债！	142.000	2.16%	宝通科技	29.61	2.00%	3.49	20.73
128013	洪涛转债	127.547	0.83%	洪涛股份 R	2.96	0.68%	1.31	2.31***

图 7-15 可转债数据复制

将数据复制到表格中进行整理，将筛选可转债用不上的指标列进行隐藏或者删除，得到最终的可转债数据列表，如图 7-16 所示。

我们先针对可转债是否在回售期内进行可转债的筛选，一般可转债的回售期是最后两个计息年度，那么将可转债的剩余年限进行升序排序，筛选出剩余年限小于两年的可转债，如图 7-17 所示，可以看到满足条件的可转债有 21 只。

第 7 章 可转债的博下修策略

代码	转债名称	现价	正股价	转股价	债券评级	回售触发价	强赎触发价	到期时间	剩余年限	到期税前收益
110034	九州转债	107.58	13.55	17.83	AA+	12.48	23.18	2022/1/15	0.079	4.94%
113009	广汽转债	115.39	16.03	13.92	AAA	9.74	18.1	2022/1/22	0.099	-82.20%
127003	海印转债	120.797	3.24	2.99	AA	2.09	3.89	2022/6/8	0.474	-18.86%
128013	洪涛转债	127.547	2.96	2.31	A-	1.62	3	2022/7/29	0.614	-24.96%
110038	济川转债	122.14	22.01	23.4	AA	11.7	29.25	2022/11/12	0.904	-14.62%
128029	太阳转债	164	11.61	8.45	AA+	5.92	10.99	2022/12/22	1.014	-34.58%
113011	光大转债	113.45	3.32	3.55	AAA	—	4.62	2023/3/17	1.247	-4.79%
128014	永东转债	116.21	9.65	12.52	AA-	8.76	16.28	2023/4/17	1.332	-4.22%
127004	模塑转债	166.6	4.86	7.24	AA-	5.07	9.41	2023/6/2	1.458	-24.14%
128015	久期转债	108	4.64	6.97	A+	4.88	9.06	2023/6/8	1.474	0.95%
113013	国君转债	122.86	17.39	18.45	AAA	—	23.99	2023/7/6	1.551	-8.72%
123014	凯发转债	138.35	9.07	8.05	A+	5.64	10.47	2023/7/27	1.608	-14.63%
128017	金禾转债	244.078	46.81	21.97	AA	15.38	28.56	2023/11/1	1.874	-35.61%
113016	小康转债	456.75	72.14	16.96	AA-	11.87	22.05	2023/11/6	1.888	—
113502	嘉澳转债	129.77	43.22	44.64	AA-	31.25	58.03	2023/11/9	1.896	-8.50%
123002	国祯转债	117.55	7.68	8.36	AA	5.85	10.87	2023/11/24	1.937	-4.54%
128021	兄弟转债	118.499	4.3	5.19	AA	3.63	6.75	2023/11/28	1.948	-4.91%
128022	众信转债	114.38	5.19	7.92	A	5.54	10.3	2023/12/1	1.956	-3.14%
128023	亚太转债	126.99	9.62	10.34	AA	7.24	13.44	2023/12/4	1.964	-7.19%
128025	特一转债	126.4	14.6	13.8	AA-	9.66	17.94	2023/12/6	1.97	-7.94%
128026	众兴转债	112.386	9.13	11.36	AA-	7.95	14.77	2023/12/13	1.989	-2.09%
123004	铁汉转债	108.5	2.81	3.82	AA	2.67	4.97	2023/12/18	2.003	0.14%
128030	天康转债	203.696	8.99	7.39	AA	5.17	9.61	2023/12/22	2.014	-26.31%
113017	吉视转债	113.02	2.15	2.27	AA	1.56	2.99	2023/12/27	2.027	-1.89%
128033	迪龙转债	127.41	9.15	8.56	AA	5.99	11.13	2023/12/27	2.027	-7.62%
128034	江银转债	109.8	3.8	4.32	AA+	—	5.62	2024/1/26	2.11	-0.66%
110043	无锡转债	121.48	5.64	5.61	AA+	—	7.29	2024/1/30	2.121	-5.34%
128035	大族转债	129.6	51.43	51.9	AA+	36.33	67.47	2024/2/6	2.14	-8.51%
113504	艾华转债	207.287	38.5	20.81	AA	14.57	27.05	2024/3/2	2.208	-25.53%
113505	杭电转债	122.6	7.31	7.08	AA	4.96	9.2	2024/3/5	2.216	-4.35%

图 7-16　可转债数据列表

代码	转债名称	现价	正股价	转股价	债券评级	回售触发价	强赎触发价	到期时间	剩余年限	到期税前收益
110034	九州转债	107.58	13.55	17.83	AA+	12.48	23.18	2022/1/15	0.079	4.94%
113009	广汽转债	115.39	16.03	13.92	AAA	9.74	18.1	2022/1/22	0.099	-82.20%
127003	海印转债	120.797	3.24	2.99	AA	2.09	3.89	2022/6/8	0.474	-18.86%
128013	洪涛转债	127.547	2.96	2.31	A-	1.62	3	2022/7/29	0.614	-24.96%
110038	济川转债	122.14	22.01	23.4	AA	11.7	29.25	2022/11/12	0.904	-14.62%
128029	太阳转债	164	11.61	8.45	AA+	5.92	10.99	2022/12/22	1.014	-34.58%
113011	光大转债	113.45	3.32	3.55	AAA	—	4.62	2023/3/17	1.247	-4.79%
128014	永东转债	116.21	9.65	12.52	AA-	8.76	16.28	2023/4/17	1.332	-4.22%
127004	模塑转债	166.6	4.86	7.24	AA-	5.07	9.41	2023/6/2	1.458	-24.14%
128015	久期转债	108	4.64	6.97	A+	4.88	9.06	2023/6/8	1.474	0.95%
113013	国君转债	122.86	17.39	18.45	AAA	—	23.99	2023/7/6	1.551	-8.72%
123014	凯发转债	138.35	9.07	8.05	A+	5.64	10.47	2023/7/27	1.608	-14.63%
128017	金禾转债	244.078	46.81	21.97	AA	15.38	28.56	2023/11/1	1.874	-35.61%
113016	小康转债	456.75	72.14	16.96	AA-	11.87	22.05	2023/11/6	1.888	—
113502	嘉澳转债	129.77	43.22	44.64	AA-	31.25	58.03	2023/11/9	1.896	-8.50%
123002	国祯转债	117.55	7.68	8.36	AA	5.85	10.87	2023/11/24	1.937	-4.54%
128021	兄弟转债	118.499	4.3	5.19	AA	3.63	6.75	2023/11/28	1.948	-4.91%
128022	众信转债	114.38	5.19	7.92	A	5.54	10.3	2023/12/1	1.956	-3.14%
128023	亚太转债	126.99	9.62	10.34	AA	7.24	13.44	2023/12/4	1.964	-7.19%
128025	特一转债	126.4	14.6	13.8	AA-	9.66	17.94	2023/12/6	1.97	-7.94%
128026	众兴转债	112.386	9.13	11.36	AA-	7.95	14.77	2023/12/13	1.989	-2.09%

图 7-17　剩余年限小于两年的可转债列表

接下来就是查看筛选出来的可转债有没有在最近一年内因为满足转股价下修条件而进行过转股价的下修，下修转股价的记录可以在集思录网站中看到，看可转债列表中转股价*标次数，并且进入可转债的详情页面可以查看下修转股价的时间，同样将表格中的可转债按照剩余年限进行升序排序，如图 7-18 所示。

代码	转债名称	现价	涨跌幅	正股名称	正股价	正股涨跌	正股PB	转股价	剩余年限
110034	九州转债!	107.580	0.03%	九州通R	13.55	-1.17%	1.09	17.83	0.079
113009	广汽转债!	115.390	-1.30%	广汽集团R	16.03	-1.78%	1.89	13.92	0.099
127003	海印转债	120.797	-0.84%	海印股份	3.24	-3.28%	1.99	2.99**	0.474
128013	洪涛转债	127.547	0.83%	洪涛股份R	2.96	0.68%	1.31	2.31***	0.614
110038	济川转债	122.140	-0.02%	济川药业R	22.01	0.23%	2.26	23.40*	0.904
128029	太阳转债!	164.000	-0.29%	太阳纸业	11.61	-0.43%	1.63	8.45	1.014
113011	光大转债	113.450	-0.27%	光大银行	3.32	-0.30%	0.38	3.55	1.247
128014	永东转债	116.210	0.01%	永东股份	9.65	-2.23%	1.67	12.52	1.332
127004	模塑转债	166.600	-0.10%	模塑科技	4.86	-0.61%	1.94	7.24	1.458
128015	久期转债	108.000	0.01%	久其软件	4.64	-1.49%	3.45	6.97**	1.474
113013	国君转债	122.860	-0.65%	国泰君安R	17.39	-0.29%	1.08	18.45	1.551
123014	凯发转债	138.350	1.05%	凯发电气	9.07	2.25%	1.96	8.05	1.608
128017	金禾转债!	244.078	-2.60%	金禾实业R	46.81	-2.88%	4.92	21.97	1.874
113016	小康转债!	456.750	-1.16%	小康股份	72.14	-3.22%	13.54	16.96*	1.888
113502	嘉澳转债	129.770	-0.28%	嘉澳环保	43.22	-2.17%	3.64	44.64	1.896
123002	国祯转债	117.550	0.26%	节能国祯	7.68	-0.39%	1.44	8.36*	1.937
128021	兄弟转债	118.499	-0.06%	兄弟科技	4.30	-0.23%	1.52	5.19*	1.948
128022	众信转债	114.380	0.55%	众信旅游	5.19	-1.89%	7.59	7.92*	1.956
128023	亚太转债	126.990	-0.61%	亚太股份	9.62	-3.90%	2.63	10.34	1.964
128025	特一转债	126.400	0.76%	特一药业	14.60	3.03%	3.08	13.80*	1.970
128026	众兴转债	112.386	0.79%	众兴菌业	9.13	4.10%	1.19	11.36	1.989

图 7-18 可转债转股价查看

可以看到这 21 只可转债中有 9 只可转债的转股价是带有*标的，投资者需要对这 9 只可转债的转股价调整记录进行查看，在集思录网站中点击蓝色的转股价就可以看到可转债的转股价下修记录，如图 7-19 所示。

海印转债[127003] 转股价下修记录

转债名称	股东大会日	下修前转股价	下修后转股价	新转股价生效日期	下修底价
海印转债	2019-03-29	3.500	3.030	2019-04-01	3.030
海印转债	2018-08-09	5.250	3.500	2018-08-10	2.700

图 7-19 转股价下修记录

第7章 可转债的博下修策略

经过查看，洪涛转债和久期转债在最近一年内有过下修转股价的记录，将这两只可转债剔除，现在还剩余 19 只可转债，如图 7-20 所示。

代码	转债名称	现价	正股价	转股价	债券评级	回售触发价	强赎触发价	到期时间	剩余年限	到期税前收益
110034	九州转债	107.58	13.55	17.83	AA+	12.48	23.18	2022/1/15	0.079	4.94%
113009	广汽转债	115.39	16.03	13.92	AAA	9.74	18.1	2022/1/22	0.099	-82.20%
127003	海印转债	120.797	3.24	2.99	AA	2.09	3.89	2022/6/8	0.474	-18.86%
110038	济川转债	122.14	22.01	23.4	AA	11.7	29.25	2022/11/12	0.904	-14.62%
128029	太阳转债	164	11.61	8.45	AA+	5.92	10.99	2022/12/22	1.014	-34.58%
113011	光大转债	113.45	3.32	3.55	AAA	-	4.62	2023/3/17	1.247	-4.79%
128014	永东转债	116.21	9.65	12.52	AA-	8.76	16.28	2023/5/17	1.332	-4.22%
127004	横塑转债	166.6	4.86	7.24	AA	5.07	9.41	2023/6/2	1.458	-24.14%
113013	国君转债	122.86	17.39	18.45	AAA	-	23.99	2023/7/6	1.551	-8.72%
123014	凯发转债	138.35	9.07	8.05	A+	5.64	10.47	2023/7/27	1.608	-14.63%
128017	金禾转债	244.078	46.81	21.97	AA	15.38	28.56	2023/11/1	1.874	-35.61%
113016	小康转债	456.75	72.14	16.96	AA-	11.87	22.05	2023/11/5	1.888	-
113502	嘉澳转债	129.77	43.22	44.64	AA	31.25	58.03	2023/11/9	1.896	-8.50%
123002	国祯转债	117.55	7.68	8.36	AA	5.85	10.87	2023/11/24	1.937	-4.54%
128021	兄弟转债	118.499	4.3	5.19	AA	3.63	6.75	2023/11/28	1.948	-4.91%
128022	众信转债	114.38	5.19	7.92	A	-	10.3	2023/12/1	1.956	-3.14%
128023	亚太转债	126.99	9.62	10.34	AA	7.24	13.44	2023/12/4	1.964	-7.19%
128025	特一转债	126.4	14.6	13.8	AA-	9.66	17.94	2023/12/6	1.97	-7.94%
128026	众兴转债	112.386	9.13	11.36	AA-	7.95	14.77	2023/12/13	1.989	-2.09%

图 7-20 一年内未下修过转股价的可转债列表

接下来就是针对可转债的债券评级对可转债进行筛选，将债券评级为 AA 以下的可转债剔除，留下的可转债如图 7-21 所示。

代码	转债名称	现价	正股价	转股价	债券评级	回售触发价	强赎触发价	到期时间	剩余年限	到期税前收益
110034	九州转债	107.58	13.55	17.83	AA+	12.48	23.18	2022/1/15	0.079	4.94%
113009	广汽转债	115.39	16.03	13.92	AAA	9.74	18.1	2022/1/22	0.099	-82.20%
127003	海印转债	120.797	3.24	2.99	AA	2.09	3.89	2022/6/8	0.474	-18.86%
110038	济川转债	122.14	22.01	23.4	AA	11.7	29.25	2022/11/12	0.904	-14.62%
128029	太阳转债	164	11.61	8.45	AA+	5.92	10.99	2022/12/22	1.014	-34.58%
113011	光大转债	113.45	3.32	3.55	AAA	-	4.62	2023/3/17	1.247	-4.79%
113013	国君转债	122.86	17.39	18.45	AAA	-	23.99	2023/7/6	1.551	-8.72%
128017	金禾转债	244.078	46.81	21.97	AA	15.38	28.56	2023/11/1	1.874	-35.61%
123002	国祯转债	117.55	7.68	8.36	AA	5.85	10.87	2023/11/24	1.937	-4.54%
128021	兄弟转债	118.499	4.3	5.19	AA	3.63	6.75	2023/11/28	1.948	-4.91%
128023	亚太转债	126.99	9.62	10.34	AA	7.24	13.44	2023/12/4	1.964	-7.19%

图 7-21 债券评级在 AA 以上的可转债列表

然后筛选出到期税后收益率大于 0 的可转债，因为集思录网站中提供的是到期税前收益率，所以要筛选出到期税前收益率大于 0.8%的可转债，最终同时满足四个辅助条件的可转债只有一只，就是九州转债，如图 7-22 所示。

代码	转债名称	现价	正股价	转股价	债券评级	回售触发价	强赎触发价	到期时间	剩余年限	到期税前收益
110034	九州转债	107.58	13.55	17.83	AA+	12.48	23.18	2022/1/15	0.079	4.94%

图 7-22 到期税前收益率大于 0.8%的可转债列表

接下来看看九州转债是不是已经满足了转股价下修条件且其发行公司还没有发布转股价下修公告。先来看一下九州转债的转股价下修条件，如图 7-23 所示，九州转债的转股价下修条件是"在任意连续 20 个交易日中有 10 个交易日的收盘价不高于当期转股价的 85%"。

九州转债 – 110034（正股：九州通 – 600998 行业：医药生物-医药商业Ⅱ-医药商业Ⅲ）								+自选
价格: 107.580		转股价值: 76.00		税前收益: 4.94%		成交(万): 2655.94		
涨幅: 0.03%		溢价率: 41.56%		税后收益: -13.88%		当日换手: 1.65%		
转股起始日	2016-07-21	回售起始日	2020-01-15	到期日	2022-01-15	发行规模(亿)	15.000	
转股价	17.83	回售价	103.00	剩余年限	0.079	剩余规模(亿)	14.989	
股东配售率	–	转股代码	110034	到期赎回价	108.00	转债占比[1]	5.90%	
网上中签率	–	已转股比例	0.07%	正股波动率	24.42%	转债占比[2]	5.90%	
折算率	0.490	质押代码	110034	主体评级	AA+	债券评级	AA+	
担保	无担保							
募资用途	公司本次发行预计不超过15亿元可转换公司债券，本次募集资金扣除发行费用后的募集资金净额拟按照轻重缓急用于以下项目： 1、拟投入募集资金6,940万元用于投资湖南九州通现代医药物流中心一期建设项目； 2、拟投入募集资金6,020万元用于投资西藏三通现代医药产业园项目(一期)； 3、拟投入募集资金9,980万元用于投资贵州九州通达医药有限公司现代医药物流中心建设项目(一期)； 4、拟投入募集资金15,000万元用于投资陕西九州通医药健康产品电子商务创业园建设项目(一期)； 5、拟投入募集资金6,590万元用于投资九州通苏南现代医药总部基地工程项目(一期)； 6、拟投入募集资金25,620万元用于投资北京均大制药有限公司生产基地建设项目(一期)；拟投入募集资金18,150万元用于投资九州通中药材电子商务综合服务平台项目； 7、拟投入募集资金28,000万元用于投资医院营销网络建设项目； 8、拟投入募集资金16,220万元用于投资北京九州通医药有限公司现代医药物流服务中心项目； 9、拟投入募集资金14,480万元用于投资九州通信息化系统升级改造项目。							
转股价下修	在本可转债存续期间，当本公司股票在任意连续 20 个交易日中有 10 个交易日的收盘价不高于当期转股价格的 85%时，公司董事会有权提出转股价格向下修正方案并提交本公司股东大会表决。 注：转股价不得低于每股净资产（以招募说明书为准）							

图 7-23　九州转债详情

此时九州转债的转股价为 17.83 元/股，也就是说，正股价连续 20 个交易日低于 15.16 元/股的时候就满足了转股价下修的条件，接下来看一看九州转债所对应的正股最近的价格走势，在集思录网站中找到九州转债，并在其详情页面中点击蓝色的正股信息，进入正股详情页面，如图 7-24 所示。

再点击九州通现价后面的数字，目前是 13.550，进入九州通历史行情页面（见图 7-25）可以看到九州转债已经满足了转股价的下修条件，此时就说明九州转债是适合进行博下修操作的。

第 7 章 可转债的博下修策略

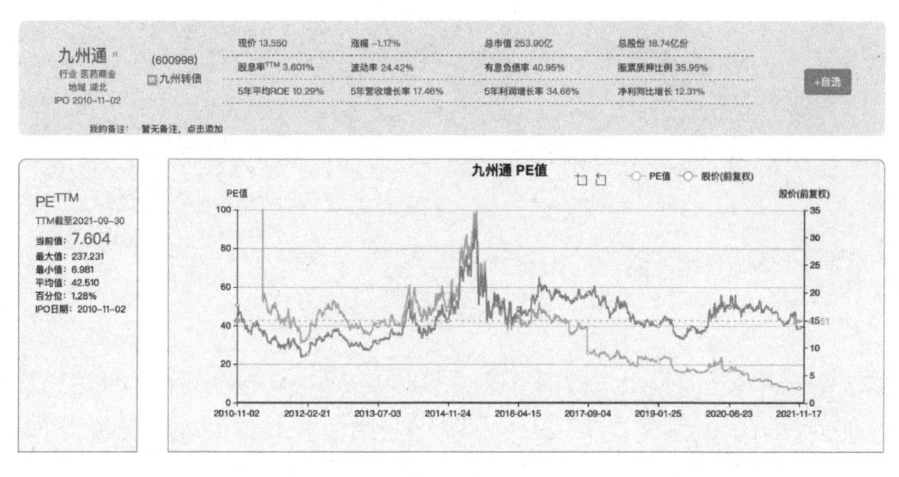

图 7-24 九州通详情

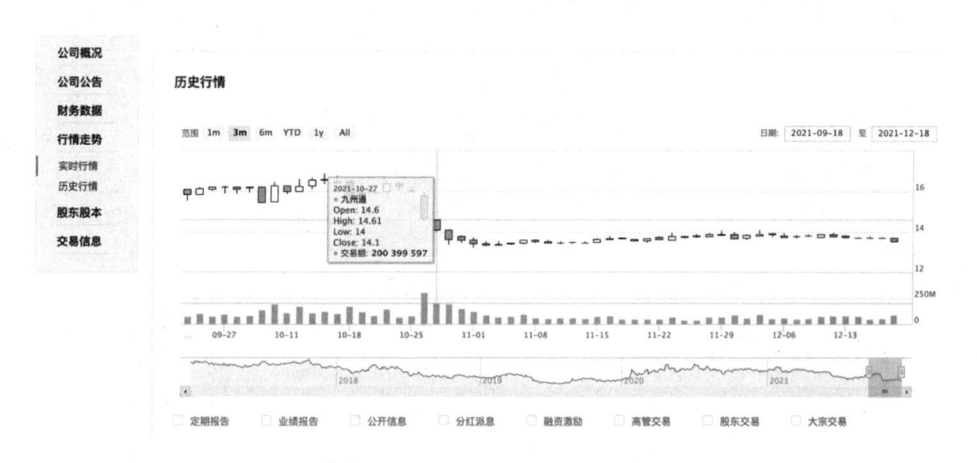

图 7-25 九州通行情信息

虽然九州转债是适合进行博下修操作的可转债，不过在九州转债的详情页面或者可转债列表中可以看到，九州转债已经触发了强赎条款，在可转债列表中九州转债名称后面出现了红色的感叹号，将光标指向红色的感叹号就可以看到九州转债的强赎信息，如图 7-26 所示。

既然九州转债的发行公司已经发布了强赎公告，也就说明九州转债马上就被强赎了，此时投资者买入九州转债就没有什么意义了，既然已经触发了强赎条款，那么发行可转债的公司也就不会再下修转股价了。

到这里，也就说明这次筛选没有筛选到合适的可转债，这时我们就可以选择暂时放弃可转债的博下修策略。

215

代码	转债名称	现价	涨跌幅	正股名称	正股价	正股涨跌	正股PB	转股价
128062	亚药转债	94.750	0.16%	亚太药业	4.06	-0.49%	3.85	16.25
110034	九州转债	107.580	0.03%	九州通	13.55	-1.17%	1.09	17.83
128127	文科转债	临近到期 最后交易日：2021-12-30 最后转股日：2022-01-14 债券到期日：2022-01-15 到期赎回价：108.000元/张		园林	3.81	0.00%	0.87	4.88
128138	侨银转债			份	15.12	1.14%	3.79	25.33
113596	城地转债			香江	8.08	1.51%	0.89	24.26
113569	科达转债	104.160	0.15%	苏州科达	6.80	-0.44%	1.92	14.80
110072	广汇转债	99.610	-0.21%	广汇汽车	2.60	-0.38%	0.51	4.03

图 7-26　九州转债强赎信息

如果投资者想要继续进行博下修操作，可以考虑将四个筛选条件适当放宽，如将"可转债在回售期内"的这个筛选条件放开，用其他三个条件进行筛选。

那么此时博下修操作的筛选条件如下。

（1）可转债近一年内没有因为满足转股下修条件而下修转股价。

（2）可转债的债券评级在 AA 以上。

（3）可转债的到期税后收益率大于 0。

为了方便操作，将三个条件进行一下调整，首先筛选到期税后收益率大于 0 的可转债，同样可以选择到期税前收益率大于 0.8% 的可转债，如图 7-27 所示。

代码	转债名称	现价	正股价	转股价	债券评级	回售触发价	强赎触发价	到期时间	剩余年限	到期税前收益
113016	小康转债	456.75	72.14	16.96	AA-	11.87	22.05	2023/11/6	1.888	
128062	亚药转债	94.75	4.06	16.25	B	11.38	21.13	2025/4/2	3.293	7.41%
110034	九州转债	107.58	13.55	17.83	AA+	12.48	23.18	2022/1/15	0.079	4.94%
128127	文科转债	100.18	3.81	4.88	AA-	3.42	6.34	2026/8/19	4.674	4.18%
128138	侨银转债	113.49	15.12	25.33	AA-	17.73	32.93	2026/11/16	4.918	3.84%
113596	城地转债	96.16	8.08	24.26	AA-	16.98	31.54	2026/7/27	4.611	3.66%
113569	科达转债	104.16	6.8	14.8	AA-	10.36	19.24	2026/3/9	4.227	3.55%
110072	广汇转债	99.61	2.6	4.03	AA+	2.82	5.24	2026/8/17	4.668	3.04%
110052	贵广转债	107.28	4.95	7.94	AA+	5.56	10.32	2025/3/5	3.216	2.99%
113595	花王转债	109.98	3.5	6.92	BBB+	4.84	9	2026/7/20	4.592	2.98%
110059	浦发转债	104.81	8.56	13.97	AAA		18.16	2025/10/27	3.863	2.92%
113042	上银转债	105.35	7.15	10.63	AAA		13.82	2027/1/24	5.107	2.82%
113519	长久转债	109.79	7.37	11.04	AA	7.73	14.35	2024/11/7	2.893	2.67%
113021	中信转债	108.85	4.53	6.73	AAA		8.75	2025/3/3	3.211	2.63%
113578	全筑转债	105.97	3.67	5.25	AA	3.68	6.83	2026/4/19	4.34	2.54%
128117	道恩转债	110.41	17.42	28.83	AA-	20.18	37.48	2026/7/1	4.54	2.47%
123056	雪榕转债	108.529	7.59	11.77	AA-	8.24	14.12	2026/6/23	4.518	2.43%
127034	绿茵转债	105.18	9.68	12.38	AA-	8.67	16.09	2027/4/29	5.367	2.38%
113573	纵横转债	112.82	10.14	18.78	A+	13.15	24.41	2026/4/16	4.332	2.30%
128118	瀛通转债	110.5	12.74	21.24	AA-	14.87	27.61	2026/7/1	4.54	2.20%
113601	塞力转债	109.75	14.09	16.98	AA-	11.89	22.07	2026/8/2	4.677	2.12%
128205	华森转债	111.174	12.59	18.01	AA-	12.61	23.41	2025/6/24	3.521	2.06%
113589	天创转债	105.02	6.56	12.29	AA-	8.6	15.98	2026/6/23	4.518	2.05%
128100	搜特转债	107.499	1.55	1.62	A	1.13	2.11	2026/3/11	4.233	2.04%
113589	家悦转债	105.51	14.51	37.53	AA-	26.27	48.79	2026/6/4	4.466	1.97%
128125	华阳转债	108.15	14.68	25.39	AA-	17.77	33.01	2026/7/29	4.616	1.96%

图 7-27　可转债到期税前收益率降序列表

第 7 章 可转债的博下修策略

其次，筛选债券评级在 AA 以上的可转债，如图 7-28 所示，可以看到此时满足条件的可转债有 27 只。

代码	转债名称	现价	正股价	转股价	债券评级	回售触发价	强赎触发价	到期时间	剩余年限	到期税前收益
110034	九州转债	107.58	13.55	17.83	AA+	12.48	23.18	2022/1/15	0.079	4.94%
110072	广汇转债	99.61	2.6	4.03	AA+	2.82	5.24	2026/8/17	4.668	3.04%
110052	贵广转债	107.28	4.95	7.94	AA+	5.56	10.32	2025/3/5	3.216	2.99%
110059	浦发转债	104.81	8.56	13.97	AAA	5.56	18.16	2025/10/27	3.863	2.92%
113042	上银转债	105.35	7.15	10.63	AAA	5.56	13.82	2027/1/24	5.107	2.82%
113519	长久转债	109.73	7.37	11.04	AA	7.73	14.35	2024/11/7	2.893	2.67%
113021	中信转债	108.85	4.53	6.73	AAA	5.56	8.75	2025/3/3	3.211	2.63%
113578	全筑转债	105.97	3.67	5.25	AA	3.68	6.83	2026/4/19	4.34	2.54%
113589	天创转债	105.02	6.56	12.29	AA	5.56	15.98	2026/6/23	4.518	2.05%
113584	家悦转债	105.51	14.51	37.53	AA	5.56	48.79	2026/6/4	4.466	1.97%
127016	鲁银转债	106.85	6.03	8.71	AA+	6.1	11.32	2026/4/8	4.31	1.95%
113037	紫银转债	106.08	3.2	4.05	AA+	-	5.27	2026/7/22	4.597	1.93%
128132	交建转债	107.02	11.96	18.53	AA	12.97	24.09	2026/9/14	4.745	1.92%
110064	建工转债	111.59	4.03	4.53	AA+	3.17	5.89	2025/12/19	4.008	1.84%
128114	正邦转债	106.6	9.18	14.77	AA	10.34	19.2	2026/6/16	4.499	1.72%
127018	本钢转债	119.29	4.33	4.55	AAA	3.19	5.92	2026/6/28	4.532	1.62%
127019	国城转债	106.96	13.44	21.06	AA	14.74	27.38	2026/7/14	4.575	1.59%
110068	龙净转债	108.17	8.5	10.55	AA+	7.39	13.72	2026/3/23	4.266	1.43%
123077	汉得转债	117.001	8.41	9.69	AA	6.78	12.6	2026/11/23	4.937	1.39%
113033	利群转债	108.65	6.11	7.01	AA	4.91	9.11	2026/3/31	4.288	1.34%
128105	长集转债	108.95	6.17	7.91	AA	5.54	10.28	2026/4/8	4.31	1.27%
113563	柳药转债	107.47	15.93	23.87	AA	16.71	31.03	2026/1/15	4.082	1.24%
113620	傲农转债	113.68	10.63	14.51	AA	10.16	18.86	2027/3/9	5.227	1.24%
113530	大丰转债	116.83	13.33	16.3	AA	11.41	21.19	2025/3/26	3.274	1.10%
113044	大秦转债	107.97	6.35	7.18	AAA	5.03	8.62	2026/12/13	4.992	1.10%
113036	宁建转债	111.53	3.74	4.76	AA	3.33	6.19	2026/7/5	4.551	1.06%
113532	海环转债	109.42	6.12	7.63	AA	5.34	9.92	2025/4/1	3.29	0.81%

图 7-28 债券评级在 AA 以上的可转债列表

将最近一年下修过转股价的可转债剔除，满足条件的可转债剩余 26 只，如图 7-29 所示。

代码	转债名称	现价	正股价	转股价	债券评级	回售触发价	强赎触发价	到期时间	剩余年限	到期税前收益
110034	九州转债	107.58	13.55	17.83	AA+	12.48	23.18	2022/1/15	0.079	4.94%
110072	广汇转债	99.61	2.6	4.03	AA+	2.82	5.24	2026/8/17	4.668	3.04%
110052	贵广转债	107.28	4.95	7.94	AA+	5.56	10.32	2025/3/5	3.216	2.99%
110059	浦发转债	104.81	8.56	13.97	AAA	-	18.16	2025/10/27	3.863	2.92%
113042	上银转债	105.35	7.15	10.63	AAA		13.82	2027/1/24	5.107	2.82%
113519	长久转债	109.73	7.37	11.04	AA	7.73	14.35	2024/11/7	2.893	2.67%
113021	中信转债	108.85	4.53	6.73	AAA	-	8.75	2025/3/3	3.211	2.63%
113578	全筑转债	105.97	3.67	5.25	AA	3.68	6.83	2026/4/19	4.34	2.54%
113589	天创转债	105.02	6.56	12.29	AA		8.6	15.98	2026/6/23	4.518	2.05%
113584	家悦转债	105.51	14.51	37.53	AA	26.27	48.79	2026/6/4	4.466	1.97%
127016	鲁银转债	106.85	6.03	8.71	AA+	6.1	11.32	2026/4/8	4.31	1.95%
128132	交建转债	107.02	11.96	18.53	AA	12.97	24.09	2026/9/14	4.745	1.92%
110064	建工转债	111.59	4.03	4.53	AA+	3.17	5.89	2025/12/19	4.008	1.84%
128114	正邦转债	106.6	9.18	14.77	AA	10.34	19.2	2026/6/16	4.499	1.72%
127018	本钢转债	119.29	4.33	4.55	AAA	3.19	5.92	2026/6/28	4.532	1.62%
127019	国城转债	106.96	13.44	21.06	AA	14.74	27.38	2026/7/14	4.575	1.59%
110068	龙净转债	108.17	8.5	10.55	AA+	7.39	13.72	2026/3/23	4.266	1.43%
123077	汉得转债	117.001	8.41	9.69	AA	6.78	12.6	2026/11/23	4.937	1.39%
113033	利群转债	108.65	6.11	7.01	AA	4.91	9.11	2026/3/31	4.288	1.34%
128105	长集转债	108.95	6.17	7.91	AA	5.54	10.28	2026/4/8	4.31	1.27%
113563	柳药转债	107.47	15.93	23.87	AA	16.71	31.03	2026/1/15	4.082	1.24%
113620	傲农转债	113.68	10.63	14.51	AA	10.16	18.86	2027/3/9	5.227	1.24%
113530	大丰转债	116.83	13.33	16.3	AA	11.41	21.19	2025/3/26	3.274	1.10%
113044	大秦转债	107.97	6.35	7.18	AAA	5.03	8.62	2026/12/13	4.992	1.10%
113036	宁建转债	111.53	3.74	4.76	AA	3.33	6.19	2026/7/5	4.551	1.06%
113532	海环转债	109.42	6.12	7.63	AA	5.34	9.92	2025/4/1	3.29	0.81%

图 7-29 剔除近一年下修过转股价的可转债列表

看看可转债是否满足转股价下修条件了，如果逐一进行计算，多少是有些麻烦的，现在可以在可转债的详情页面中，查看转股价下修条件中正股价低于转股价的百分比并将其加入表格，然后将转股价和下修条件的百分比进行乘法操作。可转债详情如图 7-30 所示。

代码	转债名称	现价	正股价	转股价	下修比例	下修触发价	债券评级	回售触发价	强赎触发价	到期时间	剩余年限	到期税前收益
110034	九州转债	107.58	13.55	17.83	85%	15.1555	AA+	12.48	23.18	2022/1/15	0.079	4.94%
110072	广汇转债	99.61	2.6	4.03	90%	3.627	AA+	2.82	5.24	2026/8/17	4.668	3.04%
110052	贵广转债	107.28	4.95	7.94	90%	7.146	AA+	5.56	10.32	2025/3/5	3.216	2.99%
110059	浦发转债	104.81	8.56	13.97	80%	11.176	AAA	-	18.16	2025/10/27	3.863	2.92%
113042	上银转债	105.35	7.15	10.63	80%	8.504	AAA	-	13.82	2027/1/24	5.107	2.82%
113519	长久转债	109.73	7.37	11.04	80%	8.832	AA	7.73	14.35	2024/11/7	2.893	2.67%
113021	中信转债	108.85	4.53	6.73	80%	5.384	AAA	-	8.75	2025/3/3	3.211	2.63%
113578	全筑转债	105.97	3.67	5.25	90%	4.725	AA	3.68	6.83	2026/4/19	4.34	2.54%
113589	天创转债	105.02	6.56	12.29	80%	9.832	AA	8.6	15.98	2026/6/23	4.518	2.05%
113584	家悦转债	105.51	14.51	37.53	85%	31.9005	AA	26.27	48.79	2026/6/4	4.466	1.97%
127016	鲁泰转债	106.85	6.03	8.71	80%	6.968	AA+	6.1	11.32	2026/4/8	4.31	1.95%
128132	交建转债	107.02	11.96	18.53	85%	15.7505	AA	12.97	24.09	2026/9/14	4.745	1.92%
110064	建工转债	111.59	4.03	4.53	90%	4.077	AA+	3.17	5.89	2025/12/19	4.008	1.84%
128114	正邦转债	106.6	9.18	14.77	85%	12.5545	AA	-	19.2	2026/6/16	4.499	1.72%
127018	本钢转债	119.29	4.33	4.55	85%	3.8675	AAA	3.19	5.92	2026/6/4	4.532	1.62%
127019	国城转债	106.96	13.44	21.06	85%	17.901	AA	14.74	27.38	2026/7/14	4.575	1.59%
110068	龙净转债	108.17	8.5	10.55	90%	9.495	AA+	7.39	13.72	2026/3/23	4.266	1.43%
123077	汉得转债	117.001	8.41	9.69	85%	8.2365	AA	6.78	12.6	2026/11/23	4.937	1.39%
113033	利群转债	108.65	6.11	7.01	85%	5.9585	AA	4.91	9.11	2026/3/24	4.288	1.34%
128105	长集转债	108.95	6.17	7.91	85%	6.7235	AA	-	5.54	10.28	2026/4/8	4.31	1.27%
113563	柳药转债	107.47	15.93	23.87	85%	20.2895	AA	16.71	31.03	2026/1/15	4.082	1.24%
113620	傲农转债	113.68	10.63	14.51	85%	12.3335	AA	10.16	18.86	2027/3/9	5.227	1.24%
113530	大丰转债	116.83	13.33	16.3	85%	13.855	AA	11.41	21.19	2025/3/26	3.274	1.10%
113044	大秦转债	107.97	6.35	7.18	85%	6.103	AAA	5.03	8.62	2026/12/13	4.992	1.10%
113036	宁建转债	111.53	3.74	4.76	90%	4.284	AA	3.33	6.19	2026/7/5	4.551	1.06%
113532	海环转债	109.42	6.12	7.63	85%	6.4855	AA	-	5.34	9.92	2025/4/1	3.29	0.81%

图 7-30　可转债详情

在表格中对比正股价和下修触发价，先筛选出正股价格小于下修触发价的可转债，筛选结果如图 7-31 所示。

对正股价的走势进行查询，看看可转债是否满足转股价下修的条件，每只可转债的转股价下修条款略有不同，所以就需要投资者逐一进行查看，可能会花费一些时间，但是赚钱嘛，麻烦一些也是应该的。

最后，满足转股价下修条件的可转债如图 7-32 所示。

筛选完满足转股价下修条件的可转债以后，接下来就是对可转债进行查看，看看有没有触发强赎条款或者回售条款的可转债，如果有触发强赎条款或者回售条款的可转债，也需要将其剔除，因为可转债已经触发强赎条款或回售条款，发行可转债的公司也就不会下修转股价了。

第 7 章　可转债的博下修策略

代码	转债名称	现价	正股价	转股价	下修比例	下修触发价	债券评级	回售触发价	强赎触发价	到期时间	剩余年限	到期税前收益
110034	九州转债	107.58	13.55	17.83	85%	15.1555	AA+	12.48	23.18	2022/1/15	0.079	4.94%
110072	广汇转债	99.61	2.6	4.03	90%	3.627	AA+	2.82	5.24	2026/8/17	4.668	3.04%
110052	贵广转债	107.28	4.95	7.94	90%	7.146	AA+	5.56	10.32	2025/3/5	3.216	2.99%
110059	浦发转债	104.81	8.56	13.97	80%	11.176	AAA	-	18.16	2025/10/27	3.863	2.92%
113042	上银转债	105.35	7.15	10.63	80%	8.504	AAA	-	13.82	2027/1/24	5.107	2.82%
113519	长久转债	109.73	7.37	11.04	80%	8.832	AA	7.73	14.35	2024/11/7	2.893	2.67%
113021	中信转债	108.85	4.53	6.73	80%	5.384	AAA	-	8.75	2025/3/3	3.211	2.63%
113578	全筑转债	105.97	3.67	5.25	90%	4.725	AA	3.68	6.83	2026/4/19	4.34	2.54%
113589	天创转债	105.02	6.56	12.29	80%	9.832	AA	8.6	15.98	2026/6/23	4.518	2.05%
113584	家悦转债	105.51	14.51	37.53	85%	31.9005	AA	26.27	48.79	2026/6/4	4.466	1.97%
127016	鲁泰转债	106.85	6.03	8.71	80%	6.968	AA+	6.1	11.32	2026/4/8	4.31	1.95%
128132	交建转债	107.02	11.96	18.53	85%	15.7505	AA	12.97	24.09	2026/9/14	4.745	1.92%
110064	建工转债	111.59	4.03	4.53	90%	4.077	AA+	3.17	5.89	2025/12/19	4.008	1.84%
128114	正邦转债	106.6	9.18	14.77	85%	12.5545	AA	10.34	19.2	2026/6/16	4.499	1.72%
127019	国城转债	106.96	13.44	21.06	85%	17.901	AA	14.74	27.38	2026/7/14	4.575	1.59%
110068	龙净转债	108.17	8.5	10.55	90%	9.495	AA+	7.39	13.72	2026/3/23	4.266	1.43%
128105	长集转债	108.95	6.17	7.91	85%	6.7235	AA	5.54	10.28	2026/4/8	4.31	1.27%
113563	柳药转债	107.47	15.93	23.87	85%	20.2895	AA	16.71	31.03	2026/1/15	4.082	1.24%
113620	傲农转债	113.68	10.63	14.51	85%	12.3335	AA	10.16	18.86	2027/3/9	5.227	1.24%
113530	大丰转债	116.83	13.33	16.3	85%	13.855	AA	11.41	21.19	2025/3/26	3.274	1.10%
113036	宁建转债	111.53	3.74	4.76	90%	4.284	AA	3.33	6.19	2026/7/5	4.551	1.06%
113532	海环转债	109.42	6.12	7.63	85%	6.4855	AA	5.34	9.92	2025/4/1	3.29	0.81%

图 7-31　正股价小于下修触发价的可转债列表

代码	转债名称	现价	正股价	转股价	下修比例	下修触发价	债券评级	回售触发价	强赎触发价	到期时间	剩余年限	到期税前收益
110034	九州转债	107.58	13.55	17.83	85%	15.1555	AA+	12.48	23.18	2022/1/15	0.079	4.94%
110072	广汇转债	99.61	2.6	4.03	90%	3.627	AA+	2.82	5.24	2026/8/17	4.668	3.04%
110052	贵广转债	107.28	4.95	7.94	90%	7.146	AA+	5.56	10.32	2025/3/5	3.216	2.99%
110059	浦发转债	104.81	8.56	13.97	80%	11.176	AAA	-	18.16	2025/10/27	3.863	2.92%
113042	上银转债	105.35	7.15	10.63	80%	8.504	AAA	-	13.82	2027/1/24	5.107	2.82%
113519	长久转债	109.73	7.37	11.04	80%	8.832	AA	7.73	14.35	2024/11/7	2.893	2.67%
113021	中信转债	108.85	4.53	6.73	80%	5.384	AAA	-	8.75	2025/3/3	3.211	2.63%
113578	全筑转债	105.97	3.67	5.25	90%	4.725	AA	3.68	6.83	2026/4/19	4.34	2.54%
113589	天创转债	105.02	6.56	12.29	80%	9.832	AA	8.6	15.98	2026/6/23	4.518	2.05%
113584	家悦转债	105.51	14.51	37.53	85%	31.9005	AA	26.27	48.79	2026/6/4	4.466	1.97%
127016	鲁泰转债	106.85	6.03	8.71	80%	6.968	AA+	6.1	11.32	2026/4/8	4.31	1.95%
128132	交建转债	107.02	11.96	18.53	85%	15.7505	AA	12.97	24.09	2026/9/14	4.745	1.92%
128114	正邦转债	106.6	9.18	14.77	85%	12.5545	AA	10.34	19.2	2026/6/16	4.499	1.72%
127019	国城转债	106.96	13.44	21.06	85%	17.901	AA	14.74	27.38	2026/7/14	4.575	1.59%
110068	龙净转债	108.17	8.5	10.55	90%	9.495	AA+	7.39	13.72	2026/3/23	4.266	1.43%
128105	长集转债	108.95	6.17	7.91	85%	6.7235	AA	5.54	10.28	2026/4/8	4.31	1.27%
113563	柳药转债	107.47	15.93	23.87	85%	20.2895	AA	16.71	31.03	2026/1/15	4.082	1.24%
113620	傲农转债	113.68	10.63	14.51	85%	12.3335	AA	10.16	18.86	2027/3/9	5.227	1.24%
113530	大丰转债	116.83	13.33	16.3	85%	13.855	AA	11.41	21.19	2025/3/26	3.274	1.10%
113036	宁建转债	111.53	3.74	4.76	90%	4.284	AA	3.33	6.19	2026/7/5	4.551	1.06%
113532	海环转债	109.42	6.12	7.63	85%	6.4855	AA	5.34	9.92	2025/4/1	3.29	0.81%

图 7-32　满足转股价下修条件的可转债列表

经过筛选，最终适合进行博下修操作的可转债如图 7-33 所示。

把筛选条件放宽一些以后，最终筛选出 20 只可转债，这时投资者就可以考虑从这里面选出几只可转债进行投资了。

代码	转债名称	现价	正股价	转股价	下修比例	下修触发价	债券评级	回售触发价	强赎触发价	到期时间	剩余年限	到期税前收益
110072	广汇转债	99.61	2.6	4.03	90%	3.627	AA+	2.82	5.24	2026/8/17	4.668	3.04%
110052	贵广转债	107.28	4.95	7.94	90%	7.146	AA+	5.56	10.32	2025/3/5	3.216	2.99%
110059	浦发转债	104.81	8.56	13.97	80%	11.176	AAA	-	18.16	2025/10/27	3.863	2.92%
113042	上银转债	105.35	7.15	10.63	80%	8.504	AAA	-	13.82	2027/1/24	5.107	2.82%
113519	长久转债	109.73	7.37	11.04	80%	8.832	AA	7.73	14.35	2024/11/7	2.893	2.67%
113021	中信转债	108.85	4.53	6.73	80%	5.384	AAA	-	8.75	2026/3/3	3.211	2.63%
113578	全筑转债	105.97	3.67	5.25	90%	4.725	AA	3.68	6.83	2026/4/19	4.34	2.54%
113589	天创转债	105.02	6.56	12.29	80%	9.832	AA	-	15.98	2026/6/23	4.518	2.05%
113584	家悦转债	105.51	14.51	37.53	85%	31.9005	AA	26.27	48.79	2026/6/4	4.466	1.97%
127016	鲁泰转债	106.85	6.03	8.71	80%	6.968	AA+	-	11.32	2026/4/8	4.31	1.95%
128132	交建转债	107.02	11.96	18.53	85%	15.7505	AA	12.97	24.09	2026/9/14	4.745	1.92%
128114	正邦转债	106.6	9.18	14.77	85%	12.5545	AA	10.34	19.2	2026/6/16	4.499	1.72%
127019	国城转债	106.96	13.44	21.06	85%	17.901	AA	14.74	27.38	2026/7/14	4.575	1.59%
110068	龙净转债	108.17	8.5	10.55	90%	9.495	AA+	7.39	13.72	2026/3/23	4.266	1.43%
128105	长集转债	108.95	6.17	7.91	85%	6.7235	AA	5.54	10.28	2026/4/8	4.31	1.27%
113563	柳药转债	107.47	15.93	23.87	85%	20.2895	AA	16.71	31.03	2026/1/15	4.082	1.24%
113620	傲农转债	113.68	10.63	14.51	85%	12.3335	AA	10.16	18.86	2027/3/9	5.227	1.24%
113530	大丰转债	116.83	13.33	16.3	85%	13.855	AA	11.41	21.19	2025/3/26	3.274	1.10%
113036	宁建转债	111.53	3.74	4.76	90%	4.284	AA	3.33	6.19	2026/7/5	4.551	1.06%
113532	海环转债	109.42	6.12	7.63	85%	6.4855	AA	5.34	9.92	2025/4/1	3.29	0.81%

图 7-33　适合进行博下修操作的可转债列表

7.3.3　关注转股价下修公告

投资者买入可转债进行博下修操作以后，需要持续关注所持可转债的公告和动向，等待发行可转债的公司发布转股价下修公告，如果发行可转债的公司发布了转股价下修公告，等到可转债的价格上涨以后，投资者就可以考虑进行卖出操作了，这时可以不用等待可转债的价格达到强赎触发价。

如果发行可转债的公司公布了不下修转股价的公告，那么就意味着此次博下修操作失败了，投资者如果此时有收益，就可以考虑将所持可转债卖出进行资金回笼；如果此时没有收益，投资者就可以做好将可转债持有到期的准备了，当然，投资者也可以等待下一次发行可转债的公司发布转股价下修公告。

7.4　小结

本章是关于可转债博下修策略的介绍。博下修策略的核心是可转债的转股价下修条款，赌那些满足转股价下修条件且发行可转债的公司还没有发布转股价下修公告的可转债以后会下修转股价。如果发行可转债的公司发布了下修转股价的公告，就意味着这次博下修操作成功了。如果发行可转债的公

第 7 章　可转债的博下修策略

司发布公告说明不进行转股价的下修，说明此次博下修操作失败了。

在筛选进行博下修操作的可转债时，有四个辅助条件：可转债在回售期内，可转债近一年没有因为满足转股价下修条件而下修转股价，可转债的债券评级在 AA 以上，可转债的到期税后收益率大于 0。尤其是最后一个条件，投资者在可转债到期税后收益率大于 0 的时候买入并持有可转债，如果可转债不违约，那么即使博下修操作失败了，最终也能保证本金的安全。

进行博下修操作不用组建投资组合，单只可转债也可以进行博下修操作，并且博下修操作有赌的成分在里面。下修转股价是发行可转债的公司的权利而非发行可转债的公司的义务，因此在这里投资者需要注意，可转债的博下修操作对于投资者来说是有些被动的，投资者不适合将大部分资金用于博下修操作。

第 8 章
可转债的加强性防守策略

在前面的内容中,可转债的低风险投资组合和精选投资策略是以可转债的强赎条款为核心,当可转债的价格达到强赎触发价时就考虑将其卖出;而在博下修策略中,转股价下修条款是整个策略的核心;那么针对可转债的回售条款的投资技巧是什么呢?

可转债的回售条款可以说是可转债投资防守的最后一道屏障,可转债强赎无望,发行可转债的公司也没有下修转股价,导致正股价格继续下跌最终触发可转债的回售条款,那么针对可转债的回售条款,本章就来介绍一下可转债的加强性防守策略。

第 8 章　可转债的加强性防守策略

本章主要涉及的知识点如下。

- 加强性防守策略的概念：了解加强性防守策略的概念。
- 加强性防守策略的重点内容：理解重点内容，快速掌握加强性防守策略。
- 加强性防守策略的运用：实际操作，巩固知识。

通过本章的学习，了解并掌握可转债加强性防守策略的概念、重点内容和加强性防守策略的实操。

注意：本章重点掌握加强性防守策略的重点内容和注意事项，学会组建加强性防守策略投资组合。

8.1　认识加强性防守策略

加强性防守策略的主要内容就是当可转债没有成功下修转股价的时候，为了将风险降到最低的一种防守性操作，加强性防守策略是用多档建仓的方法摊薄持仓成本，最终获得一些收益的一种防守型操作方法。

8.1.1　回售条款的概念

可转债的回售条款是可转债三大核心条款之一，在本书第 3 章中已经进行过详细的介绍，在这里再简单地复习一下，可转债的回售条款是指投资者有权利在可转债满足一定条件的情况下，将手中的可转债以特定的价格卖给发行可转债的公司，发行可转债的公司不能拒绝。

回售条款又分为有条件回售条款和附加回售条款，有条件回售条款不一定是所有可转债都具备的，但是附加回售条款却是所有可转债都有的。

投资可转债的时候一般经常用到的回售条款指的就是可转债的有条件回售条款，一般有条件回售条款指的是可转债在回售期内，当发行可转债的公司的正股价格低于转股价一定的比例，并且这种状态持续了一段时间，投资者有权利将可转债以特定价格回售给发行可转债的公司。

我们知道下修转股价是发行可转债的公司的权利，发行可转债的公司可以选择下修转股价，也可以选择不进行转股价的下修。如果发行可转债的公司没有下修转股价，并且发行可转债的公司的正股的价格一直下跌，这时为了保护投资者的利益，回售条款就来救场了。投资者可以选择把手中的可转债回售给发行可转债的公司，发行可转债的公司必须接受。

8.1.2 有条件回售条款

有条件回售条款就是指当可转债满足一定条件的时候触发的回售条款。一般来说，当正股的价格低于转股价一定比例并且这种状态持续一段时间后才能够触发有条件回售条款，条件算是比较苛刻了。设置有条件回售条款一方面是为了保护发行可转债的公司，当发行可转债的公司的股价暂时出现问题时并不会触发回售条款；另一方面也是为了保护投资者的利益，如果发行可转债的公司长时间经营状态不好，那么就容易触发可转债的回售条款，投资者可以将可转债进行回售，提高资金的使用率。

以亨通转债为例，亨通转债的有条件回售条款如下。

9. 回售条款

（1）有条件回售条款

在本次发行的可转换公司债券最后两个计息年度，如果公司股票在任何连续30个交易日的收盘价格低于当期转股价的70%时，可转换公司债券持有人有权将其持有的可转换公司债券全部或部分按面值加上当期应计利息的价格回售给公司。若在上述交易日内发生过转股价格因发生送红股、转增股本、增发新股（不包括因本次发行的可转换公司债券转股而增加的股本）、配股及派发现金股利等情况而调整的情形，则在调整前的交易日按调整前的转股价格和收盘价格计算，在调整后的交易日按调整后的转股价格和收盘价格计算。如果出现转股价格向下修正的情况，则上述"连续30个交易日"须从转股价格调整之后的第一个交易日起重新计算。

最后两个计息年度可转换公司债券持有人在每年回售条件首次满足后可按上述约定条件行使回售权一次，若在首次满足回售条件而可转换公司债券持有人未在公司届时公告的回售申报期内申报并实施回售的，该计息年度不能再行使回售权，可转换公司债券持有人不能多次行使部分回售权。

关于可转债的有条件回售条款，投资者可以在集思录网站中进行查询。

第 8 章　可转债的加强性防守策略

进入集思录网站的首页，点击"可转债"，然后点击"回售"，可以看到与可转债有关的回售信息，如图 8-1 所示。

代码	名称	现价	回售价	回售触及天数	回售条款
110034	九州转债	107.630	103.000	-	在本可转债最后两个计息年度，如果公司股票收盘价任意连续 30 个交易日 低于当期转股价格的 70%时，可转债持有人有权将其持有的可转债全部或部分按 债券面值的 103%(含当期应计利息) 回售给本公司。
110038	济川转债	125.430	100.000	-	在本次发行的可转债最后两个计息年度，如果公司股票在任何连续三十个交易日的收盘价格低于当期转股价的 50%时
110043	无锡转债	121.000	-	-	无此条款
110044	广电转债	208.070	100.000	-	本次发行的可转债最后两个计息年度，如果公司股票在任何连续三十个交易日的收盘价格低于当期转股价格的 70%时
110045	海澜转债	116.280	100.000	-	本次发行的可转换公司债券最后两个计息年度，如果公司 A 股股票在任何连续三十个交易日的收盘价格低于当期转股价格的 70%时
110047	山鹰转债	119.190	100.000	-	本次发行的可转换公司债券最后两个计息年度，如果公司股票在任何连续三十个交易日的收盘价格低于当期转股价格的 70%时
110048	福能转债	241.340	100.000	-	在本次发行的可转债最后两个计息年度，如果公司股票在任何连续三十个交易日的收盘价格低于当期转股价格的 70%时
110052	贵广转债	107.850	100.000	-	在本次发行的可转换公司债券最后两个计息年度，如果公司股票在任何连续三十个交易日的收盘价格低于当期转股价的 70%时
110053	苏银转债	119.100	-	-	无此条款
110055	伊力转债	205.830	100.000	-	在本次发行的可转换公司债券最后两个计息年度，如果公司股票在任何连续三十个交易日的收盘价格低于当期转股价的70%时
110056	亨通转债	128.290	100.000	-	在本次发行的可转换公司债券最后两个计息年度，如果公司股票在任何连续 30 个交易日的收盘价格低于当期转股价的 70%时

图 8-1　可转债回售信息

8.1.3　附加回售条款

一般来说，可转债默认是有附加回售条款的，可能有些可转债没有设置有条件回售条款，但是一般都是有附加回售条款的。

附加回售条款的设置就是为了在保护投资者的利益的同时，约束发行可转债的公司的行为。也就是说，如果发行可转债的公司募集资金的用途和在可转债的募集说明书中描述的不一致，并且被证监会认为是改变了资金的用途，那么投资者就可以将所持可转债回售给发行可转债的公司。我本打算让你拿钱好好发展，结果你却拿钱去干了别的事儿，不行，我得把钱拿回来。就这样，附加回售条款应运而生。

以亨通转债为例，亨通转债的附加回售条款如下。

（2）附加回售条款

若公司本次发行的可转换公司债券募集资金投资项目的实施情况与公司

在募集说明书中的承诺情况相比出现重大变化，且该变化被中国证监会认定为改变墓集资金用途的，可转换公司债券持有人享有一次回售的权利。可转换公司债券持有人有权将其持有的可转换公司债券全部或部分按债券面值加上当期应计利息价格回售给公司。可转换公司债券持有人在附加回售条件满足后，可以在公司公告后的附加回售申报期内进行回售，该次附加回售申报期内不实施回售的，自动丧失该回售权，不能再行使附加回售权。

投资者在集思录网站中想要查看可转债的附加回售条款是看不到的，集思录网站中只显示可转债的有条件回售条款，对于附加回售条款默认显示为无此条款。从图 8-2 中可以看到，苏银转债的回售条款一栏中显示“无此条款”，说明苏银转债是没有有条件回售条款的，只有附加回售条款，从苏银转债的募集说明书中可以看到，苏银转债的回售条款如下。

苏银转债 - 110053 (正股：江苏银行R - 600919　行业：银行-城商行Ⅱ-城商行Ⅲ)　+自选

价格：124.800	转股价值：119.77	税前收益：-2.54%	成交(万)：37753.54
涨幅：-0.07%	溢价率：4.20%	税后收益：-3.62%	当日换手：1.51%

转股起始日	2019-09-20	回售起始日	-	到期日	2025-03-13	发行规模(亿)	200.000
转股价	5.97	回售价	-	剩余年限	2.644	剩余规模(亿)	199.993
股东配售率	26.97%	转股代码	110053	到期赎回价	111.00	转债占比[1]	19.05%
网上中签率	0.0390%	已转股比例	0.00%	正股波动率	32.10%	转债占比[2]	18.94%
折算率	0.820	质押代码	110053	主体评级	AAA	债券评级	AAA

担保	无担保
募资用途	本次公开发行可转债募集资金总额 200 亿元，扣除发行费用后将全部用于本行未来业务发展，在可转债转股后按照相关监管要求补充本行核心一级资本，提高本行的资本充足率水平，进一步夯实各项业务持续健康发展的资本基础。
转股价下修	在本次发行的可转债存续期间，当公司 A 股股票在任意连续 30 个交易日中有 15 个交易日的收盘价低于当期转股价格的 80%时 注：转股价 **不得低于** 每股净资产（以招募说明书为准）

转股价调整历史

股东大会	生效日期	新转股价	原转股价	调整类型	状态	说明
	2022-05-26	5.970	6.370	其他	成功	2021每10股派人民币4元
	2021-06-18	6.370	6.690	其他	成功	2020年每10股派3.16元
	2020-12-18	6.690	7.280	其他	成功	配股发行
	2020-06-24	7.280	7.560	其他	成功	每10股派人民币2.78元
	2019-07-12	7.560	7.900	其他	成功	每10股派息3.4000元

强制赎回	在本次发行的可转债转股期内，如果公司 A 股股票在任意连续 30 个交易日中至少有 15 个交易日的收盘价不低于当期转股价格的 130%(含 130%)
强赎状态	0/15 | 30
回售	无此条款
利率	第一年 0.2%、第二年 0.8%、第三年 1.5%、第四年 2.3%、第五年 3.5%、第六年 4.0%
税前YTM计算公式	3.50/(1+x)^1.644 + 2.30/(1+x)^0.644 + 111.000/(1+x)^2.644 - 124.8000 = 0
我的备注	暂无备注，点击添加

图 8-2　苏银转债详情信息

13. 回售条款

若本次发行可转债募集资金运用的实施情况与本行在募集说明书中的承诺相比出现变化，该变化被中国证监会认定为改变募集资金用途的，可转债持有人享有一次以面值加上当期应计利息的价格向本行回售本次发行的可转债的权利。在上述情形下，可转债持有人可以在本行公告后的回售申报期内进行回售，该次回售申报期内不实施回售的，自动丧失该回售权。除此之外，可转债不可由持有人主动回售。

8.2 回售条款指标查看

回售条款中有几个关键的指标需要投资者理解，理解了这几个指标，也就相当于掌握了可转债的回售条款。可转债的回售条款不复杂，也容易理解，不要被这么多概念吓到，担心自己搞不懂，这种情绪是没有必要的，只要认真地对概念进行分析和理解，都是可以轻松掌握的。

回售条款的关键指标有回售期、回售触发价、回售价和回售申报期。

8.2.1 回售期

回售期指的是投资者可以将手中的可转债回售给发行可转债的公司的时间期限，一般可转债的回售期是可转债最后两个计息年度，当然这里指的是可转债的有条件回售条款中给出的回售期，具体的回售期要以可转债的募集说明书中的回售期为准。可转债的回售期在一些网站中也是可以查到的。

以广汇转债为例，广汇转债募集说明书中关于有条件回售条款的内容如下。

13. 回售条款

（1）有条件回售条款

在本次发行的可转债最后两个计息年度，如果公司股票在任意连续三十个交易日的收盘价格低于当期转股价格的70%时，本次可转债持有人有权将其持有的可转债全部或部分按债券面值加上当期应计利息的价格回售给公司。

若在上述交易日内发生过转股价格因发生派送股票股利、转增股本、增发新股（不包括因本次发行的可转债转股而增加的股本）、配股及派发现金股利等情况而调整的情形，则在调整前的交易日按调整前的转股价格和收盘价格计算，在调整后的交易日按调整后的转股价格和收盘价格计算。如果出现转股价格向下修正的情况，则上述"连续三十个交易日"须从转股价格调整之后的第一个交易日起按修正后的转股价格重新计算。

本次发行的可转债最后两个计息年度，可转债持有人在每年回售条件首次满足后可按上述约定条件行使回售权一次，若在首次满足回售条件而可转换公司债券持有人未在公司届时公告的回售申报期内申报并实施回售的，该计息年度不能再行使回售权，可转债持有人不能多次行使部分回售权。

从广汇转债的有条件回售条款中可以看到，广汇转债的回售期是发行可转债的最后两个计息年度。

回售期也可以简单地理解为可转债可以回售的期限，如果可转债没有在回售期内，那么即使可转债满足了回售条件，也是不能进行回售的。

举个例子，小黑去超市买了一个西瓜，回到家把西瓜打开的时候发现西瓜是坏的，小明想要拿着西瓜去找超市退货，但是这时已经是晚上十一点了，而超市的营业时间是上午九点到晚上九点，那么此时小黑想要把西瓜退回去也退不了，因为超市没有开门营业，要是想退西瓜就得等到超市第二天营业的时候再去。

8.2.2 回售触发价

回售触发价指的是当正股的价格低于可转债转股价一定比例时的可转债价格，这个比例也是不一定的，不同的发行可转债的公司设置的比例是不同的。不过一般这个比例是 70%，也就是说，当正股价低于当期转股价的 70% 并且持续了一段时间的时候，就触发了可转债的回售条款。当然前提是可转债在回售期内，这里的触发回售条款指的是有条件回售条款，不是附加回售条款。一般是连续三十个交易日的收盘价格低于当期转股价格的 70% 可触发可转债的回售条款。从广汇转债的有条件回售条款中可以看到，广汇转债的回售触发条件是"如果公司股票在任意连续三十个交易日的收盘价格低于当期转股价格的 70% 时，本次可转债持有人有权将其持有的可转债全部或部分按债券面值加上当期应计利息的价格回售给公司"。

如图 8-3 所示，广汇转债此时的转股价为 4.03 元/股，如果广汇转债的转

第 8 章　可转债的加强性防守策略

股价没有变化，那么广汇转债的回售触发价就是 4.03×70%=2.82 元/股。

广汇转债 - 110072 (正股: 广汇汽车R - 600297 行业: 汽车-汽车服务Ⅱ-汽车服务Ⅲ)						+自选
价格: 99.800		转股价值: 64.76		税前收益: 3.00%	成交(万): 2877.27	
涨幅: 0.19%		溢价率: 54.10%		税后收益: 2.43%	当日换手: 0.86%	
转股起始日	2021-02-24	回售起始日	2024-08-19	到期日	2026-08-17	发行规模(亿)	33.700
转股价	4.03	回售价	100.00+利息	剩余年限	4.660	剩余规模(亿)	33.670
股东配售率	37.05%	转股代码	110072	到期赎回价	110.00	转债占比[1]	15.90%
网上中签率	0.0263%	已转股比例	0.09%	正股波动率	37.76%	转债占比[2]	15.90%
折算率	0.000	质押代码	110072	主体评级	AA+	债券评级	AA+
担保	无担保					
募资用途	本次发行可转债拟募集资金总额不超过337,000.00万元，募集资金扣除发行费用后： 1、127,000.00万元用于门店升级改造项目； 2、50,000.00万元用于信息化建设升级项目； 3、60,000.00万元用于二手车网点建设项目； 4、100,000.00万元偿还有息负债。					
转股价下修	当公司股票在任意连续三十个交易日中有十五个交易日的收盘价低于当期转股价格的90%时 注：转股价或可以低于每股净资产（以招募说明书为准）					
强制赎回	如果公司股票在任何连续三十个交易日中至少十五个交易日 的收盘价格不低于当期转股价格的130%（含130%）					
回售	在本次发行的可转债最后两个计息年度，如果公司股票在任何连续三十个交易日的收盘价格低于当期转股价格的70%时					
利率	第一年 0.20%、第二年 0.40%、第三年 0.60%、第四年 1.50%、第五年 1.80%、第六年 2.00%					
税前YTM计算公式	1.80/(1+x)^3.660 + 1.50/(1+x)^2.660 + 0.60/(1+x)^1.660 + 0.40/(1+x)^0.660 + 110.000/(1+x)^4.660 − 99.8000 = 0					
我的备注	暂无备注，点击添加					

图 8-3　广汇转债详情信息

仍以小黑退西瓜为例。回售触发价相当于一个标准，就是西瓜坏的程度的标准。如果西瓜只是蹭破了一些表皮，对西瓜的食用没什么影响，小黑也不会去退西瓜；如果这个西瓜里面的瓤也坏了，那么就要退货了。因此，小黑退不退西瓜的标准就是西瓜瓤坏没坏。

同样地，回售触发价就是投资者是否回售可转债的一个标准，正股的价格不理想可以理解，如果未来正股的价格跌破了回售触发价，那么也就触发可转债的回售条款了。

8.2.3　回售价

回售价指的是投资者将可转债回售给发行可转债的公司时的价格，有的回售价是可转债面值加上当期利息，也有的回售价是在可转债的募集说明书中规定好的一个固定的价格。

229

在广汇转债有条件回售条款中可以看到，广汇转债的回售价格就是可转债面值加上当期利息。

从图 8-3 中可以看到广汇转债每年的利率情况，我们知道广汇转债的期限是六年，如果在第五年触发回售条款，广汇转债的回售价格就是 100+100×1.8%=101.8 元/张，如果在第六年触发回售条款，广汇转债的回售价格就是 100+100×2%=102 元/张。

有的可转债的回售价是在可转债发行的时候在募集说明书中就规定好的，大族转债的回售条款如下。

12. 回售条款

（1）有条件回售条款

本次发行的可转债最后两个计息年度，如果公司股票在任何连续三十个交易日的收盘价格低于当期转股价格的 70%时，可转债持有人有权将其持有的可转债全部或部分按债券面值的 103%（含当期应计利息）回售给本公司。

若在上述交易日内发生过转股价格因发生送股票股利、转增股本、增发新股（不包括因本次发行的可转债转股而增加的股本）、配股及派发现金股利等情况而调整的情形，则在调整前的交易日按调整前的转股价格和收盘价格计算，在调整后的交易日按调整后的转股价格和收盘价格计算。如果出现转股价格向下修正的情况，则上述三十个交易日须从转股价格调整之后的第一个交易日起重新计算。

本次发行的可转债最后两个计息年度，可转债持有人在每年回售条件首次满足后可按上述约定条件行使回售权一次，若在首次满足回售条件而可转债持有人未在公司届时公告的回售申报期内申报并实施回售的，该计息年度不应再行使回售权，可转债持有人不能多次行使部分回售权。

在大族转债的回售条款中就规定了大族转债的回售价格是可转债面值的 103%且包含了当期利息，也就是说，大族转债如果触发回售条款，其回售价格就是 103 元/张。

这里需要投资者将回售价和回售触发价分清楚，回售价是指可转债投资者将可转债回售给发行可转债的公司时的价格，回售触发价指的是可转债触发回售条款时的价格。

第 8 章　可转债的加强性防守策略

8.2.4　回售申报期

回售申报期指的是投资者回售可转债的期限，也就是说，如果可转债已经触发了回售条款，投资者想要将可转债回售给发行可转债的公司，当发行可转债的公司发布公告说明可转债的回售申报期后，投资者需要在回信申报期内回售所持可转债，如果过了回售申报期而投资者没有进行回售操作，则视为投资者放弃了本次回售的权利。

简单来说就是发行可转债的公司规定一个期限，投资者应在发行可转债的公司规定的期限内进行回售，如果投资者没有在发行可转债的公司规定的期限内进行回售操作，默认投资者不想对可转债进行回售，放弃了本次可转债回售的权利。

如图 8-4 所示，胜达转债的回售申报期为 2021 年 12 月 7 日至 2021 年 12 月 13 日，也就是说，如果投资者想要回售自己所持有的胜达转债，需要在这段时间内进行回售操作。

浙江大胜达包装股份有限公司
关于"胜达转债"回售的公告

本公司董事会及全体董事保证本公告内容不存在任何虚假记载、误导性陈述或者重大遗漏，并对其内容的真实性、准确性和完整性承担个别及连带责任。

重要内容提示：
● 转债代码：113591
● 转债简称：胜达转债
● 回售价格：100.30 元/张（含当期应计利息）
● 回售期：2021 年 12 月 7 日至 2021 年 12 月 13 日
● 回售资金发放日：2021 年 12 月 16 日
● 回售期间可转债停止转股
● 本次回售不具有强制性

图 8-4　胜达转债回售公告

以上就是关于可转债回售条款的复习和补充。接下来介绍一些注意事项。

8.2.5　注意事项

如果可转债没有到回售期却触发了回售条款，投资者也不用惊讶，这很可能是因为可转债触发了附加回售条款，这是需要注意的一个问题。

投资者在集思录网站中对可转债的回售情况进行查询时，可转债的回售价和回售条款有时候不是很准确，集思录网站中的回售价格一般是可转债的面值加上当期利息，在集思录网站中显示的一般都是 100 元，而不是计算后的结果。另外，回售条款一栏中默认显示有条件回售条款，不显示附加回售条款，对于只有附加回售条款的可转债，在回售条款一栏中显示的是“无此条款”，如图 8-5 所示。

回售(刷新)

代码	名称	现价	回售价	回售触及天数	回售条款
110034	九州转债	107.630	103.000	-	在本可转债最后两个计息年度,如果公司股票收盘价任意连续 30 个交易日 低于当期转股价格的 70%时,可转债持有人有权将其持有的可转债全部或部分按 债券面值的 103%(含当期应计利息)回售给本公司。
110038	济川转债	123.080	100.000	-	在本次发行的可转债最后两个计息年度，如果公司股票在任何连续三十个交易日的收盘价格低于当期转股价的 50%时
110043	无锡转债	121.050	-	-	无此条款
110044	广电转债	208.790	100.000	-	本次发行的可转债最后两个计息年度，如果公司股票在任何连续三十个交易日的收盘价格低于当期转股价格的 70%时
110045	海澜转债	115.750	100.000	-	本次发行的可转换公司债券最后两个计息年度，如果公司 A 股股票在任何连续三十个交易日的收盘价格低于当期转股价格的 70%时
110047	山鹰转债	119.470	100.000	-	本次发行的可转换公司债券最后两个计息年度，如果公司股票在任何连续三十个交易日的收盘价格低于当期转股价格的70%时
110048	福能转债	242.530	100.000	-	在本次发行的可转债最后两个计息年度，如果公司股票在任何连续三十个交易日的收盘价格低于当期转股价的 70%时
110052	贵广转债	107.290	100.000	-	在本次发行的可转换公司债券最后两个计息年度，如果公司股票在任何连续三十个交易日的收盘价格低于当期转股价的70%时
110053	苏银转债	119.110	-	-	无此条款
110055	伊力转债	205.990	100.000	-	在本次发行的可转换公司债券最后两个计息年度，如果公司股票在任何连续三十个交易日的收盘价格低于当期转股价的70%时
110056	亨通转债	129.300	100.000	-	在本次发行的可转换公司债券最后两个计息年度，如果公司股票在任何连续30 个交易日的收盘价格低于当期转股价的70%时
110057	现代转债	117.300	100.000	-	在本次发行的可转债的最后两个计息年度，如果公司股票在任何连续30个交易日的收盘价格低于当期转股价格的70%时
110058	永鼎转债	125.190	100.000	-	在本次发行的可转换公司债券最后两个计息年度，如果公司股票在任何连续三十个交易日的收盘价格低于当期转股价的70%时
110059	浦发转债	104.870	-	-	无此条款
110060	天路转债	121.210	100.000	-	本次发行的可转换公司债券最后两个计息年度，如果公司 A 股股票在任何连 续三十个交易日的收盘价格低于当期转股价格的 70%时
110061	川投转债	147.090	100.000	-	公司股票在最后两个计息年度任何连续三十个交易日的收盘价格低于当期转股价格的70%时
110062	烽火转债	113.780	100.000	-	在本次发行的可转换公司债券最后两个计息年度，如果公司股票在任何连续30个交易日的收盘价格低于当期转股价的70%时

图 8-5　可转债回售信息列表

8.3　加强性防守策略的使用

加强性防守策略是一种比较稳健的投资策略，有两档建仓操作方式和三档建仓操作方式，这种策略是一种防守型策略，主要是防止可转债的价格持续下跌造成投资者的资金不断亏损。

加强性防守策略是围绕可转债的回售条款展开的一种投资策略，是在保证本金亏损的风险比较低的前提下博取高收益的一种投资策略。

8.3.1 持有可转债的情况

在投资者持有的可转债中，有的可转债对应的正股的价格一直下跌，本来投资者买入可转债是等待可转债触发强赎条款，之后可转债被发行可转债的公司强赎，结果不仅没有等到强赎，可转债的价格也是"跌跌不休"。

正股的价格一直下跌，已经触发了可转债的转股价下修条款，这时投资者又可以看到一丝胜利的曙光，如果发行可转债的公司能够成功下修转股价也是可以的，至少可以带动可转债价格的上涨。能不能触发强赎条款不重要，至少要让本金少亏损一些，甚至有些盈利。

然而发行可转债的公司发布公告不进行转股价的下修，这对这种状态下的可转债来说不是什么好消息，如果正股的价格继续下跌，马上就会触发可转债的回售条款，那么此时投资者是否要选择将可转债进行回售呢？

如果投资者是以高于回售价的价格买入可转债的，那么此时进行回售就意味着亏损，但是可以把资金拿出来投资其他投资品，提高资金的使用率。

如果投资者是以低于回售价的价格买入可转债的，那么此时进行回售也是可以保证盈利的。

如果投资者买入可转债的价格高于回售价而低于可转债的到期价值，那么此时进行回售操作，投资者的本金会有所损失；而如果投资者能够将可转债持有到期，就能保证本金的安全。这其中有时间成本，需要投资者自己斟酌。

而如果投资者买入可转债的价格是高于可转债的到期价值的，那么即使将可转债持有到期也不能保证投资者本金的安全，这时投资者唯有等待发行可转债的公司下修转股价或者对可转债进行强赎。

8.3.2 没有持有可转债的情况

如果投资者没有持有可转债，那么使用加强性防守策略就方便一些了，来看一下关于可转债三档建仓操作方式的买入时机，如图 8-6 所示。

在加强性防守策略中，第一档建仓是在可转债的价格达到可转债的到期价值的时候，此时投资者买入可转债进行建仓，如果可转债的价格止跌反涨，那么投资者至少可以获得一定的收益，而且此时买入的可转债直到持有到期都是可以保证本金的安全的。

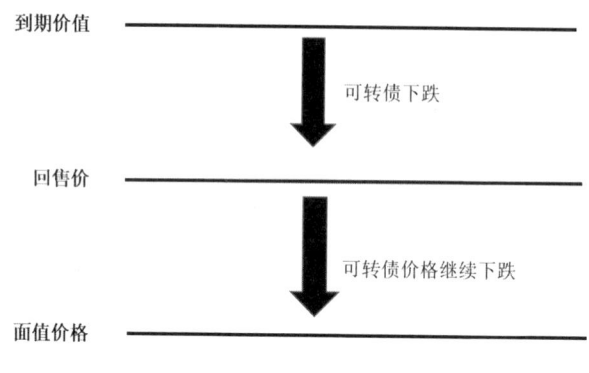

```
到期价值 ──────────────────────
                    │
                    │ 可转债下跌
                    ▼
回售价   ──────────────────────
                    │
                    │ 可转债价格继续下跌
                    ▼
面值价格 ──────────────────────
```

图 8-6　三档建仓买入时机

如果可转债的价格继续下跌，就到了加强性防守策略的第二档买入时机，也就是当可转债的价格下跌到回售价的时候。当可转债的价格下跌到回售价时进行买入，此时投资者买入的这部分可转债直到可转债能够回售的时候进行回售是可以保证本金不会亏损的。

如果可转债的价格继续下跌，跌到了可转债的面值，就到了加强性防守策略的第三档买入时机，也就是以 100 元/张的价格买入可转债。以 100 元/张的价格买入可转债，在可转债不违约的前提下，这部分可转债是可以获得收益的。

加强性防守策略的三档建仓操作方式可以有效地分摊成本，也可以尽可能地使投资者获取收益，如果可转债的价格只是跌到等于其到期价值时就止跌反涨了，那么采用加强性防守策略在第一档买入可转债也是可以获取可转债价格上涨的收益的。

即使后面的两档建仓没有买入的机会也没有关系，毕竟可转债的价格在等同其到期价值的时候又上涨了，而我们在可转债的价格等同其到期价值的时候就进行了第一档建仓操作，那么此时可转债价格的上涨是可以给我们带来一定的收益的，这是好事儿。

要是可转债能够从触发第一档建仓再到触发第二档建仓和第三档建仓，就说明可转债的价格是持续下跌的，即使三档建仓操作全部完成了，投资者也是亏损的，不如在第一档建仓完毕后，可转债的价格就上涨的收益高。

如果投资者的风险承受能力比较低，不能承受本金亏损，那么可以考虑采用两档建仓的操作方式进行投资，也就是说，在可转债的价格下跌到可转债的回售价或等同于可转债面值的价格的时候进行建仓。

因为以等同可转债的到期价值的价格买入可转债，如果进行回售，投资者的资金会亏损，只有将可转债持有到期才能够保证投资者本金的安全；而以可转债的回售价或等同于可转债面值的价格买入可转债，投资者将可转债回售就可以保证本金不亏损，甚至还有收益。

两档建仓操作虽然风险更低、安全性更高，但是也是有缺点的，其中最明显的缺点就是很可能建仓的时间成本很高。可转债的价格跌到回售触发价的情况是很少见的，而可转债的价格跌到等同于可转债面值的价格更是有些难度，优秀的可转债的价格一般不会这么低。

因此，投资者要想进行两档建仓操作，需要付出的时间成本很高，有可能是几天，有可能是几个月甚至更长的时间，毕竟等到可转债的价格跌到特定的价格，是需要等待时机的，要么市场进入熊市状态，要么整个可转债市场"萎靡不振"，在这些状态下，投资者进行两档建仓的机会相应比较多。如果是在正常的市场情况下或者在牛市中，加强性防守策略的两档建仓操作是比较难以实现的。

8.3.3 注意事项

加强性防守策略是一种为了保证本金的安全可以牺牲一部分潜在收益的策略，这种策略在熊市的时候比较适用，而在牛市的时候这种策略就不能满足投资者的需求了。牛市是赚钱的时候，投资者更多的是考虑那些能够博取高收益的策略。

另外，可转债的交易机制是 $T+0$ 的交易机制，当天买入，当天就可以卖出，并且没有涨停/跌停的限制，适合短期套利的投机者，但不建议刚进入市场的投资者这样操作，进行短期套利对投资者的心理承受能力和投资技巧都有很高的要求。

前文还提到在进行可转债交易的时候忽略手续费的问题，可转债交易也是需要手续费的，而且上海证券交易所和深圳证券交易所的手续费也是有区别的，上海证券交易所的手续费默认是万分之二，深圳证券交易所的手续费默认是千分之一，不过投资者可以让自己的券商客户经理调整佣金利率，佣金利率可以向下调整很多，毕竟市场中的券商竞争也是很激烈的，手续费也是其竞争的领域之一。

8.4　小结

　　本章的重点内容就是介绍和补充可转债回售条款的内容。回售条款中的四个指标：回售期、回售触发价、回售价和回售申报期，这是需要重点掌握的内容。之后对可转债加强性防守策略进行了介绍，这个策略的重点内容就是根据可转债的到期价值、回售价和可转债的面值进行建仓操作，这种策略是一种防守型策略。加强性防守策略是围绕着可转债的回售条款展开的，而回售条款又是可转债防守的最后一道屏障，这样一来，可转债的加强性防守策略是一种防守型策略也就不奇怪了。

第三部分　建立良好的投资心态

第 9 章

修炼心态

关于可转债的一些概念、条款和一些稳健的投资技巧前文都进行了介绍。可转债的概念和条款是可转债投资的基本内容，也是投资可转债的基石，只有把可转债的相关条款弄明白了，投资者在进行可转债投资的时候才能做到心中有底。

可转债的相关条款可能会让刚接触可转债的投资者有一种头大的感觉，投资者面对可转债的相关概念和条款多少有些望而却步，这种情况是正常的，但是可千万不要放弃，把概念梳理一下，一个一个地进行理解也是很容易的，并不会花费多长时间。如果投资者的时间充足，一两天的时间就能把可转债的相关概念和条款弄明白了。

回头看看自己的学习之路，发现当时让自己仰望的存在也不过如此，是当时的自己高估了知识的复杂程度，也低估了自己的学习能力。本章不谈技巧，只说心态，心态是投资的软实力，同样不能忽略。

本章主要涉及的知识点如下。

- 修炼心态的重要性：了解心态在投资中的重要性。
- 修炼心态的重点内容：放平心态、笑看涨跌、稳扎稳打、果断卖出。

通过本章的学习，读者应了解并掌握心态在投资过程中的重要性，学会修炼自己的投资心态，让自己能够在投资过程中保持一个良好的心态，让自己能够轻松投资、轻松赚钱。

注意：本章的重点内容是对投资心态的理解和把握，不要以为心态在投资过程中不重要，相反，一个良好的投资心态在投资过程中往往能起到至关重要的作用。

9.1 放平心态

读者平时可能会遇到这样一种情况，自己周围的人不断地讨论哪只股票比较好，或者投资哪些投资品比较合适，抑或是为了彰显自己的投资能力四处宣扬"我投资×××股票赚了翻倍的收益""我在×××转债上面赚了50个点的收益""我看好×××转债""我觉得×××股票明天会大涨""明天市场行情应该不好""最近出了×××政策，我觉得会对某些行业产生影响""我今天买入×××转债，然后做 T 赚了30个点"。

相信对于这种让人觉得"熟悉"并且"亲切"的话语读者并不会感到陌生，可能有的时候自己心里还感叹：为什么他们这么厉害，买啥啥涨，而我却买啥啥跌。

醒醒吧，要是你身边真的有这么厉害的人，先恭喜你，可以"抱大腿"了，不过这"大腿"的实力就有待考证了，是真的有这么强大的实力，还是打肿脸充胖子，只晒自己获取收益的那部分，对自己亏损的那部分只字不提就不得而知了。

另外有不少投资者为了显得自己厉害，将自己凭运气赚到的钱说成是自己凭实力赚到的钱，虽然运气是实力的一部分，但是凭运气赚钱在投资领域是不适合的，万一哪天运气用光了呢？

另外还有一部分投资者有一种不进行操作就对不起自己所获得的消息的感觉，如收到了一些关于政策方面的消息，投资者觉得自己知道了这个消息，就要调整自己的持仓，仿佛调整了持仓才能证明自己对消息的分析有着自己的理解一般。

虽然这种操作多少有些让人看不懂，不过多少会动摇部分投资者的心。自己投资的可转债迟迟没有收益甚至还出现了亏损的情况，听着周围的人说自己赚了多少，做短线多么刺激，投资者会怀疑自己，怀疑自己的投资方式是不是错了，怀疑自己是不是不适合做投资，怀疑自己是不是应该把手中的投资品卖掉和大家一起做短线投资。

举个例子，假如小黑用 1,000 元进行投资，每次投资都能赚 10%，在 A 股市场中一年有 250 个交易日，那么小黑一年后的本金就是 $1,000 \times (1+10\%)^{250}$ = 22,293,142,370,048 元，数一数这一串数字，这是 22 万亿元啊，1,000 元在一年的时间内变成了 22 万亿元，比巴菲特厉害了不知道多少倍，目前笔者还没有见过这样的"大佬"，想想也知道这并不太现实。

对投资者来说，稳住自己的心态就好了，不管别人多么厉害，在短时间内赚了多少的钱，这和我们没什么关系，他们赚钱了不会给你一分，他们亏钱了也不会影响到你，做好自己的投资就好，不要让别人的言行影响到自己的心态。

做投资要做好长期投资的准备，而不是注重短期的收益，投资的目的是让我们的资产保值、增值，让钱生钱，让钱为我们服务，而不是做金钱的奴隶。

投资前的准备很简单，买入并持有投资品也不难，难的是持有的过程，这是对投资者心态的一种磨炼。如果投资者买入投资品以后就开始时时刻刻盯着自己的持仓变动，任何一点波动都能牵动投资者的神经，估计不出几天，投资者就会开始神经衰弱，因为自己的注意力都集中在投资上，有些"当局者迷"。

如图 9-1 所示，其中每一个格子代表 K 线一天的走势，可以看到上证指数每天都是波动的，如果投资者每天盯着这些波动，估计投资者的情绪变化就和上证指数的波动曲线差不多了。

图 9-1　上证指数日 K 线走势（来源：东方财富网）

再看图 9-2，每一个格子代表 K 线一周的走势，图 9-3 中每个格子代表 K 线一个月的走势。将投资时间拉长，我们就会发现，自己天天盯着看盘的那段时间在整个投资过程中是多么短暂。跑得快并不一定厉害，跑得远才是王道。

图 9-2　上证指数周 K 线走势（来源：东方财富网）

图 9-3　上证指数月 K 线走势（来源：东方财富网）

投资最好是用自己的闲钱进行操作，这样给自己的压力小一些，用闲钱

第 9 章　修炼心态

进行投资就当作这钱已经不存在了就好，也不用天天盯盘，先做一个最糟糕的打算，这样以后每次有收益的时候都是惊喜。

如果投资者有一万元本金，当投资收益率为 100%时，收益是 1 万元，最后的本金加收益是两万元；如果投资者的本金是 100 万元，当投资收益率为 1%时，收益就是 1 万元。1 万元的本金，收益率为 100%才能赚 1 万元，而 100 万元的本金，投资收益率为 1%就可以赚 1 万元，因此重要的不是天天盯着投资收益，而是在提升自己的投资能力的同时尽可能地增加自己的本金。

天天盯着盘看涨跌并没有什么用，只能让自己更紧张一些，不如把看盘的时间放在提升自己的投资能力和赚取本金上面。提升自己的投资能力可以让自己以后的收益更高一些，增加自己的投资本金可以让自己的基础更牢一些，这样双管齐下，以后自己的投资收益就会越来越多了。

拥有好的投资心态也是需要一个前提条件的，那就是对自己所投资的内容足够了解，所谓知己知彼，百战不殆。以可转债投资为例，如果投资者对可转债的相关概念和条款足够了解，并且以 100 元/张的价格买入可转债，就可以等待可转债触发强赎条款后被发行可转债的公司强赎。

如果投资者所持可转债的价格跌破了可转债的面值，当其他投资者都在想可转债的价格会不会继续下跌、自己是否会亏损更多的时候，咱们考虑的却是该不该加仓。因为如果可转债的价格跌破其面值，此时是相当好的加仓时机，这时该考虑的不是该不该加仓，而是敢不敢加仓。

如果投资者对可转债有清晰的了解，且投资者以 100 元/张的价格买入可转债，就可以安心地持有，不用担心可转债价格波动的问题，买入以后就等待可转债的价格达到强赎触发价，或者考虑在可转债的价格达到自己的预期时将其卖出，或者等待发行可转债的公司进行转股价的下修操作，再不济回售也是可以赚钱的，到期赎回也是能赚钱的。也就是说，投资者以 100 元/张的价格买入可转债，如果可转债不违约，无论怎样，投资者的本金都是安全的。

从前有个年轻的皇帝非常喜欢将军的战甲和长枪宝剑，有一次他穿上自己最喜爱的铠甲，披上帅气的战袍，拿着宝剑，看了看镜子中的自己，威风凛凛，就让身边的大臣们形容一下，听到的都是大臣们滔滔不绝的称赞，皇帝十分满意，然后兴冲冲地跑到母后那里，给母后展示他英姿飒爽的形象。出乎他意料的是他的母后不仅没有高兴，反而略显担忧地说："当你有一天不得不穿上这身装备的时候，就说明我们的国家离灭亡不远了。"

皇帝一愣，仔细一想，就明白了母后的意思。作为皇帝，他需要拥有的不是威武的铠甲、锋利的宝剑，而是心怀天下的格局、治国安邦的思维。自此以后，皇帝就埋头苦学治国的策略，将国家治理得井井有条，国泰民安。

投资也是一样的，投资中的一些技巧和策略，就像皇帝的宝剑和铠甲，虽然看起来威风凛凛，很是厉害，不过投资者真正需要的却不是这些。

投资者需要的是缜密的投资思维和良好的投资心态。投资者拥有了缜密的投资思维和良好的投资心态，即使在投资的时候出现了问题也只是一两次失误；如果投资者的投资思维是错的，且没有良好的投资心态，那么基本上每次投资都会出现失误。

另外，如果投资者有了正确的投资心态，即使投资出现了失误，自己也不至于受到特别严重的打击，但如果投资者的投资心态是错误的，那么每次投资对投资者来说应该都算是一种煎熬了。

举个例子，小黑在投资的时候几乎每时每刻都盯着自己所投资的投资品价格的涨跌，投资品价格小小的波动都会牵动小黑敏感的神经。如果自己所持有的投资品的价格上涨了，小黑会激动得手舞足蹈、兴奋不已；如果小黑所持有的投资品的价格下跌了，他就开始患得患失、胡思乱想，"要不要卖出啊""要是以后再继续下跌该怎么办啊""可万一现在卖出了以后还涨该怎么办啊"……

就这样过了一个星期，小黑的精神状态就变得很差，黑眼圈相当严重，打听一下小黑的投资收益，结果小黑说自己挺不住了，看着投资品的价格波动太严重，就赶紧将其卖出了。最终他不仅亏了手续费，本金也损失了，实在得不偿失。

小白和小黑的投资心态不一样，小白在投资的时候先选好投资品，投资以后该做什么就做什么，偶尔有时间看一看自己所持有的投资品的价格，赚了微微一笑，亏了也是微微一笑。小黑问小白："你不拿钱当钱吗？万一亏了怎么办，你怎么不盯着啊？"

小白微微一笑，说："不至于，我做投资都是在自己的认知范围内进行的，在投资之前已经对投资品做了全面的分析，而且我也不是做短期投资的，没有必要每天盯着投资品的价格、我只需要等到它能够达到我的预期收益的时候将其卖出就好了，如果赚了，就说明我的认知是正确的，如果亏了，就说明我的认知还有不足，我会继续反思和总结，进而继续提升自己的投资能力。"

小黑听完，恍然大悟，原来投资还可以这样做。以前小黑总是四处寻找投资的技巧、买入和卖出投资品的方法，却忽略了持仓过程中心态的修炼和把控，殊不知持仓过程的时间是很长的，也是考验投资者心态的时候。

认知变现，在这里就可以体现出来，投资者只有不断丰富自己的认知，才能够在这波澜起伏的市场中守住自己的本心；投资者只有不断扩大自己的认知范围，才能够赚取更多的收益，而且赚自己认知范围内的钱会更踏实。

9.2　笑看涨跌

投资品的价格有涨有跌是很正常的事情，谁都喜欢投资品的价格上涨而不喜欢投资品的价格下跌，不过市场中有这样一句话"风险是涨出来的，机会是跌出来的"，投资品的价格有涨有跌才是常态。

投资品的价格总是不断波动的，投资品的价格总是围绕投资品的价值上下波动。市场就像一个人，而投资品的价格波动就像是在市场牵引下的一只小狗，小狗可能会向前跑，可能会向后跑，时而向左，时而向右，可能突然加速，也可能突然停下，实在让人难以琢磨。

如果投资者花费大量的时间研究小狗的行为规律，如研究小狗在什么情况下会向前走，在什么情况下会向后跑，在什么情况下会突然加速，在什么情况下会突然减速；投资者研究小狗的行为是一件非常耗时耗力的事情，而且也并不一定能够得出准确的结论。

但是如果换一种思路，我们不再研究小狗的行为，而是研究遛狗的人的行为规律就方便很多了，因为遛狗的人是牵着狗的，小狗总是围绕着遛狗的人溜达，时而跑到遛狗的人的前面，时而跑到遛狗的人的后面，时而又和遛狗的人并进。

那么现在我们就可以研究遛狗的人的行为，这样我们就能够预判小狗的行为了。小狗就像投资品价格的波动，遛狗的人就像投资品的价值，投资品的价格总是会围绕其内在价值上下波动，如果把握住了投资品的价值，那么投资品价格的小波动也就显得不那么重要了。

还有一种办法，就是不研究小狗的动向，也不研究遛狗人的动向，而是直接找到遛狗人最终的目的地，遛狗总是有目的地的吧，找到遛狗人最终的目的地，直接在目的地等就好了。就拿可转债投资来说，如果买入了可转债，感觉可转债及其正股还不错，就可以等待可转债达到卖出条件后将其卖出。

以精研转债为例，精研转债的价格走势如图 9-4 所示。我们可以看到在之前相当长的一段时间内，精研转债的价格是在可转债的面值附近波动的，但既然投资者投资了精研转债，就说明投资者对精研转债已经进行了分析，而可转债卖出的时机就是可转债的价格达到强赎触发价。

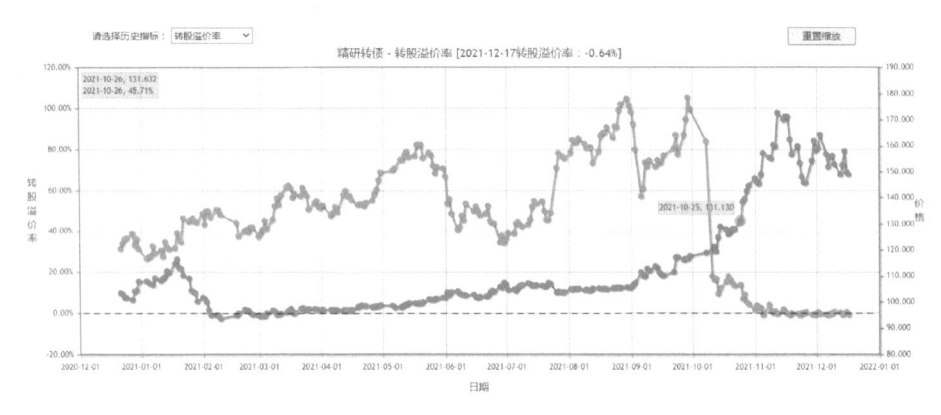

图 9-4　精研转债价格走势

既然明白精研转债的卖出时机是精研转债的价格达到强赎触发价的时候，投资者直接等待精研转债的价格达到强赎触发价就好，这样不管投资者在持有精研转债的过程中，精研转债的价格怎样波动，投资者都可以不用特别在意。

接下来看一下精研转债所对应的正股——精研科技的价格走势。从图 9-5 中可以看到最近一段时间精研科技的股价波动还是很大的，如果投资者不了解精研转债的价值，那么投资者内心的波动估计就和股价的走势一样起伏不断。

图 9-5　精研科技价格走势（来源：东方财富网）

第 9 章 修炼心态

巴菲特在 2008 年就投资了比亚迪，而且当时是以 8 港元/股的价格认购了 2.25 亿股的港股股票，即使接下来比亚迪的股价有了较大涨幅，巴菲特也没有将其卖出，后来比亚迪股份的价格波动，巴菲特依然将比亚迪的股票稳稳地拿在手里。港股比亚迪股份的价格走势如图 9-6 所示。

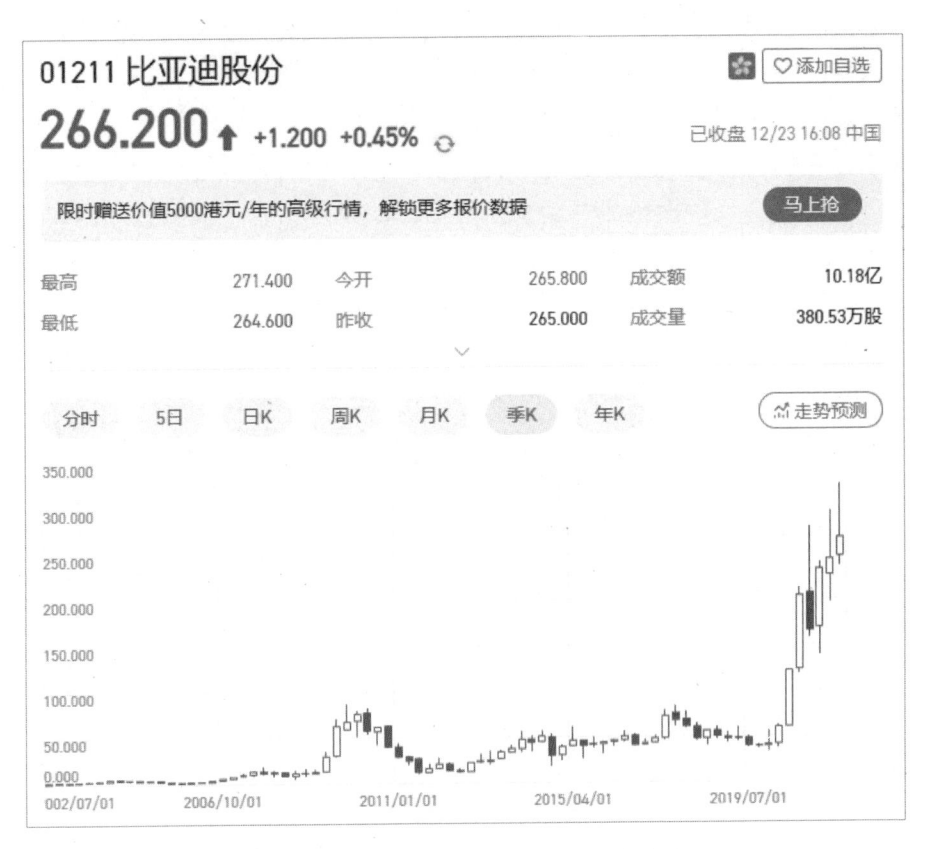

图 9-6 比亚迪股价走势（来源：富途牛牛）

如果是普通投资者，能持有到翻一倍估计见好就收了，而巴菲特却没有。这是因为巴菲特对公司和行业看得足够远，他认为比亚迪现在已经建立了新能源汽车和智能汽车的生态系统，成为行业的龙头，而且还能影响整个行业的上下游，其发展潜力巨大。

到现在巴菲特持有的比亚迪股份的价格已经暴涨了 33 倍，而且据说巴菲特还没有将其卖出的意向，这是何等的魄力和眼光。

巴菲特曾经说过："如果你不愿意持有一只股票十年，那么你连十分钟都不要持有。"在市场投资中，可能有很多投资者认为买入投资品以后能够获得很高的收益，但是最终拿到手里的钱却不是很多，其中最根本的原因就是心态的问题。投资者没有良好的投资心态，对于短期投资品的价格波动过于敏感。

当然对于可转债投资来说，投资时间没有那么长，因为可转债的生命周期一般是六年，如果可转债触发了强赎条款，其生命周期就更短一些，一般投资一只可转债用两三年的时间就算比较长了。

不过我们可以学习巴菲特的这种投资心态，相信各位投资者以后也不仅会投资可转债这一种投资品，要想组建自己的投资组合，投资者还需要进行多种投资品的组合投资。

不管投资者投资哪些投资品，不同投资品的投资技巧可能不一样，但是投资心态是通用的，一个良好且正确的投资心态可以给投资者带来意想不到的收益。投资很简单，投资赚钱却很难。

投资者对于投资品短期的价格波动不用过于敏感，听起来很简单，但是做起来却有很大的难度。投资者要想做到对投资品短期的价格不敏感，一要培养良好的投资心态，二要对自己所投资的投资品有自信。我们知道自己投资的投资品未来会有什么样的收益，中间的小插曲只要没有出乎自己的意料，也就没有必要过于担心了。

再来看一下巴菲特投资苹果股票的收益情况。巴菲特以前是不投资科技类股票的，在1995年到1999年美国科技股大涨的时候，不少投资者通过投资科技类股票获得了不小的收益，巴菲特却没有跟风购买，他自己的解释是他对科技行业不是很了解，因此没有进行投资。

当然，他确实错过了当时科技类股票的大涨，不过后来也验证了他对互联网行业泡沫破裂的预言。

为什么巴菲特之后又投资了苹果股票呢？因为每个人都要持续进行学习，终身成长。直到2016年，巴菲特买入了苹果股票，后来又不断地进行加仓操作，苹果股票的价格走势如图9-7所示，注意这里的货币是美元。

现在回头看看苹果股价的涨势还是很明显的。其中一个格子代表的是一个月股价的走势，对于一般投资者来说，如果股价处在横盘的时间长达几个月，或者股价持续走低长达几个月，自己的心态能够稳住吗？

要是投资者当时能够稳得住，也就不会有那么多投资亏损的情况出现了，是因为自己的认知有限造成了亏损,因为自己的投资心态不成熟造成了亏损。

图 9-7　苹果股价走势(来源:富途牛牛)

9.3　稳扎稳打

所谓稳扎稳打就是稳中求胜,宁可要无风险的 10 元,也不要高风险的 100 元。投资比的是谁跑得远而不是谁跑得快,因此稳中求胜是比较稳妥的投资方式。

如果有一种投资操作可以获取 2%的收益,但是风险很低;而另外一种投资操作可以获取 20%的收益,但是风险很高,在这种情况下,宁可选择风险很低的 2%的收益,也不要选择风险高的 20%的收益。

在投资过程中请不要抱任何侥幸心理,一两次侥幸的成功很可能让投资者产生一种自己掌握了投资之道的错觉，有了这样的错觉，投资者离"跌入深渊"就不远了。

在巴菲特的投资原则中有这样两个原则，第一个原则就是永远不要亏钱；第二个原则就是记住第一个原则。

巴菲特是价值投资的践行者，也是稳中求胜的杰出代表。巴菲特从1957年至2018年的年收益率和复合年化收益率如图9-8所示。巴菲特投资的原则就是投资自己了解、前景看好的企业。

巴菲特历史收益率统计

年份	第N年	年收益率	复合年化收益率
1957	1	10.50%	10.50%
1958	2	40.90%	24.78%
1959	3	25.90%	25.15%
1960	4	22.80%	24.56%
1961	5	45.90%	28.56%
1962	6	13.90%	25.99%
1963	7	38.70%	27.73%
1964	8	27.80%	27.74%
1965	9	23.80%	27.30%
1966	10	20.30%	26.58%
1967	11	11.00%	25.08%
1968	12	19.00%	24.56%
1969	13	16.20%	23.90%
1970	14	12.00%	23.01%
1971	15	16.40%	22.55%
1972	16	21.70%	22.50%
1973	17	4.70%	21.37%
1974	18	5.50%	20.43%
1975	19	21.90%	20.51%
1976	20	59.30%	22.20%
1977	21	31.90%	22.65%

(a)

巴菲特历史收益率统计

年份	第N年	年收益率	复合年化收益率
1978	22	24.00%	22.71%
1979	23	35.70%	23.25%
1980	24	19.30%	23.08%
1981	25	31.40%	23.40%
1982	26	40.00%	24%
1983	27	32.30%	24.30%
1984	28	13.60%	23.90%
1985	29	48.20%	24.67%
1986	30	26.10%	24.72%
1987	31	19.50%	24.54%
1988	32	20.10%	24.40%
1989	33	44.40%	24.97%
1990	34	7.40%	24.41%
1991	35	39.60%	24.82%
1992	36	20.30%	24.69%
1993	37	14.30%	24.40%
1994	38	13.90%	24.11%
1995	39	43.10%	24.57%
1996	40	31.80%	24.74%
1997	41	34.10%	24.96%
1998	42	48.30%	25.47%

(b)

巴菲特历史收益率统计

年份	第N年	年收益率	复合年化收益率
1999	43	0.50%	24.83%
2000	44	6.50%	24.38%
2001	45	-6.20%	23.60%
2002	46	10%	23.29%
2003	47	21%	23.24%
2004	48	10.50%	22.96%
2005	49	6.40%	22.60%
2006	50	18.40%	22.51%
2007	51	11%	22.27%
2008	52	-9.60%	21.57%
2009	53	19.80%	21.53%
2010	54	13%	21.37%
2011	55	4.60%	21.04%
2012	56	14.40%	20.92%
2013	57	18.20%	20.87%
2014	58	8.30%	20.64%
2015	59	6.40%	20.39%
2016	60	10.70%	20.22%
2017	61	23%	20.26%
2018	62	0.40%	19.91%

(c)

图9-8 巴菲特历史收益统计

第 9 章　修炼心态

从图 9-8 中可以看到巴菲特稳中求胜的投资策略给他带来了不低的投资回报。投资者在进行投资的时候不要贪婪、不要跟风、不要投机。

在市场情绪高涨的时候不要贪婪，自己暗暗提高警惕，"当别人贪婪的时候恐惧，当别人恐惧的时候贪婪"。在市场情绪高涨的时候，投资者要防范市场风险，因为这时市场中的风险已经多于机会了。

当市场中的投资者开始疯狂的时候，不要盲目跟风；当众多投资者开始大量购买的时候，别去跟风。如果盲目跟风，前面的人即使获得了收益，轮到自己的时候基本也没有什么收益；如果前面的人没有获取收益，反而亏损了，那么后面的人不出意外也会亏损。

不要进行投机操作，即使投机操作可以带来几次不错的收益。但是这毕竟不是长久之道。

如果投资者买入了一种投资品，能买入就说明投资者觉得这种投资品是不错的，是可以赚到钱的，如果投资者的内心不够坚定，就很容易受到外界因素的干扰。

如果自己买入投资品后，投资品的价格暂时跌了，造成了亏损，此时如果有人对你说，赶紧卖出吧，这种投资品他不看好，他认为这里有问题、那里有问题，应该会持续低迷一阵子……再加上投资者在论坛中看了看评论区中的评论，也是一边倒的负面情绪，这时投资者还能够淡定吗，会不会怀疑自己当初的选择是错的？

如果投资者开始对自己的投资产生怀疑，说明了两个问题，一是对自己的投资能力不够自信，开始怀疑自己的能力和眼光了；二是自己的心态还是不够稳，容易被外界因素影响。

能够做到稳扎稳打的前提是投资者拥有一定的投资技巧和强大的内心。投资技巧可以通过学习和实践加以掌握，而修心却是很难的事情。培养良好的投资心态，提高心理承受能力不是一天两天就可以速成的。投资者只有拥有了较强的心理承受能力和良好的投资心态才能够做到"敌军围困千万重，我自岿然不动"。当自己亏损了，别人开始对你冷嘲热讽的时候，你能够泰然处之，不为所动；如果自己盈利了，别人崇拜、羡慕你的时候，你能够淡然一笑，不骄不躁，这就是能力。

拥有这种能力的前提是投资者已经看透了事物的本质，后面发生的一切都在自己的预料之中，一切尽在掌握，有一种运筹千里之外的感觉。

另外，保持独立思考也是一种难得的能力。独立思考不是固执，不是"不到黄河心不死，不是不见棺材不落泪"，更不是一条路走到黑。

独立思考是在能够接受外界信息的同时也能保留自己的观点，将外界的观点和自己的观点相比较、相结合，站在客观的角度做出合理的决策。

有人说，新股票可以考虑入手，最近行情不错，自己已经赚了不少了，觉得以后还能继续赚。如果这时我们投资了这只股票，这就是盲目投资，这就是不会思考，长久下去就会成为市场中的一根新鲜的"韭菜"。

如果别人向你推荐某只股票的时候，你能够对这只股票进行全面的分析，做出自己的判断，再考虑是否入手，这就是进行了独立思考，这样就可以提升自己的能力。

纳斯达克综合指数的走势如图 9-9 所示，美国标准普尔 500 指数的走势如图 9-10 所示，上证指数走势如图 9-11 所示，可以看到每个指数的整体大趋势都是上升的，投资者如果能够在进行投资后稳住心态，现在的收益也不会低。

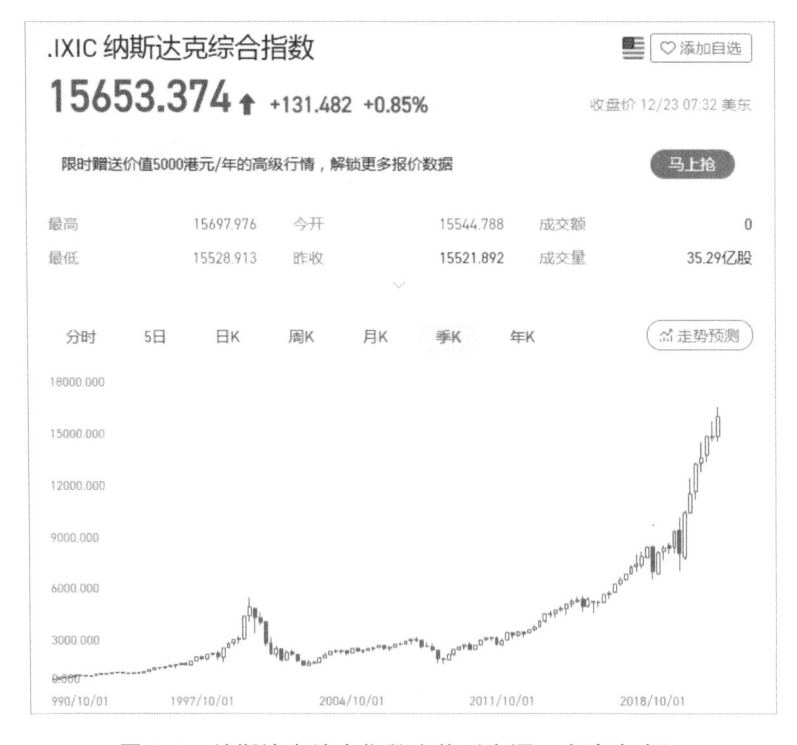

图 9-9　纳斯达克综合指数走势（来源：富途牛牛）

第 9 章 修炼心态

图 9-10 美国标准普尔 500 指数走势（来源：富途牛牛）

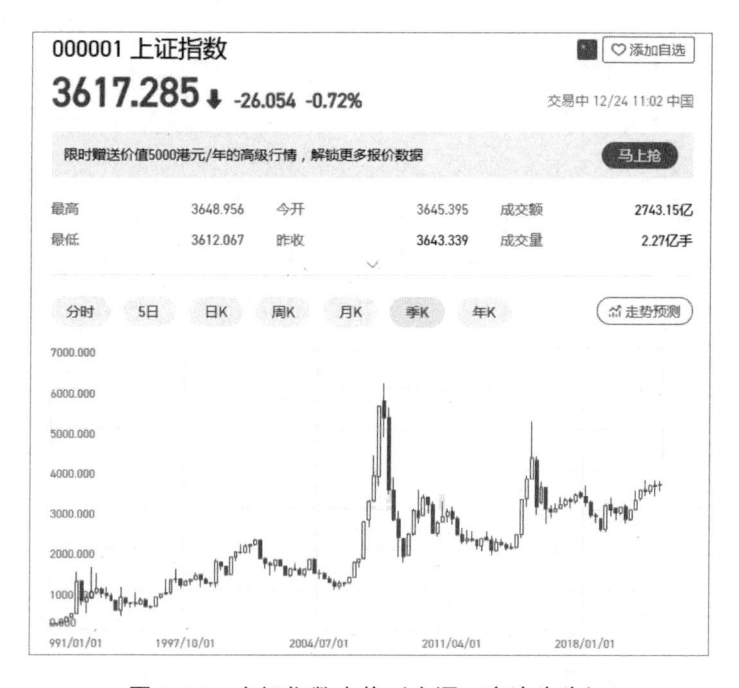

图 9-11 上证指数走势（来源：富途牛牛）

上证指数从 1991 年到现在差不多已经上涨了 30 多倍，纳斯达克综合指数从 1991 年到现在差不多上涨了 32 倍，标准普尔 500 指数从 1991 年到现在也上涨了 12 倍还多。如果投资者能够稳住心态、做时间的朋友，现在也有不少的收益了。

投资者当戒骄戒躁，要学会分摊风险，让自己的心态更稳健。

9.4 果断卖出

在投资者能够用良好的投资心态面对自己所投资的投资品的同时，最终的卖出操作无疑也是相当重要的。俗话说"会买的是徒弟，会卖的是师父"，卖出操作意味着阶段性投资的结束，自己在这个投资阶段中是赚还是亏都能够确定了。如果投资者不进行卖出操作，那么所谓的赚和亏都是浮盈和浮亏，并不是最终的结果。

在投资过程中存在"不甘心"，当看到自己所持有的投资品的价格上涨的时候，不舍得将所持投资品卖出，刚开始投资的时候，投资者设置了一个卖出条件，然而当真的达到自己设置的卖出条件时，投资者又不甘心了，担心以后投资品的价格还会涨，而自己卖出的价格低了；或者当投资品的价格下跌后，自己将投资品卖出，之后，投资品的价格又涨回来了，自己又亏了。

例如，自己设置的卖出条件是投资品的价格上涨 10%或下跌 5%，当自己所投资的投资品的价格上涨 10%的时候就将投资品卖出，落袋为安；当所投资的投资品的价格下跌 5%的时候就将所持投资品卖出，止损。投资者的想法是好的，做起来就不一样了。

当自己所持投资品的价格已经上涨了 10%以后，投资者会想，以后投资品的价格会不会接着涨，要是现在卖出，投资品的价格继续上涨，有一部分收益就拿不到了，有点不甘心。

当自己所持投资品的价格已经下跌了 5%以后，投资者不想卖出，不想接受亏损的事实。投资者会想，现在卖出，以后万一投资品的价格上涨了，自己就亏了，还是有些不甘心。

这种心理相信每位投资者都曾或多或少地有过，当然现实情况可能如投

第 9 章 修炼心态

资者所想的那样,在所持投资品的价格达到自己的预期后,投资者没有将投资品卖出,然后投资品的价格继续上涨,投资者之后将所持投资品卖出的时候确实获取了比自己当初预期更高的收益。

现实情况还可能是投资者在所持投资品的价格达到自己预期的时候没有将其卖出,后来所持投资品的价格不仅没有上涨反而下跌了,甚至低于自己的买入价格。

当然还会出现这样一种情况,当所持投资品的价格下跌到自己设置的止损价格时,投资者没有将所持投资品卖出,期望以后投资品的价格会止跌反涨,但是所持投资品的价格不仅没有上涨,反而下跌得更多了,这样造成投资者的亏损进一步扩大了。

如图 9-12 所示,在美股市场中上市的富途控股在 2021 年最高价格达到过 204.25 美元/股,其价格走势整体是一路飙升的,在 2020 年,股价也翻了好几倍,如果在这段时间内,持有富途控股的投资者进行卖出操作,那么收益应该是非常可观的;如果投资者没有卖出,而是选择继续持有,那么现在富途控股的股价差不多回到了 2020 年年初的价格。

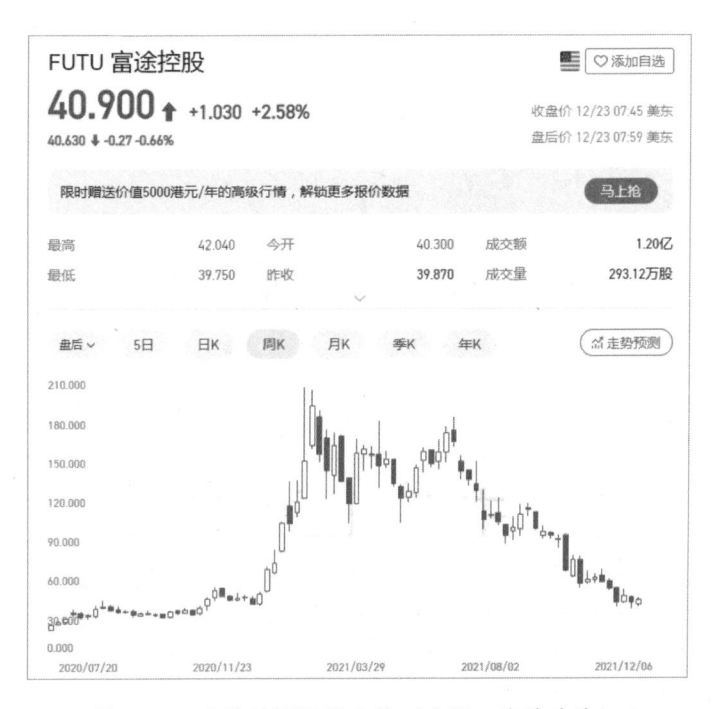

图 9-12 富途控股股价走势(来源:富途牛牛)

在投资过程中放平心态和稳扎稳打不是一味地把投资品牢牢地拿在手里，而是在合适的时候将其卖出。

如图 9-13 所示，好未来的股价走势也是先上涨后震荡下跌，其中具体的原因咱们不做分析，影响股价走势的因素有很多，好未来 2021 年的最高股价为 99.96 美元/股，后来其价格犹如自由落体般下跌，到 2021 年的 12 月份，好未来的股价最低到过 3.76 美元/股，与其最高价相比暴跌了 96.24%。

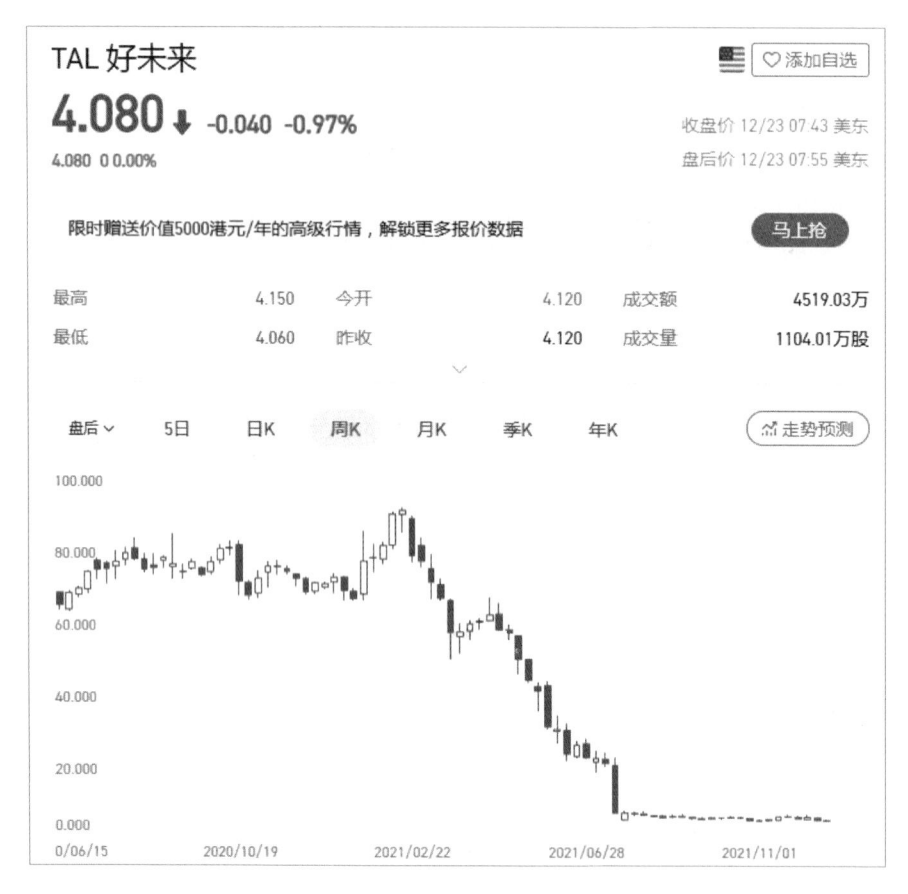

图 9-13 好未来股价走势（来源：富途牛牛）

如图 9-14 所示，新东方的股价也是"飞流直下三千尺"的走势。曾经教育培训行业的龙头企业，由于受到了一些因素的影响，其股价从当初的 158.8 美元/股跌到了 13 美元/股，跌幅高达 91.81%。

第 9 章　修炼心态

图 9-14　新东方股价走势（来源：富途牛牛）

接下来再来看一下雾芯科技，如图 9-15 所示，雾芯科技刚刚上市的时候，其股价最高达到了 38.96 美元/股，然而后面的价格走势却不尽如人意，电子烟行业出现了一些变动，行业性的风险使雾芯科技也受到了影响，其股价在 2021 年最低为 3.3 美元/股，最高跌幅达到 91.53%，持有它的股东大多数也是一片哀号，如果投资者没有采取止损措施，亏损就相当严重了。

前面提到的几只股票是美股股票，接下来再来看看 A 股市场的情况，在 A 股市场中有涨停/跌停的限制，这样股价不至于出现突然暴跌的情况，但即使给了投资者止损的机会，投资者也不一定能把握住。

如图 9-16 所示，仁东控股曾经被爆有过操纵股价的行为，仁东控股曾经的走势相当迅猛，在其股价上涨的那段时间，有不少投资者都追高进场，却忽略了风险的存在，结果当仁东控股的股价出现连续跌停的时候，投资者没有及时止损,甚至有部分投资者还认为其股价的下跌是短时间的回调,股价后续还有继续上涨的可能,一直傻傻地握着手中的股票,然后被深深套牢,成了市场中一根新鲜的"韭菜"。

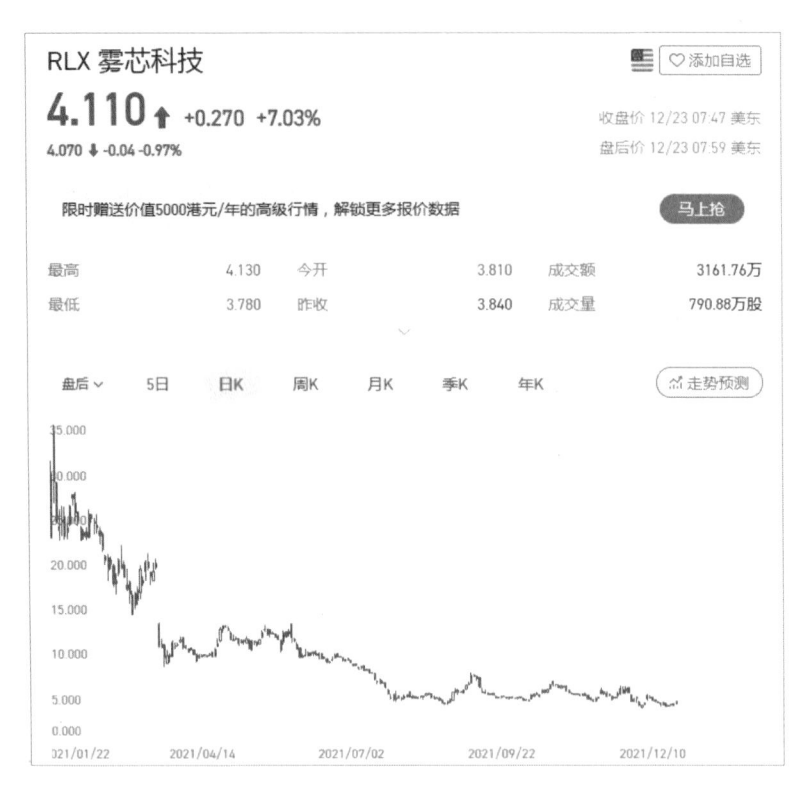

图 9-15 雾芯科技股价走势（来源：富途牛牛）

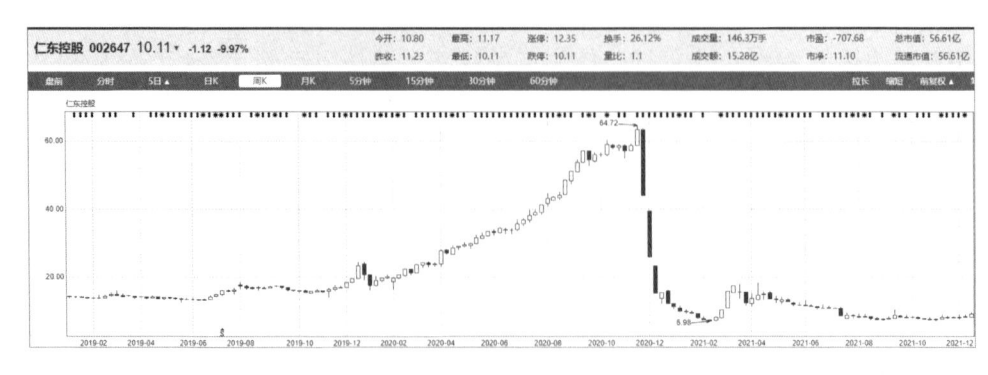

图 9-16 仁东控股股价走势（来源：东方财富网）

第 9 章 修炼心态

前文提到的那些股票的股价都曾出现过暴跌的情况，但至少没有退市，还给投资者留下了一丝希望。接下来看看东方金钰（见图 9-17），这只股票的价格直接跌到了退市的程度，现在的名字已经改成了退市金钰。投资者如果一直将其持有到退市，就意味着自己投资的资金已经全部打了水漂，血本无归了。

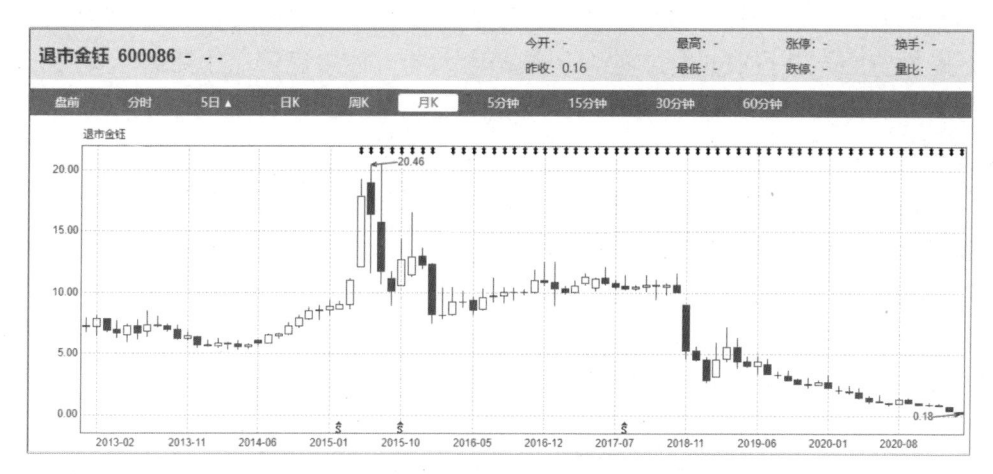

图 9-17　退市金钰股价走势（来源：东方财富网）

隆基股份是 2021 年的热门股票，股价走势目前还是比较理想的，如图 9-18 所示，但其中有多少投资者是追高进场的呢？笔者也不希望看到隆基股份出现前文提到的那些股票的情况，笔者也希望各位投资者"买的都涨"。不过还是得提醒各位投资者，要注意规避风险，做好风险应急预案，这样才能保证自己能在投资之路上走得更远。

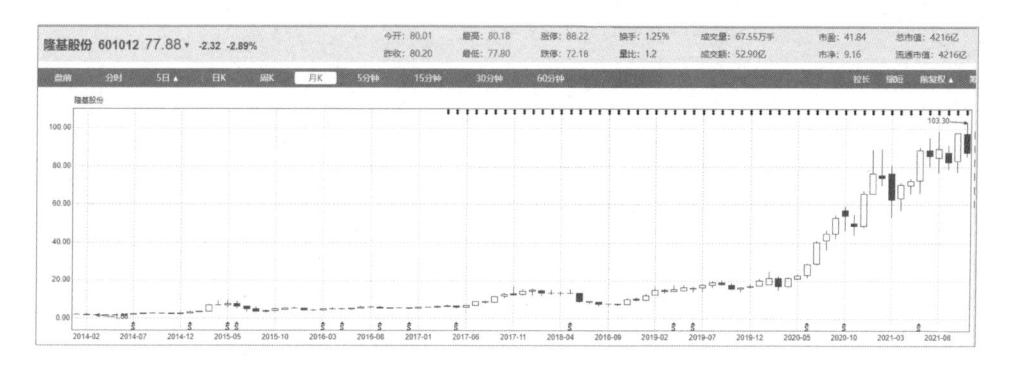

图 9-18　隆基股份股价走势（来源：东方财富网）

9.5　小结

本章的重点内容是向投资者介绍拥有一个良好的投资心态在投资过程中的重要性，也希望投资者能在投资过程中修炼一个良好的投资心态，毕竟良好的投资心态在投资过程中的作用是相当大的。如果投资品的筛选、买入和后面的卖出操作在整个投资过程中的占比是 10%，那么投资心态的占比能够达到 90%，可见良好的投资心态在整个投资过程中的重要性。

投资一定要在自己的认知范围内进行，不懂不碰，只有在自己熟悉的领域中才能做到放平心态、笑看涨跌、稳扎稳打。如果涉及自己认知范围以外的投资，就很难做到以上几点。投资者如果想要在自己不熟悉的领域中进行投资，最好的办法就是扩大自己的认知范围，不断地学习，不断地提高自己的能力，才能得到自己想要的收益。

在最终的卖出操作中，投资者一定要果断。当投资品的价格达到自己的预期或止损点，就果断卖出，不要犹豫。

第 10 章
不断修行

在前面的章节中，我们简单地介绍了市场的一些特征和其中的不确定性，也将可转债的相关概念和条款进行了介绍，然后介绍了几种可转债投资的技巧和方法，另外，还对整个投资过程中心态的重要性进行了阐述。

如果将可转债的投资技巧看作武功秘籍，那么可转债的相关概念和条款就相当于内功心法，只要投资者拥有深厚的内功，无论什么样的武功都可以很容易地学会和理解，还可以自创属于自己的武功。

如果将可转债的投资技巧比作一栋栋高耸入云的大厦，那么可转债的相关概念和条款就相当于地基，只有将地基夯实了，大厦才能建得更高、更坚固。

本章主要涉及的知识点如下。

- 对市场的把握：了解市场的风险，相信市场的未来。
- 对投资能力的提升：学会使用正确的投资方法，不断提升自己的投资能力。

通过对本章的学习，了解市场的风险，树立对未来市场的信心，用适合自己的投资方法在市场中修炼，不断地提升自己的投资能力。

注意：本章的重点内容是了解市场的风险和不确定性，并且树立对未来市场的信心，然后用适合自己的投资方法在市场中不断地修行，最后修炼出属于自己的投资艺术。

10.1 对市场保持敬畏

市场总是在变动。如果市场先生的心情好，那他就带动市场中投资品的价格上涨，让投资者赚得盆满钵满；如果市场先生的心情不好，那他就促使市场中投资品的价格下跌，让投资者损失惨重。市场短期的波动是无法预测的，世界上最大的确定性就是这个世界是不确定的。

现在市场中仍然有不少的投资者热衷于预测投资品价格的涨跌，把自己靠运气猜的价格走势当成市场运行的规律，以为自己把握住了市场，结果在市场中撞得头破血流，然后开始怀疑自己、否定自己，最终要么被市场淘汰，要么经受市场的磨炼获得成长，成为一名对市场充满敬畏的投资者。

市场可以一夜之间造就无数个富翁，也可以一夜之间产生无数个乞丐，对待市场请保持一份敬畏，不要尝试驾驭市场，市场是无法被驾驭的，如果市场真的可以被驾驭，怎么还会有"七亏二平一赚"的说法呢，人人都可以赚钱了。

市场中的风险无处不在，投资者应该时时刻刻保持警惕，小心谨慎，吸取前人的教训，避免重蹈覆辙。

第 10 章 不断修行

曾经的"华尔街教父"格雷厄姆也有过破产的经历,因为其太过自信、对市场没有足够的敬畏,以为一切都在自己的掌握中,结果市场给他好好上了一课。

在1914年到1929年美国的股市呈现了十多年牛市的盛况,人们纷纷讨论和参加与股票的相关活动,这个疯狂的时代造就了格雷厄姆,格雷厄姆当时将所持基金管理了一年半,基金的回报率高达100%以上。

后来格雷厄姆自己成立了投资公司,进行投资管理,在1929年的时候,这家公司的资产规模从40多万美元到了250多万美元,扩大了6倍多,这其中大部分是格雷厄姆投资的收益,客户投入的资金占小部分。

这时的格雷厄姆正是意气风发的时候,也正是因为他对自己过于自信,加上市场过热,在1929年美国股市迎来了前所未有的"股灾",仅仅几周的时间,道琼斯指数就从最高的381点跌到了200点以下,这让无数投资者一夜之间负债累累。

这时格雷厄姆亏损得还不是那么严重,在1930年的时候他还去见了一位做了一辈子生意的老商人,老人劝格雷厄姆将手中的股票都卖了,还清债务、保留现金,可是格雷厄姆因为太过自信,没有听从老商人的劝告。

在1930年的时候格雷厄姆认为股市已经趋于平稳,而他又急于回本,因此他选择了加上杠杆进行抄底操作,结果发现,根本没有底,最终格雷厄姆又损失了一大笔资金,而且也背负了更多的债务。

很多投资者想象中的抄底操作如图10-1所示。投资者觉得如果自己能够把握机会,就能大赚一笔;而现实中的抄底操作(见图10-2)往往是一个无底洞,找不到底在哪里。我们想抄市场的底,市场却先抄了我们的家。

格雷厄姆此次失败的主要原因是他对自己过于自信,市场用不菲的收益令他有些膨胀,另外再加上其急于回本的心态使他加杠杆进行了抄底操作,忽略了市场存在的风险,结果血本无归。

在市场中经常可以听到"新手死于追高,老手死于抄底,高手死于杠杆"这句话,新手投资者在看到投资品的价格下跌的情况下一般是不敢下手买入的,新手投资者更希望等到投资品的价格上涨以后再进行买入,这种操作有一些右侧交易的成分在里面。

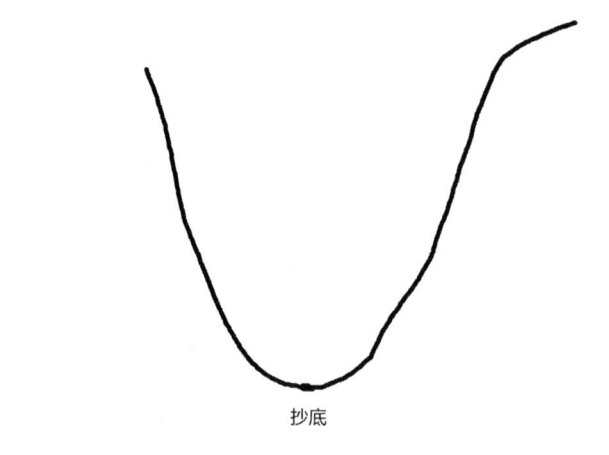

图 10-1　想象中的抄底

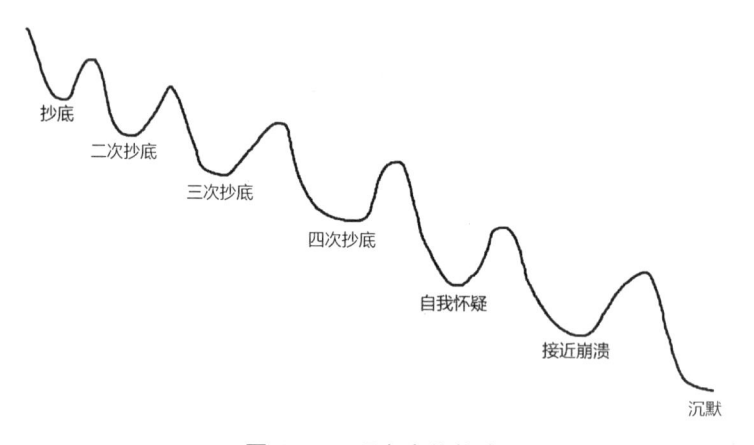

图 10-2　现实中的抄底

　　投资高手是希望进行"提前埋伏"的，他们想尽可能地获取更多的收益。如果能够精准抄底，那么投资者的投资成本就会大大降低，缺点就是这种抄底操作很难把握哪里是底。这种提前抄底的操作有一种左侧交易的成分在里面。

　　杠杆操作的风险就更大了。杠杆操作就是可以用更少的钱投资更多的投资品。例如，投资者想要投资 100 元的东西，加十倍杠杆，自己只需要出 10% 的本金，也就是 10 元就可以了，另外 90% 的本金会由相关机构借贷给投资者。如果有收益了，投资者就可以获得十倍的收益。但是这样操作的风险也是极大的，如果投资品的价格下跌，投资者就会亏损，甚至倒欠机构的钱。

　　刚才提到了左侧交易和右侧交易，接下来简单解释一下什么是左侧交易

第 10 章 不断修行

和右侧交易。如图 10-3 所示，简单来说，左侧交易就是在投资品价格下跌的过程中买入，提前建仓，这样可以逐渐分摊成本。如果投资品的价格继续下跌，投资者可以考虑分批买入，这样就可以将成本摊得更薄一些，运气好的投资者是可以买在最低点的。卖出时同样需要提前分批进行卖出操作，这样投资者可以尽可能地获取更多的收益。

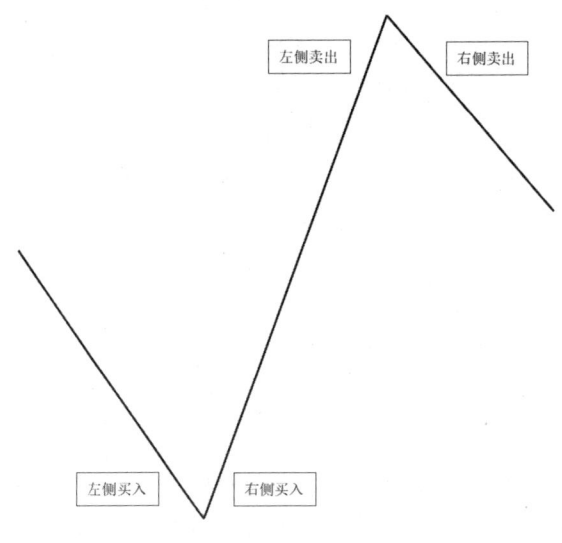

图 10-3　左侧交易和右侧交易

右侧交易是指当投资品的价格有上涨趋势的时候进行买入操作，当投资品的价格有下跌趋势的时候进行卖出操作，也就意味着右侧交易基本是不能买在最低点、卖在最高点的，但是右侧交易的风险要比左侧交易的风险低一些。

不管怎样操作，投资者都要对市场抱有敬畏之心，不能被暂时的收益蒙蔽了双眼。只要不是想赚一笔以后绝不再踏足市场的，现在的盈利和亏损永远都是暂时的，直到投资者退出市场的那一刻，最终的盈利或者亏损才成定局。因此，投资者在投资过程中每一步都要小心翼翼，认真对待。

"欲使其灭亡，必先使其疯狂"，市场也是一样的，因此投资者在投资过程中要时刻提醒自己，市场是危险的，风险和收益是并存的。上证指数从 2012 年到 2018 年的走势如图 10-4 所示，可以看到在 2014 年年中到 2015 年年中的时候，上证指数有一波疯狂大涨的走势，在这段时间内投资上证指数的投资者基本都获得了相当丰厚的回报。

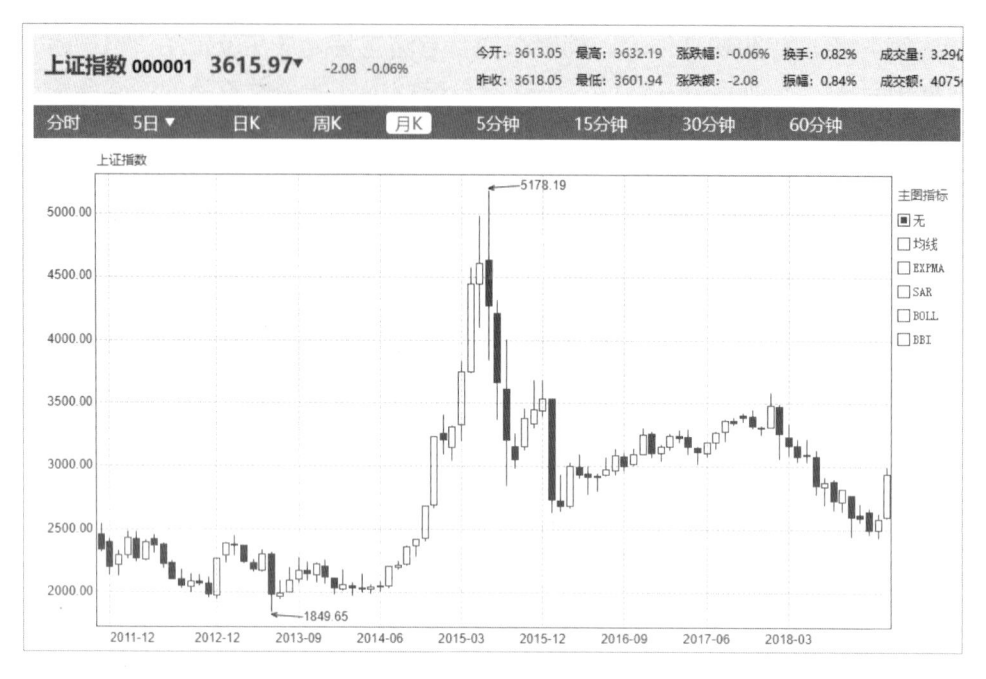

图 10-4　上证指数 2012 年到 2018 年的走势（来源：东方财富网）

以至于出现了这样一种情况，几乎在哪里都能听到人们对市场的讨论，"今天我又买入了哪只基金，又加仓了哪只股票"，这样的讨论几乎每天都能听到，人们已经疯狂了。

这时要是有好心人提醒，市场有风险，投资须谨慎，很有可能被认为是见不得他们赚钱，甚至他们还会嫌弃其什么都不懂，有些过于小心了。想想也是，毕竟能有几个人再这么疯狂的情况下能抵得住金钱的诱惑呢？

还有一部分投资者明明知道很多投资品已经被高估了，但是抱着能赚一天是一天的侥幸心理继续坚持着。

不出意料地，投资品的价格剧烈地下跌，泡沫破裂。因为在牛市的时候吸引了很多新手投资者进入市场，他们可能什么也不懂，看见亏钱了，就赶紧将所持投资品卖出、止损。不过正是因为这样的投资者很多，卖出操作越来越多，影响到了正常的投资者，在大量卖出的情况下造成投资品的价格更加剧烈地下跌，结果就是许多投资品的价格已经很低了，甚至低于其正常的估值，但是有很多人还是不敢买。

在投资品价格下跌的这段时间中，有不少投资者进行了杠杆操作。在投

第10章 不断修行

资品价格下跌的过程中没有及时将所持投资品卖出，本金亏损的、倒欠银行的、负债累累无力偿还的投资者到处可见；投资者关于市场的讨论也不如牛市的时候那么热烈了，人们不约而同地不再谈论有关市场的话题。在投资品的价格整体上涨时能够赚到钱的人很多，但是当投资品的价格下跌后最终还能赚到钱的就寥寥无几了，这正是因为很多人都忽略了市场的风险，没有对市场心存敬畏。

在投资过程中投资者要提防来自市场方方面面的压力和风险，有时自己选择投资品的技巧和方式可能看起来没什么问题，但意外还是可能发生。东阿阿胶股份有限公司也出现过意外情况。东阿阿胶股份有限公司自从1996年上市以来，直到2018年都保持着盈利，是一家非常优秀的公司，然而这么优秀的公司也会出现意外的情况。

东阿阿胶股价的走势如图10-5所示，自从公司出现亏损的消息放出以后，东阿阿胶的股价一蹶不振，而出现这种情况的原因不止一个，多种因素一起造成了东阿阿胶股价的下跌，不过有数以万计的股东受到了影响，其资金被套牢。

图 10-5　东阿阿胶走势图（来源：东方财富网）

如果投资者在投资之前认真研究过东阿阿胶，相信是可以提前获知一些信息的，不至于后知后觉，至少自己有所准备，而现在这么多股东被套牢大部分是因为投资者不够谨慎，在投资之前，没有认真研究投资品及其背后的公司。

这就像可转债投资，在可转债市场中以前虽然没有出现过违约的情况，但并不代表以后不会出现，投资者在可转债投资的过程中要小心谨慎。

10.2　对未来要有信心

既然市场中有这么多风险，投资者不进入市场，远离市场不就好了。当然可以，如果投资者对市场中可能存在的潜在风险不能接受，那么远离市场确实是一个不错的选择。

不过也大可不必，我们进入市场是为了让自己的资产保值、增值，虽然市场中存在不少风险，但是如果投资者能够认真对待、仔细分析，还是可以规避很多风险的。在市场中收益和风险是同时存在的，不能因为市场中存在风险就不进行投资了，这就如同担心开车出车祸就不再碰车，担心漏电就不再用电。市场中也有很多机会，并且我们也要相信市场，相信用正确的投资方法能从市场中获得想要的收益。

虽然在市场中亏损的情况很常见，但在市场中也有不少的人是盈利的，如果投资者能够用正确的投资技巧、良好的心态去投资，做时间的朋友，也是能够得到收益的。

上证指数的走势如图 10-6 所示，香港恒生指数的走势如图 10-7 所示，纳斯达克综合指数走势如图 10-8 所示，美国标准普尔 500 指数走势如图 10-9 所示。

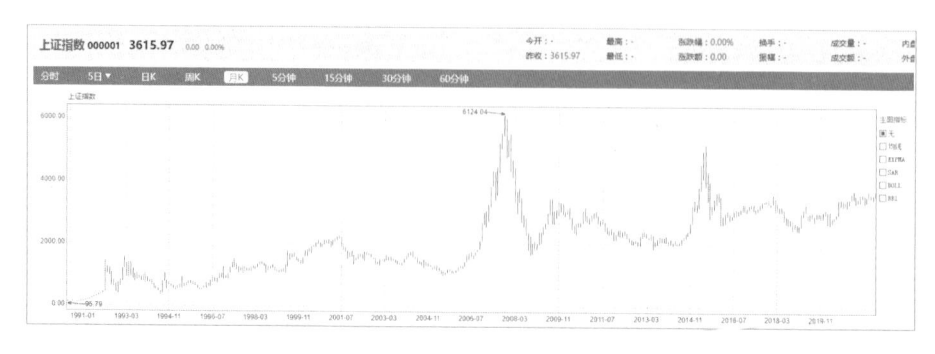

图 10-6　上证指数走势图（来源：东方财富网）

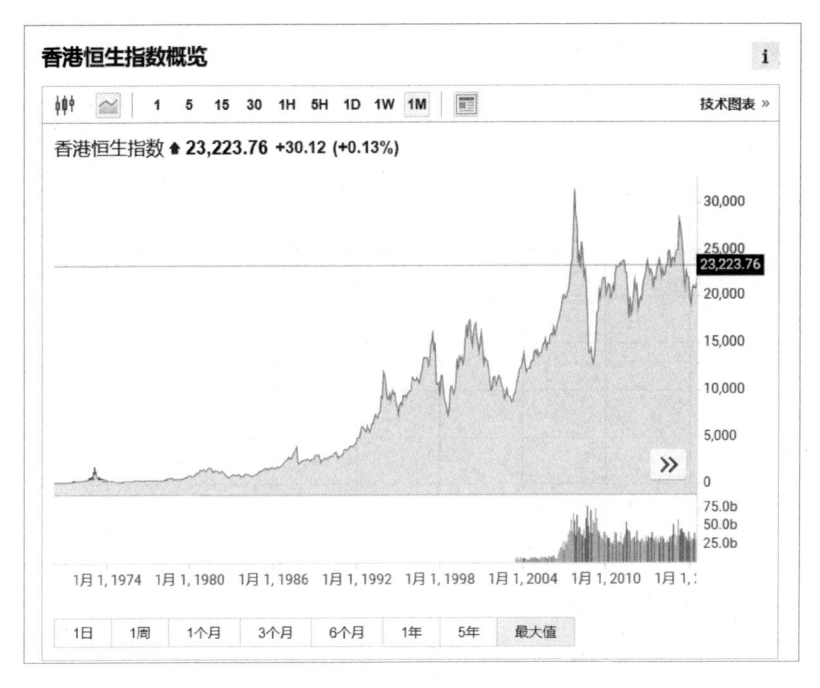

图 10-7　香港恒生指数走势图（来源：英为财情网）

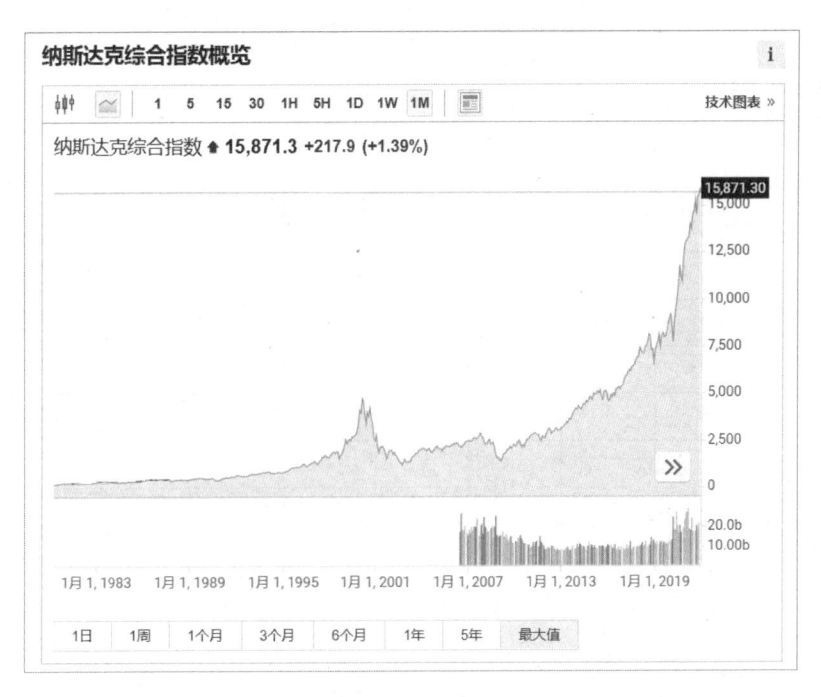

图 10-8　纳斯达克综合指数走势图（来源：英为财情网）

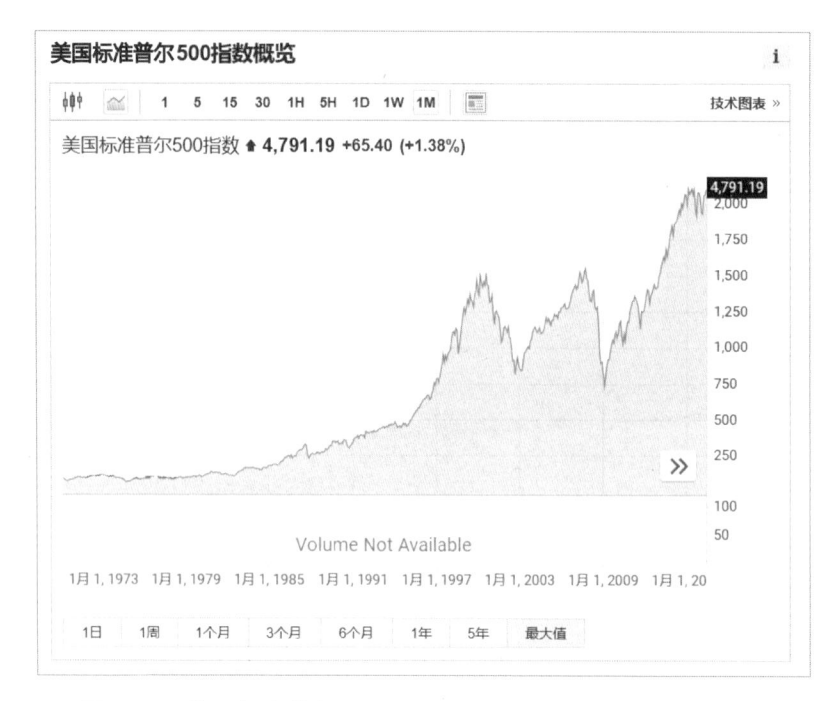

图 10-9 美国标准普尔 500 指数走势图（来源：英为财情网）

我们从图 10-6、图 10-7、图 10-8、图 10-9 中可以看到，不论是国内的市场还是国外的市场，都有着不少相同点，投资品的价格都是不断波动的，但将时间线拉长一些，从开始到现在看投资品价格的整体走势，是可以看到大趋势都是上涨的。这就说明如果将投资的时间拉长，投资者能够做时间的朋友，不胡乱操作，那么还是可以赚到钱的。

将时间线拉长，我们会发现，自己当初提心吊胆地盯盘的那几天在历史的长河中显得微不足道，A 股市场中的巨头贵州茅台的股价走势如图 10-10 所示。截至 2021 年，贵州茅台的股价从首日的开盘价 34.51 元/股上涨到最高的 2,627.88 元/股，二十年的时间，贵州茅台的股价最高翻了 76 倍还多。

在图 10-10 中每一个小柱形图代表的是贵州茅台的股价一个月的涨跌情况，投资者可以想象一下自己持有几天或者几个月贵州茅台的股票在图中会占多大比例。

如果能够用正确的投资方法，选择优秀的股票，然后做时间的朋友，投资者的收益也是不菲的。就拿贵州茅台这只股票来说，投资者即使不能在开盘日买入，那么在 100 元/股的时候买入，到其股价最高点时也是可以赚到二

第 10 章 不断修行

十多倍的收益的；如果在 200 元/股附近买入，到其股价最高点时也有十多倍的收益。

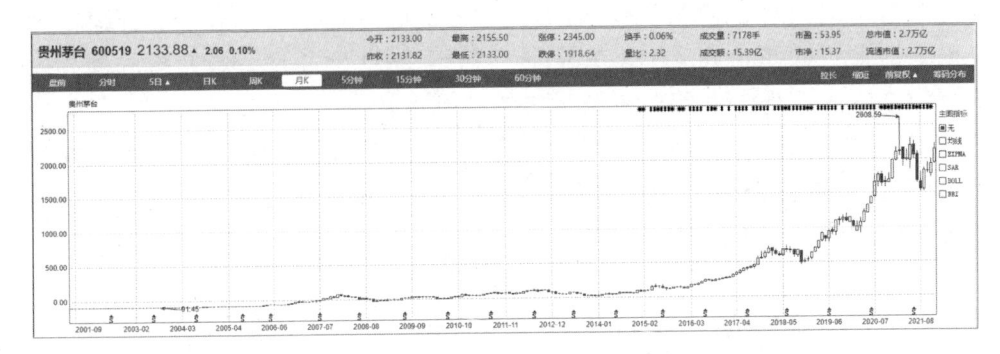

图 10-10 贵州茅台股价走势图（来源：东方财富网）

投资者还是要相信市场，这里不是要投资者相信市场未来会继续让贵州茅台这只股票有着不菲的收益，而是相信市场未来整体会上升到新的高度。市场中优秀的股票有很多，也有很多投资机会等待投资者慢慢发掘。

了解了老牌大哥贵州茅台的股票以后，接下来再来看看市场中的新秀，宁德时代的股价走势如图 10-11 所示，宁德时代现在成了新能源电池供应商的龙头企业，2018 年 6 月上市，上市开盘价格为 29.57 元/股，当天收盘价格为 52.4 元/股，截至 2021 年年底，宁德时代的股价最高达到过 692 元/股，在开盘价 29.57 元/股的基础上翻了 23 倍还多。

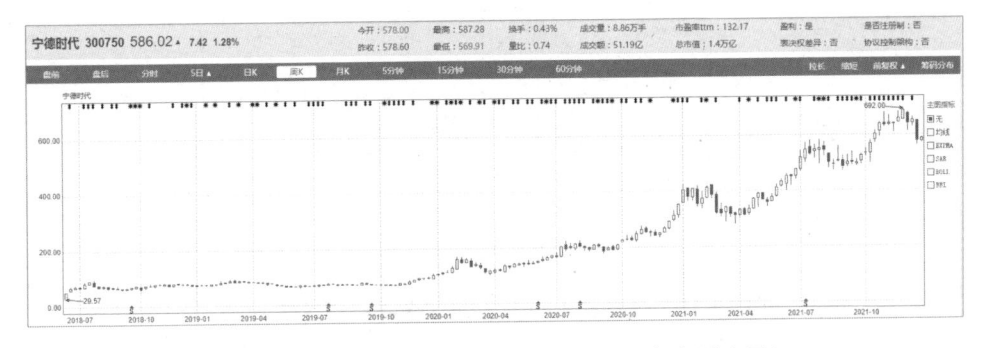

图 10-11 宁德时代股价走势图（来源：东方财富网）

笔者觉得其中的原因除了公司的经营发展情况良好，还因为最近新能源行业比较火热，宁德时代站在了风口上，所谓时势造英雄，这样的市场环境成就了宁德时代。

269

由此也不难看出，顺应市场变化的，会被市场推动着向前发展。投资者在投资的时候要顺应市场、相信市场。

特斯拉近几年的涨势也令人欣喜。2010 年 6 月上市第一天的开盘价为 3.8 美元/股，收盘价为 4.778 美元/股，截至 2021 年年底，特斯拉的最高股价为 1,243 美元/股，在第一天开盘价的基础上翻了 327 倍，在第一天收盘价的基础上翻了 260 倍；特斯拉当时的发行价是 17 美元/股，其最高价在发行价的基础上翻了 73 倍，回头看看，特斯拉也是相当优秀的一只股票。特斯拉股价走势如图 10-12 所示。

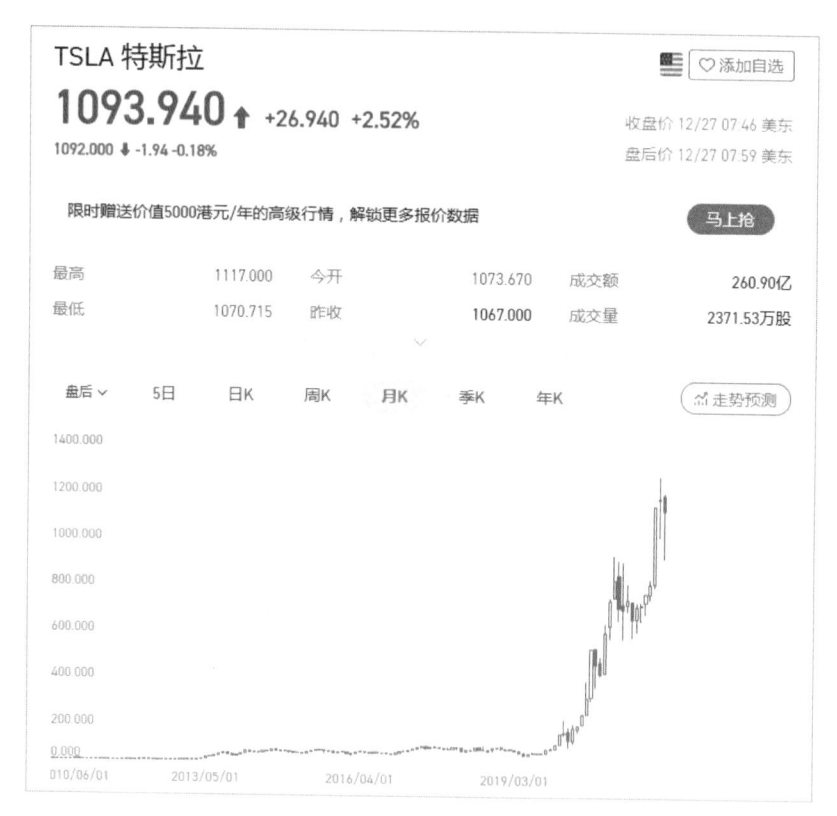

图 10-12　特斯拉股价走势图（来源：富途牛牛）

一个好的投资项目，不是一两天甚至一两个月就能看到结果的，有的需要几年，有的需要十几年，一旦投资成功了，投资者获得的回报也很高。

市场经常让我们遍体鳞伤，但请相信，你今天受的苦、吃的亏、忍的痛，到最后都会变成光，照亮你的投资之路。相信自己，相信市场，用良好的心态、正确的投资方法在市场中做时间的朋友，等待未来市场给你带来的硕果。

10.3　投资是一门艺术

投资是一种技巧，也是一门艺术，投资者要想做好投资不仅需要把握市场，更需要对人性进行掌控，控制自己的欲望，利用他人人性的弱点赚取自己的利润。

"艺"是投资的技巧，"术"是运用投资技巧赚钱的本领，艺术就是让自己在投资赚钱的同时还能附带一种无形的美感，这需要投资者有扎实的投资能力和强大的人性控制能力。

巴菲特曾经说过："在别人恐惧时我贪婪，在别人贪婪时我恐惧。"这句话乍一看很容易理解，就是在别人担心投资品的价格继续下跌会造成更大的亏损的时候，我们要能够发现市场中的机会，大胆地进入市场进行抄底操作；而当人们都开始为市场疯狂的时候，我们应该警惕市场中是否已经有了泡沫，这时投资者要有风险意识，要更谨慎一些。

《道德经》中有这样一句话："以正治国，以奇用兵，以无事取天下。"

1. 以正治国

"以正治国"，指的是管理者无论何时何地都要走正道，不能走歪门邪道，不要太在意眼前的得失，放在投资过程中就是要用正确的投资方法和理念进行投资管理，不能投机取巧。

笔者认为正确的投资理念要有一定的理论依据，投资者要对投资风险进行把控，最重要的是，投资者对自己的投资行为要有清晰的认知。

知道自己在干什么，要对最终的结果和收益有一个预期。投资的方式多种多样，目前市场上主流的投资派系分为价值投资派和技术投资派，不管是价值投资派也好，技术投资派也罢，都有其理论支撑。如果是优秀的投资者，其在进行投资之前一定确定了安全边际，也就是将风险控制在自己的承受范围之内，对自己接下来的投资操作有着清晰的认知，知道自己在干什么、将要干什么、最后会有什么样的结果，这是正确的投资方式。

2. 以奇用兵

"以奇用兵",指的是在战争的过程中要出其不备,以奇制胜。管理者在走正道的基础之上可以考虑采取一些创新的策略来处理平时的业务或突发性的事件,投资者在投资过程中采用新颖的投资策略进行投资操作和风险处理,当然前提是投资者要拥有正确的投资方法和正确的投资理念。

投资者可以选择适合自己的投资技巧和方法,不必拘泥于传统的投资技巧和方法,慢慢摸索出一条适合自己的投资之路也是一种成长。

另外在应对投资过程中的突发性风险的时候出奇制胜。投资者在投资之前就要有风险意识,想好该怎样处理投资风险、用什么方法处理投资风险、怎样处理投资风险对自己的投资活动影响最小……如果投资者有更新颖的风险应对策略,那么完全可以采用自己的风险应对策略。

3. 以无事取天下

"以无事取天下"是一种大智慧,是无为而治思想的体现。无为而治不是什么都不做,而是不盲目行动,不胡作非为,与"以无事取天下"有着异曲同工之妙。"以无事取天下"指的是管理者在确定做某件事以后,就把权力下放给员工,给他们充分的自主权和发挥空间,自己不去胡乱干涉,管理者只需要把握大方向就好。

"以无事取天下"放在投资过程中来看,也有一定的指导意义,在定好自己的投资方向以后,投资者大可不必再进行频繁的操作和实时盯盘,自己的投资方向已经定好了,投资者对接下来的投资操作有了清晰的认知,就不用进行频繁的操作并时刻盯着自己的投资品的动向了。

既然有更简单的办法进行投资,又何必把自己搞得那么累呢,投资原本就可以轻轻松松地进行,不是吗。

在投资中有一种很多人都知道,但是很多人都做不到的投资技巧,就是使用复利,如果能够切身体会到复利的魅力,笔者相信你一定忘不掉它。如果投资者能够将复利运用得当,在市场中获利会是件很轻松的事情。在介绍复利之前,我们先来看一下巴菲特投资的收益曲线,如图10-13、图10-14所示。

从图中可以看出,巴菲特投资前期的收益并不是很多,收益的增长也不是很明显,但是到了巴菲特投资的后期,其投资收益呈现指数型增长,这其中的秘密就是复利发挥了作用。

复利在投资中真的是一把"神器"。在投资过程中,复利可以简单地理解

第 10 章　不断修行

为利滚利的操作，将投资产生的利息和本金叠加在一起作为下一次投资的本金继续投资，这样不断重复，时间越长，收益越高。

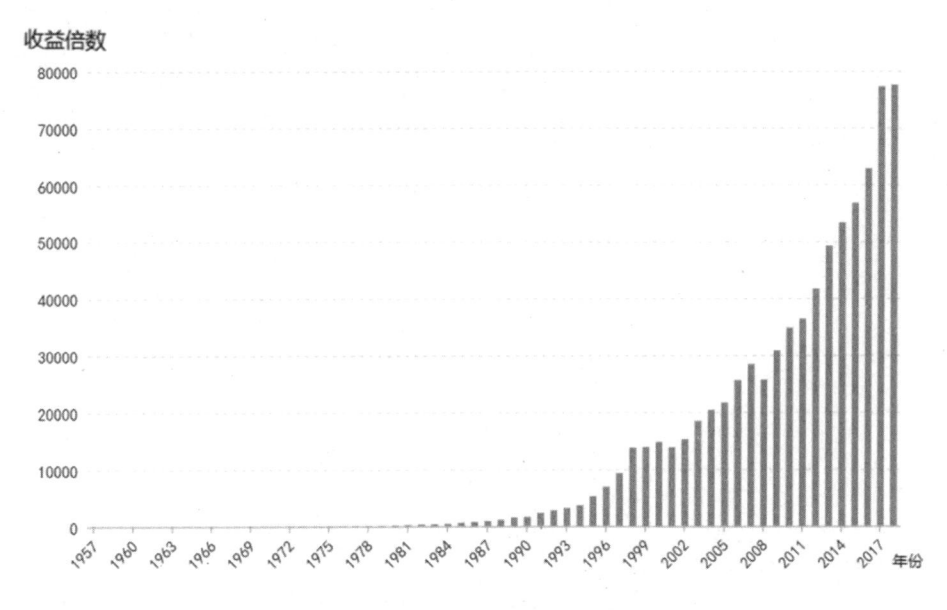

图 10-13　巴菲特历史收益柱状图

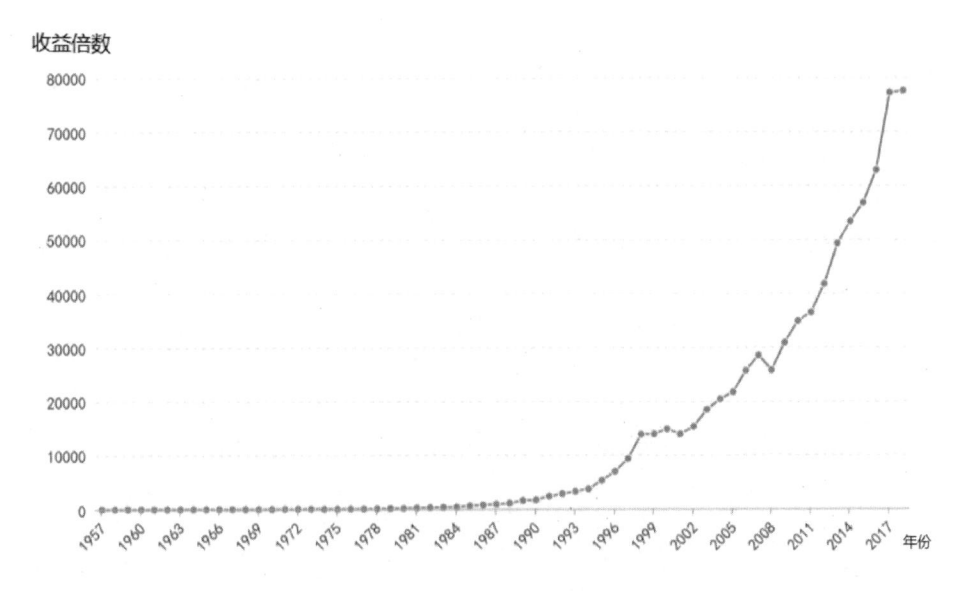

图 10-14　巴菲特历史收益折线图

273

从零开始学透可转债投资

如果投资本金 1 万元，按照每年 10%的固定收益率进行计算，投资者连续投资 50 年，每年的最终收益情况如图 10-15 所示，收益折线图如图 10-16 所示。从图中可以看到投入 1 万元本金在刚开始的几年，其收益确实不是很明显，但后面的收益增长就变得相当恐怖了。如果投资者投资 1 万元的本金，每年固定收益率为 10%，并且进行复利操作，在理想情况下，50 年以后，投资者的收益就可以达到 1,173,908.53 元，翻了 117 倍还多。

投资年限	最终收益	投资年限	最终收益
1	11000	26	119181.77
2	12100	27	131099.94
3	13310	28	144209.94
4	14641	29	158630.93
5	16105.1	30	174494.02
6	17715.61	31	191943.42
7	19487.17	32	211137.77
8	21435.89	33	232251.54
9	23579.48	34	255476.7
10	25937.42	35	281024.37
11	28531.17	36	309126.81
12	31384.28	37	340039.49
13	34522.71	38	374043.43
14	37974.98	39	411447.78
15	41772.48	40	452592.56
16	45949.73	41	497851.81
17	50544.7	42	547636.99
18	55599.17	43	602400.69
19	61159.09	44	662640.76
20	67275	45	728904.84
21	74002.5	46	801795.32
22	81402.75	47	881974.85
23	89543.02	48	970172.34
24	98497.33	49	1067189.57
25	108347.06	50	1173908.53

图 10-15　1 万元本金年化 10%收益率复利收益（单位：元）

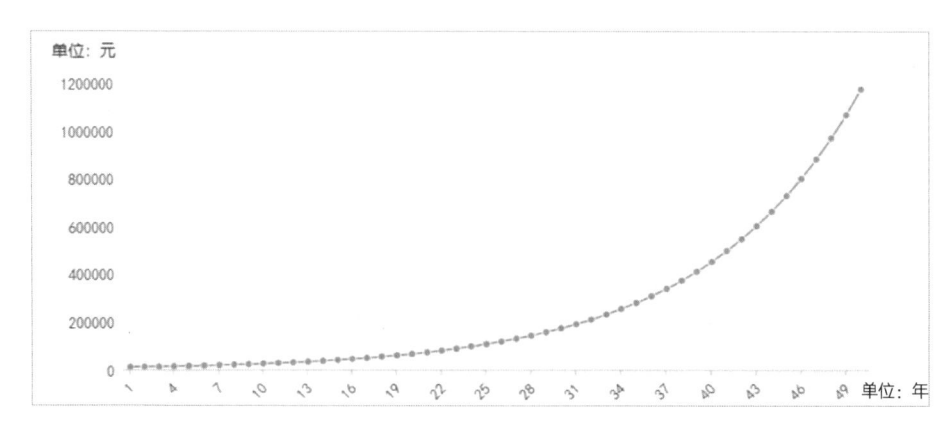

图 10-16　1 万元本金年化 10%收益率复利收益折线图

第 10 章　不断修行

是不是感觉非常不可思议。那么接下来再看看在基金投资中经常用到的定投操作。如果投资者每个月在指数基金中定投 1,000 元，假设年收益率是 10%，那么每年的收益明细如图 10-17 所示，收益折线图如图 10-18 所示。如果投资者每个月在基金中定投 1,000 元，那么 50 年后的收益可以达到 1,746,8760.72 元。

投资年限	最终收益	投资年限	最终收益
1	12670.28	26	1490655.23
2	26667.31	27	1659416.59
3	42130.00	28	1845849.48
4	59211.85	29	2051804.32
5	78082.38	30	2279325.32
6	98928.91	31	2530670.75
7	121958.34	32	2808335.33
8	147399.25	33	3115075.02
9	175504.16	34	3453934.36
10	206552.02	35	3828276.70
11	240851.00	36	4241817.58
12	278741.53	37	4698661.59
13	320599.69	38	5203343.14
14	366840.94	39	5760871.44
15	417924.27	40	6376780.24
16	474356.68	41	7057182.75
17	536698.30	42	7808832.28
18	605567.91	43	8639189.34
19	681649.06	44	9556495.64
20	765696.91	45	10569855.89
21	858545.66	46	11689328.21
22	961116.89	47	12926023.90
23	1074428.67	48	14292217.79
24	1199605.68	49	15801470.04
25	1337890.35	50	17468760.72

图 10-17　每月定投 1,000 元年化 10%收益率复利收益图（单位：元）

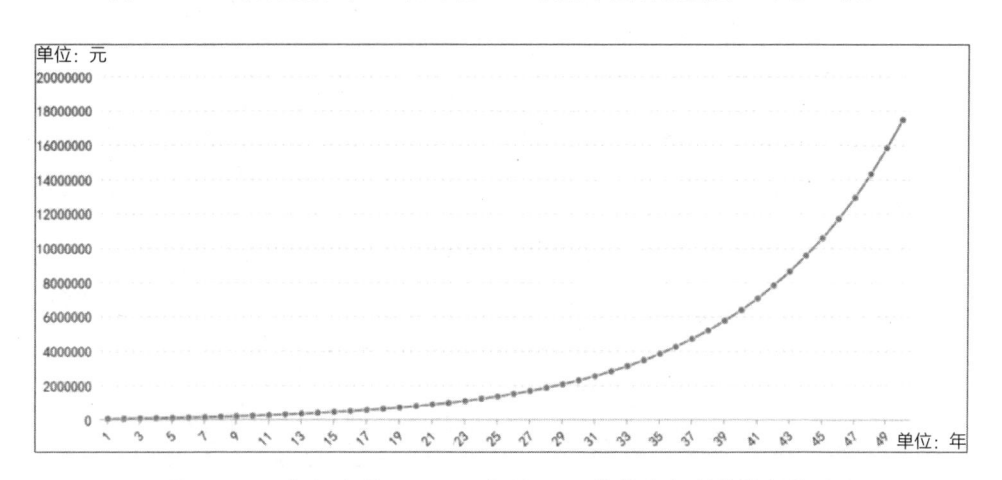

图 10-18　每月定投 1,000 元年化 10%收益率复利收益折线图

这是不是感觉更离谱。当然有人可能会说一直保持年化收益率 10% 是不可能的事情，其实对于指数基金来说，即使其年化收益率达不到 10%，达到 6%~8% 也是很简单的。

复利操作的关键之处不在于后面的收益，而是在于前面的坚持，扪心自问，有多少人能够一直坚持着这样枯燥乏味的定投操作呢，很多人坚持了几年以后发现收益少得可怜，没有成就感，就放弃了复利操作，殊不知，大道至简，最简单的办法只要坚持使用往往能产生意想不到的效果。

投资者也可以在网上搜索复利计算器或者定投计算器，根据自己的情况计算一下，给自己定一个目标，给自己做一个规划。

竹子用四年的时间仅仅长了 3 厘米，从第五年开始每天就可以长 30 厘米，用 7 周的时间就可以长到 15 米，这就是厚积薄发。复利操作就和竹子的生长情况一样，前面的积累是在为后面的爆发做准备和铺垫，因此请投资者耐心一些，允许自己慢慢变富。

10.4 投资是一场修行

投资是一条并不平坦的修行之路，投资者在市场中和其他投资者博弈的同时还会受到市场的干扰，在投资过程中投资者要战胜的最大的对手是自己，人性的贪婪、恐惧、傲慢、嫉妒、暴怒和懒惰都是在不知不觉中对投资者产生影响的。投资者在战胜人性的同时还要学会顺应市场的变化，能够应对市场的变化也是提高投资效率的一种方式。

做投资的时候，难免会出现该卖的时候不卖、该买的时候不买的情况。投资品的收益达到了投资者的预期，其之后的走势不在投资者的预判能力范围之内，投资者无法对投资品之后的价格走势进行预判。此时投资者却想着先不卖，再等等，看看以后的情况，万一之后投资品的价格继续上涨，自己的收益就更多了。结果，之后投资品的价格下跌了，投资者白白损失了本可以得到的收益。

该买的时候不买，总想着投资品的价格会再低一些，等投资品的价格再低一些的时候买入，自己的买入成本更低，收益会更高。结果，投资者没等到投资品的价格继续下跌,投资品的价格就止跌反涨了,此时投资者又不想买了。另外,在投资品的价格下跌的时候,投资者也担心自己现在买入,投资品的价格会不会继续下跌,自己会不会被套牢,因此就不敢买了。结果,后来投资品的价格涨了,投资者后悔得直拍大腿。

人心不足蛇吞象,要学会知足常乐,赚自己认知范围内的钱就够了,该是你的跑不了,不是你的也抓不住,投资者不能过于贪婪,也不用对市场过于恐惧。

有些投资者在有了几次投资收益,尝到一些甜头之后,容易产生一种骄傲自满的心理,尤其是在短期内有了不低的收益的时候,投资者容易膨胀,并且产生自负心理,恨不得让周围的人都知道自己赚到钱了,希望对方能够承认自己的能力,可是我们赚或者亏和别人没有关系,别人很有可能只是出于敷衍,夸奖我们一番。

别人怎样想影响不了自己,也影响不了市场,但是投资者一旦有骄傲自满的心理,就意味着其离亏损不远了。人一旦有骄傲自满的心理,就很难听取别人的建议,很难主动地提高自己了,感觉自己已经是一位合格甚至优秀的投资者了。在这里不得不说一句,这样的人不一定是一位合格的投资者,但可以肯定的是,这样的人一定是合格的"韭菜"。

几次成功的操作,几次不菲的收益也许是市场设下的"甜蜜陷阱",如果投资者对自己没有一个清晰的认知,就请提前做好亏损的准备吧。骄傲自满的心理是杀死一个优秀投资者非常锋利的暗器,战胜傲慢,也是投资修行过程中的"必修课"。

嫉妒使人丑陋,令人面目全非。嫉妒心理不会对投资者的投资产生直接的影响,但会对投资者产生间接的影响。当投资者见到别人的收益远远超过自己的收益时,投资者首先想到的不是自己哪里不足、哪里有待提高,而是对方为什么比自己的收益高,这时可能会影响投资者的投资风格,投资者为了证明自己而盲目地投资,打乱了自己正常的投资计划,亏损也是意料之中的结果。

如果见到别人在投资过程中比自己做得好,请真诚地认可对方,并且思考自己哪里还有不足,审视自己,看看自己还有哪些有待提高的地方。投资是自我修行的一条路,路上出现的人都是为了帮助自己而出现的,别人踩过的坑是经验，别人总结的经验更是自己宝贵的财富。

如果投资失败了，也不用埋怨自己。有不少投资者面对亏损容易出现暴怒的情绪，无法接受这样的事实，怨天尤人。投资者用正常的心态进行投资尚且不能保证一定盈利，在暴怒的状态下进行投资，成功的概率又有多大呢，战胜暴怒也是修行路上的一道关卡。

人天生就有惰性，没有动力不想行动，不能立即看到收益就不想行动。只想着及时反馈，不懂得延迟满足。看着眼前的投资没什么起色就懒得去学习；想着要学的东西有很多一时不知道从哪里下手，就放弃了学习，这样就陷入了一个恶性循环。投资者如果想结束这种恶性循环，就需要立刻行动起来。战胜懒惰，是修行过程中的一门必修课。

很多投资者想象中的成长很简单，如图 10-19 所示，可现实中的成长却如图 10-20 所示，只有经历过风雨的人，才能真正地欣赏彩虹的绚烂。

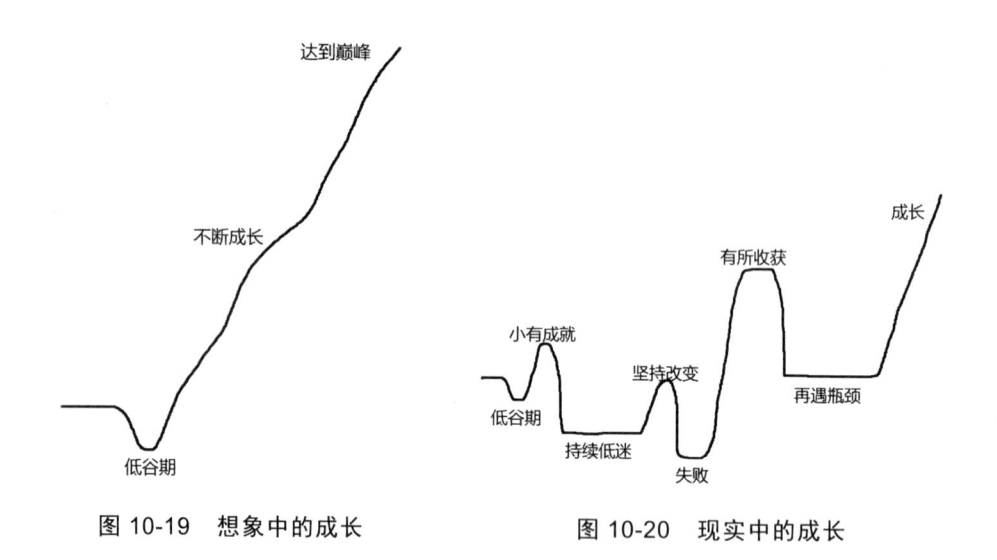

图 10-19　想象中的成长　　　　图 10-20　现实中的成长

投资之路并不如想象中的那样容易，经历一个低谷期就可以一帆风顺了，真正的成长是经历低谷、爬出低谷期，最终获得成长。在这段过程中投资者可能会怀疑自己，然后努力摆脱那种状态，在不断地失败、不断地尝试中去经历、去成长、去感受、去修行，最后有所收获。

人们对于及时反馈的接受程度远远大于对延迟满足的接受程度，这是为什么呢？

第 10 章　不断修行

及时反馈是指操作者在执行一个操作后想立刻或者在很短的时间内得到一个结果，能够让操作者知道自己执行操作的结果是什么。例如，我们在生活中看电视剧、看综艺节目的时候，看到搞笑的片段立刻就会哈哈大笑；玩游戏的时候击败对方或者成功升级都会有炫酷的动效和音效反馈，这就很容易刺激操作者的神经，令操作者兴奋，从而使操作者对这种及时反馈形成依赖，甚至上瘾。

而延迟满足就显得很枯燥了，如健身、投资、学习等需要坚持的操作，操作者一两天看不到什么效果，需要长时间的坚持，但是最后的结果通常是非常令人有成就感的。

延迟满足的操作坚持下去很难，因为在这一过程中坚持一天和放弃一天的差别并不是很大，很多人开始可以坚持，但后来就懈怠了，最终就失败了。

投资也是一样的，如果投资者在学习投资的时候，学到什么程度，对应的就可以马上知道靠自己现在的认知可以赚多少钱，那么笔者相信大部分投资者就开始疯狂地学习了。这就是把一个长期的延迟满足的操作拆分成多个及时反馈的操作，投资者在投资的路上也可以考虑采取这样的措施，将一个大目标拆解成多个容易完成的小目标，这也是投资修行的一部分。

在投资的过程中保持理智并拥有清晰的逻辑是非常重要的。要想成为一名合格的投资者，在拥有合格的投资技术的前提下还要有非常强的情绪管理能力，让自己的头脑时刻都能理智地思考，让自己的逻辑时刻保持清晰，这样投资者在面对一些突发性事件时就能够快速地应对。

处理或者控制自己的情绪并不是要压制情绪，而是和这些情绪和解，和自己和解。当情绪出现的时候，不要第一时间压制情绪，而是先接受它、感受它，分析情绪出现的原因及如果任由情绪发展，可能出现的结果。当情绪来的时候，先去感受一番自己的情绪变化，这样才能更加了解自己的情绪，我们对情绪的处理能力才会得到提升。

投资是一场修行，修炼的内容有投资的技巧、投资知识的运用、投资心态的培养。投资最重要的是修心，良好的心态不仅在投资的过程中能够用到，在生活中、社会上都能够用到，投资者在修行的同时也是在投资自己。

投资者在培养良好的投资心态的同时也要有对市场变化的应变能力，当市场出现了剧烈的变动时，投资者要保持冷静。

10.5　小结

　　本章重点讲述了投资者既要对市场心存敬畏，也要对市场充满信心，不要奢望自己能够凌驾于市场之上操控市场，也不要对市场失望，只要经济还在发展，市场就会向好发展；投资可以很轻松，投资者不用时刻都在盯盘，耗费心神。尝试在投资的过程中使用复利这把"神器"，投资者很可能收获自己意想不到的结果。把投资做得简单一些，投资是一门艺术，愿你能成为一位优秀的艺术家。

　　投资不仅是对金钱的操作，更是对人性的把握。投资最大的对手就是不理智的自己。投资是一场修行，投资者需要在投资的过程中修正自己的认知，修炼自己的心态，愿你能成为你想成为的样子。